이 말씀을
마음에
새기고

이 말씀을 마음에 새기고

첫판 1쇄 | 2009년 8월 28일
첫판 4쇄 | 2011년 6월 20일

지은이 | 이신형
펴낸이 | 김은옥
펴낸곳 | 올리브북스

주소 | 부천시 원미구 중동 1152-3 메트로팰리스 1차 B동 328호
전화 | 032-233-2427
이메일 | kimeunok@empal.com

출판등록 | 제387-2007-00012호

ISBN 978-89-94035-10-9   03230

■ 총판 소망사 | 02-392-4232(전화) 392-4231(팩스)

이 말씀을 마음에 새기고

진정한 묵상의 힘

이신형 지음

올리브북스
Olive Books

　교인들은 교회에서 목사의 설교를 듣는다. 하나님은 직접 말씀하지 않으신다. 하나님을 예배하기 위해서 교회에 가지만 들리는 말은 목사의 설교다. 성경의 구절을 선택해서 목사가 말하는 것이다. 목사가 본문에서 묵상한 내용이 무엇이었는가에 따라서 설교의 내용은 달라진다. 그러나 대체로 목사의 설교에는 기독교의 진리에 대한 그의 이해가 들어있다. 한 사람의 신앙인으로서 목사는 설교를 통해 그것을 교인에게 전달하는 것이다.

　물론 설교에는 현실에 대한 목사의 인식이 담겨져 있다. 그렇기 때문에 목사의 설교에 전적으로 동의할 수 없다. 우리 사회가 안고 있는 사회적 갈등과 모순에 대한 목사의 인식이 언제나 옳은 것은 아니기 때문이다. 하지만 현실에 대한 목사의 인식과 판단을 배제하더라도 설교는 목사의 묵상의 결과이며 내용이다. 그것은 부정할 수 없는 명백한 사실이다. 목사는 설교하기 위해서 본문을 묵상한다. 본문을 묵상하는 가운데 본문이 담고 있는 근본적인 주제인 하나님의 행위와 믿음의 응답에 대한 이해가 목사에게 내면화 된다.

교인은 예배 가운데 하나님 말씀에 대한 목사의 묵상을 만난다. 교인이 만나는 목사의 묵상은 낯설다. 목사에게는 충분히 내면화 된 본문의 의미이지만 사전에 묵상해본 적이 없는 교인에게는 낯선 말씀이다. 목사에게는 본문이 제시하는 신학적인 의미를 내면화하는 시간적인 여유가 충분했지만 교인들에게는 내면화할 시간적 여유가 없다.

자기가 경험한 내용만이 확신을 줄 수 있다. 자기에게 내면화 된 것만이 분명하게 다가온다. 자신이 묵상한 것만이 자기에게 들려온 하나님의 음성이다. 생각의 깊이에서 본문의 의미를 들었던 목사의 경우와 다르게 교인은 귀로 듣는다. 본문에 대한 자신의 묵상이 아니라 목사의 묵상을 듣는 것이다. 목사는 자기의 묵상을 전달하기 때문에 매우 확신에 차 있지만 듣는 교인에게는 목사의 확신이 낯설게만 느껴진다.

목사의 신학적인 묵상은 결코 개인적인 것이 아니다. 그것은 교회 공동체에 속한 모든 사람의 묵상이다. 한 사람의 신앙인으로서 개인의 묵상이긴 하지만 교회 공동체에서 설교를 통해서 교인에게 전달하면 공동체의 묵상인 것이다. 목사의 묵상이 교인의 묵상으로 전환될 수는 없는 것인가. 목사에게서 내면화 되고 화육된 본문의 신학적인 의미가 교인의 깊은 생각 속에서 화육될 수는 없는 것인가.

목사의 개인적인 묵상은 공동체를 지향하는 묵상이다. 목사의 개인적인 묵상은 공동체 안에 있는 개개인의 묵상에서 새로운 의미로 태어나야 한다. 교인은 목사가 체득한 본문의 의미를 자신 안에서 확인해야 한다. 그렇게 하기 위해서 교인은 목사가 한 묵상을 자기 묵상의 재료로 사용해야 한다. 목사가 성경 본문을 묵상의 자료로 사용했다면, 교인은 목사가 선택한 본문과 묵상의 내용을 자신의 묵상의 재료로 채택해야 한다.

풀빛교회의 실험은 여기에서 시작되었다. 설교에 대해서 토론을 시작한 것이다. 한국교회에서 설교에 대한 토론은 금기이다. 한국교회만 아니라 세계 모든 교회에서 설교에 대한 토론은 전무할 것이다. 그러나 토론을 하지 않는다면 목사의 내면에서 화육된 본문의 의미가 어떻게 교인의 사고에서 화육될 것인가. 목사의 묵상에 대해서 질문하지 않는다면 어떻게 목사와 교인 사이에 본문의 신학적인 의미에 대한 공감대를 형성할 것인가.

1988년에 신학대학원을 졸업하고 2000년에 목사 안수를 받았지만 지금까지 세례를 주어본 적이 없는 목사가 한 묵상을 세상에 내놓는 이유가 있다. 여기에 수록된 묵상은 풀빛교회에서 묵상한 것이다. 우리의 모임은 2005년 3월 둘째 주 일요일에 네 가정이 모임으로 시작되었다. 가정예배를 시작했을 때 가졌던 우리의 이상은 신앙의 참된 본질을 찾아가자는 것이었다. 그렇게 하기 위해서 교회에 대한 분명한 이해가 전제되어야 했다.

우리에게 교회는 십자가가 걸려있는 건물을 의미하지 않았다. 교단이 규정한 것처럼 목사와 세례교인 몇 명 이상이 있는 것도 아니다. 교회의 의미는 분명했다. 종교개혁자들이 선언한 교회의 외적 내적 표지에 근거한 것이다. "말씀이 선포되고 성례전이 올바로 집행되는 곳에 교회가 있다"고 종교개혁자들이 말한 그대로 풀빛의 예배는 말씀 선포와 성찬식을 매 주일 실행한다.

교회의 내적 표지인 성도의 교제에 대한 우리의 인식도 기존과 달랐다. 성도의 친교는 서로 간의 좋은 관계를 의미하지 않았다. 작은 교회는 큰 교회에서 느끼기 힘든 가족과 같은 분위기를 갖고 있다. 함께 나누는 공동 식사가 있기 때문이다. 각자가 준비해 와서 함께 나누는 공동 식사는 관계를 돈독케 한다. 그러나 함께 나누는 식탁의 친밀함과 작기 때문에 오가는 정이 교회의 내적 표지인 성도의 교제가 될 수는 없다.

성도의 교제는 말씀과 성례전에 근거해서 공동체에서 발생한다. 선포된 말씀과 예수의 마지막 식사의 의미를 숙고하는 가운데 성령이 우리 안에서 이루어 가는 것이 성도의 교제이다. 따라서 말씀을 듣는 것과 성찬식에 참여하는 것만으로는 성도의 교제는 이루어지지 않는다. 들려온 말씀과 참여한 성찬식의 의미를 숙고하고 내면화하는 과정이 필요하다.

우리는 묵상을 통해서 그것을 추구했다. 그러나 토론만으로는 충분하지 않았다. 토론 이후의 과정이 필요했다. 다음 주 다른 묵상을 만날 때까지 토론의 내용은 개인적인 묵상이 되어야 했다. 목사의 개인적인 묵상이 공동체의 묵상이 되는 시작은 토론이다. 그러나 토론이 내면적인 확신으로 전환되는 것은 목사의 묵상 내용을 내가 묵상하는 시간에 체득되는 것이다.

묵상은 그렇게 나아간다. 목사는 일주일 동안 자신이 한 묵상의 본문과 내용을 교인에게 전달한다. 교인은 목사가 전달한 것을 가지고 묵상한다. 교인이 묵상하는 동안 목사는 새로운 묵상을 시작한다. 새로운 본문이 목사의 내면에 화육하는 동안 교인들에게는 목사에게 지난 시간에 화육되었던 본문의 신학적인 의미가 화육되는 것이다.

이 책에 수록된 것들은 네 가정이 함께한 시간의 흐름에서 성도의 교제가 발생하는 근원이 된 묵상의 내용이다. 여기에 담겨진 신앙의 진리에 대한 우리의 인식이 이 글을 읽는 모든 사람에게 공유되었으면 하는 바람을 담으면서 지난 시간 함께해준 풀빛교회 성도들에게 감사드리며 올리브북스의 김은옥 대표에게도 감사를 드린다.

저자 이신형

Contents

너는 마음을 다하고 뜻을 다하고 힘을 다하여

네 하나님 여호와를 사랑하라

오늘 내가 네게 명하는 이 말씀을 너는 마음에 새기고

네 자녀에게 부지런히 가르치며

집에 앉았을 때에든지 길을 갈 때에든지

누워 있을 때에든지 일어날 때에든지

이 말씀을 강론할 것이며

너는 또 그것을 네 손목에 매어 기호를 삼으며

네 미간에 붙여 표로 삼고

또 네 집 문설주와 바깥문에 기록할지니라

주님의 멍에

수고하고 무거운 짐 진 자들아 다 내게로 오라 내가 너희를 쉬게 하리라 나는
마음이 온유하고 겸손하니 나의 멍에를 메고 내게 배우라 그리하면 너희 마음
이 쉼을 얻으리니 이는 내 멍에는 쉽고 내 짐은 가벼움이라 하시니라

| 마태복음 11:28-30

우리는 늘 선택과 부름에 직면해있다. 선택은 내가 하는 것이고 부
름은 그분이 하는 것이다. 선택은 나의 미래를 내가 결정하는 것이고
부름은 나의 미래를 그분이 결정하는 것이다. 미래에 대한 결정이 자
신에게 달려 있기에 선택에는 언제나 위험이 따른다. 하지만 부름은
그분이 부르기 때문에 위험이 본질적으로 제거된다. 사람들은 예수
의 부름을 선택으로 여긴다. 그분이 선택한 사람을 부르고 부름에 응
답하는 것은 나의 선택이라고 생각한다. 그러나 그것은 부름의 본질
을 훼손하는 것이다. 예수는 선택한 사람을 부르는 것이 아니라 부른
사람을 선택하기 때문이다. 부름에 응답하는 것은 나에게 주어진 선
택이 아니라 내가 들은 명령을 따르는 것이다.

예수의 부름을 선택이 아니라 명령으로 들은 사람은 부름의 본질
을 인식한다. 예수의 부름은 내가 지고 있는 짐을 내려놓는 것이 아

니라 예수가 지고 있는 짐과 멍에를 나에게 내려놓기 위함이다. 예수의 부름을 선택으로 인식하는 사람만이 자신의 짐을 내려놓는다. 그러나 많은 신앙인들이 내 짐은 예수에게 옮겨 놓지만 예수의 짐을 지려고 하지 않는다. 예수가 부른 것은 우리의 짐을 내려놓게 하려는 것이 아니라 자신의 짐을 우리에게 지우기 위함이다. 예수는 자신의 짐을 내려놓기 위해서 우리의 짐을 지신다.

인생을 살아가는 데 있어서 겪게 되는 삶의 무게들, 우리를 힘들고 지치게 만드는 것들이 예수가 짊어져 주시는 우리의 무거움이다. 더 이상 우리가 지고 있는 무거운 무엇이 예수가 우리에게 얹혀놓은 짐이며 멍에일까? 우리가 지고 있는 무거운 것이 무엇이든 예수의 짐과 멍에가 될 수는 없다. 부름에 응답한 이상 우리의 무거운 짐은 그에게 옮겨 갔기 때문이다. 그렇다면 우리가 져야 할 예수의 짐과 멍에는 무엇일까?

예수가 진 짐과 멍에는 하나님이 지게 하신 것이다. 아버지 하나님이 아들 예수에게 지게 하신 것은 사람들을 구원하기 위해서 지시는 짐이며 사람들을 가볍게 만드는 멍에이다. 예수는 그리스도인과 교회에 자신이 지셨던 짐과 멍에를 선물로 주셨다. 그렇다. 그리스도인과 교회가 지는 예수의 짐과 멍에가 선물인 것은 예수가 가지신 유일한 것이며 아버지가 아들에게 주신 최고의 것이기 때문이다. 그것을 짊어짐으로 아들은 세상을 구원하신 구세주가 되셨으며 만유의 주가 되셨다.

예수가 주는 멍에와 짐은 최고의 선물이다. 세상의 무거운 짐을 가볍게 하는 것이며, 그리스도의 교회를 교회로 만드는 것이다. 이처럼 예수와 제자들 사이에는 짐의 교환이 있었다. 오늘날의 제자와 교회 는 예수의 짐을 함께 나눠져야 한다. 그러나 지금 우리 그리스도인과 교회가 지고 있는 짐은 사람들을 가볍게 만드는 멍에일까? 교회가 그리스도인과 세상에게 짊어지게 한 것은 예수의 멍에일까? 교회와 그리스도인이 짊어진 짐은 예수께서 나누어주신 그분의 짐이며 멍에 일까?

생|각|하|기|

1. 예수가 우리에게 내려놓은 짐과 멍에는 무엇인가?
2. 어떻게 하는 것이 그분의 짐을 지는 것이며 멍에를 메는 것인가?
3. 그리스도인과 교회가 져야 할 무거운 짐은 무엇이며 그들과 함께 나누어야 할 예수의 짐과 멍에는 무엇인가?

교회의 근거와 내용

예수께서 빌립보 가이사랴 지방에 이르러 제자들에게 물어 이르시되 사람들이 인자를 누구라 하느냐 이르되 더러는 세례 요한, 더러는 엘리야, 어떤 이는 예레미야나 선지자 중의 하나라 하나이다 이르시되 너희는 나를 누구라 하느냐 시몬 베드로가 대답하여 이르되 주는 그리스도시요 살아 계신 하나님의 아들이시니이다 예수께서 대답하여 이르시되 바요나 시몬아 네가 복이 있도다 이를 네게 알게 한 이는 혈육이 아니요 하늘에 계신 내 아버지시니라 또 내가 네게 이르노니 너는 베드로라 내가 이 반석 위에 내 교회를 세우리니 음부의 권세가 이기지 못하리라

| 마태복음 16:13-18

교회는 고백에 의해서 근거하며 고백에 응답하는 사건의 연속이다. 그래서 "주는 그리스도시요 살아 계신 하나님의 아들입니다"라고 고백했던 베드로의 고백 위에 교회가 세워졌다. 교회는 베드로의 고백을 함께 고백하는 모든 그리스도인의 고백 위에 세워진 것이다. 베드로의 고백은 과거의 것도 아니고 그 개인의 것도 아니다. 지금도 세워지고 미래에도 세워지는 모든 그리스도인의 고백인 것이다. 베드로가 한 고백의 의미는 무엇일까? 그것을 공유하는 모든 그리스도인의 고백은 무엇일까?

첫째, 그리스도 이외에 다른 권위는 인정하지 않겠다는 의지의 표현이다. 따라서 세상과 갈등의 관계로 들어가겠다는 결단의 표시인

것이다. 그리스도인은 세상을 살아가는 동안 권위의 문제로부터 결코 자유롭지 못하다. 그리스도의 권위와 세상의 권위는 결코 동일할 수 없다. 그리스도의 권위와 세상의 권위 사이에 선택과 순종은 피할 수 없는 운명이다. 세상의 권위를 부정하는 것이 아니다. 그리스도의 권위를 세상의 권위가 부정할 때 세상의 권위를 인정하지 않고 갈등하겠다는 것이다. 세상에 대해서 아파하겠다는 것이다. 세상의 권위를 부정할 수밖에 없는 현실에 대해서 아파하고 세상이 그리스도의 권위를 인정하지 않기 때문에 아파한다는 것이다.

둘째, 그것은 타인의 짐을 기꺼이 나누어지겠다는 것이다. 그리스도께서 우리의 짐을 지신 것처럼 우리도 그리스도를 따라서 타인의 짐을 지겠다는 것이다. 그리스도는 타인인 우리를 위해서 오셨다. 교회는 타인을 위해서 존재해야 한다. 세상에 보내진 교회는 타인을 위해서 세상에 현존하는 그리스도이다. 타인을 위해서 교회가 존재하기 위해서는 다른 사람의 십자가를 대신 져야 한다. 타인의 십자가를 대신 진다는 것은 무엇인가? 타인의 짐을 대신 지고 교회가 예수로부터 받은 짐과 멍에를 그에게 옮겨 놓는다는 것이다. 이것은 단순히 타인의 삶을 돌보는 것도 사회복지를 위해서 존재하는 것도 아니다. 교회는 그리스도인만을 위한 장소가 아니다. 타인을 위해서 그리스도가 허락한 현실이다. 세상 모든 사람에게 예수의 멍에를 지게 하기 위해서 존재하는 곳이다.

셋째, 주는 그리스도시요, 하나님의 아들이라는 말은 "거기까지 가겠습니다"라는 결단이다. 즉 예수가 선 자리에 나도 서겠다는 고백이며 그가 있는 곳에 나도 있겠다는 결심이다. 주님이 십자가를 지신 그곳까지 나도 가겠다는 고백이다. 십자가는 예수의 마지막 장소이다. 그러나 동시에 예수가 처음부터 직면한 현실이다. 예수가 하나님 아버지가 주시는 운명과 현실을 외면하지 않고 적극적으로 대면했던 것처럼 우리의 고백도 예수가 우리에게 주시는 현실과 운명을 외면하지 않고 적극적으로 만나겠다는 의지의 결단을 표현하는 것이다. 그리스도인과 교회에는 예수가 주시는 운명이 있다. 운명을 피하지 말고 맞서자. 주님에 대한 고백에 근거하여 세워진 교회가 그 고백에 충실하지 않으면 주님은 교회의 존재를 허락하지 않으신다. 성경에 나오는 수많은 교회가 오늘날 존재하지 않는 것은 주님께서 허락하지 않았기 때문이다. 그래서 교회는 고백을 실현하는 삶의 과정이 필요한 것이다. 우리가 삶으로 고백하지 않는다면 그리스도께서는 우리 교회의 미래를 허락하지 않으실 것이다. 삶으로 고백하자. 결단과 결심으로 세상으로부터 나와서 세상과 다르게 되었기 때문에 다시는 세상으로 돌아갈 수 없는 우리의 의지를 표명하자.

생|각|하|기|

1. 교회가 세상에 대해 아파해야 할 문제는 어떤 것들이 있는지 생각해 봅시다.
2. 당신이 속한 교회는 타인의 짐을 나누어지고 있는지 생각해봅시다.
3. '그곳까지 간다'는 의미를 생각해보고 당신은 그 고백을 할 수 있는지 이야기해봅시다.

바울의 자기 인식

하나님의 뜻으로 말미암아 그리스도 예수의 사도가 된 바울과 형제 디모데는
골로새에 있는 성도들 곧 그리스도 안에서 신실한 형제들에게 편지하노니 우
리 아버지 하나님으로부터 은혜와 평강이 너희에게 있을지어다 | 골로새서 1:1-2

인생은 우리가 원하는대로 흐르지 않는다. 예기치 않은 일들로 인
생이 바뀌기도 한다. 예기치 않은 일들이 생길 때 사람들은 당황한
다. 준비되지 않은 이별이 혼란과 좌절과 슬픔을 덧입히듯이…. 하나
님의 찾아오심도 그러하다. 하나님은 예기치 않을 때 찾아오신다. 누
가 70살이 된 아브람에게 하나님이 찾아오시는 것을 알았겠는가. 누
가 80살이 된 모세에게 하나님이 찾아오시는 것을 알았겠는가.

하나님이 찾아오시는 것은 우리에게는 예기치 않은 일이다. 모세
도 바울도 예수님을 만나고 당황하였다. 하나님은 당황하는 모세에
게 확신을 주시기 위해서 지팡이로 뱀을 만드는 기적을 보이시고, 아
론이 모세를 대신해서 백성들에게 대언할 것이라 말씀하셨다. 하나
님은 아브람에게 하늘의 별을 보여주며 약속하셨다. 하나님이 찾아
오셨을 때 인생이 예기치 않게 바뀌는 사람이 겪을 심리적인 두려움
을 넘어 설 수 있도록 하나님은 약속을 주셨다.

바울도 예기치 않는 순간에 예수가 찾아오심으로 인생이 바뀌었다. 다메섹 도상에서 예수를 만난 바울은 3일을 어둠 속에서 혼란과 당황과 두려움의 시간을 보냈다. 그러나 바울에게 3일은 충분한 시간이 아니었다. 바울은 더 많은 시간이 필요했다. 다메섹 사건 이후 바울은 3년을 아라비아 광야에서 보냈다. 아라비아 광야의 3년은 사울을 바울로 만드는 시간이었다. 자기를 온전히 인식하는 새로 태어나는 시간이었다. 새로 태어난 바울은 자신을 어떻게 인식했을까?

첫째, 죄인의식이다. 그의 죄인의식은 지나간 과거에서 헌신하지 못했다는 후회와 참회의 고백으로 이어졌다. 율법을 따라 헌신했던 삶을 후회했다. 율법에 대한 확신을 갖고 살아갈 때 만났던 그리스도인들의 헌신을 이해하지 못했다는 자책감이었다. 이러한 바울의 죄인의식은 미래에 대한 결단으로 이어지게 했다.

둘째, 제자의식이다. 제자는 선생을 배우는 사람이다. 바울은 예수에게서 배운 제자가 아니다. 그럼에도 불구하고 바울은 예수를 배웠다. 예수를 배운다는 것은 무슨 말인가? 예수의 삶을 깊이 통찰하고 그와 함께 떠나는 내 삶의 시간 여행을 말하는 것이다. 내 삶의 시간에서 예수가 겪었던 시간의 의미를 늘 되새기는 것이다. 그래서 바울은 자기의 삶을 예수의 삶의 연장으로 이해했다. 예수의 남은 고난을 자기 몸에 새긴다는 고백은 그런 의미이다.

셋째, 사도의식이다. 사도는 선택되어 보내진 자이다. 바울은 자신이 교회를 위해 보내졌고 공동체를 위해 보내졌음을 분명히 알고 있었다. 그래서 그는 여러 교회와 공동체를 세우는 일에 힘을 기울였다. 교회와 공동체를 세운다는 것은 교회의 성장을 의미하는 것이 아니라 예수의 삶의 모습을 재연하는 것이다. 예수처럼 물질적으로 아무것도 가지지 않았기 때문에 모든 것을 다 가진 교회가 되게 하는 것이다. 교회가 살아 있는 예수의 모습으로 회복되기 위해서 우리가 이 땅에 보내졌다는 것을 아는 그리스도인과 교회는 과연 얼마나 될까?

생|각|하|기|

1. 바울의 죄인의식은 우리에게 어떤 교훈을 주는지 말해봅시다.
2. 바울의 제자의식은 그리스도인인 우리에게 무엇을 깨닫게 하는지 말해봅시다.
3. 바울의 사도의식은 교회의 미래에 대해서 무엇을 가르쳐주는지 서로 이야기해봅시다.

부활 신앙의 의미

> 형제들아 내가 조상 다윗에 대하여 담대히 말할 수 있노니 다윗이 죽어 장사되
> 어 그 묘가 오늘까지 우리 중에 있도다 그는 선지자라 하나님이 이미 맹세하사
> 그 자손 중에서 한 사람을 그 위에 앉게 하리라 하심을 알고 미리 본 고로 그리
> 스도의 부활을 말하되 그가 음부에 버림이 되지 않고 그의 육신이 썩음을 당하
> 지 아니하시리라 하더니 이 예수를 하나님이 살리신지라 우리가 다 이 일에 증
> 인이로다 | 사도행전 2:29-32
> 그런즉 이스라엘 온 집은 확실히 알지니 너희가 십자가에 못 박은 이 예수를 하
> 나님이 주와 그리스도가 되게 하셨느니라 하니라 | 사도행전 2:36

우리는 부활한 주님을 만나본 적이 없다. 부활한 주님을 만난 사람
은 성경에서 증언한 사람들이 전부이다. 바울의 제자 디모데도 부활
한 주님을 만난 적이 없다. 그러나 우리는 부활한 주님을 만날 것이
다. 부활한 주님을 만난 성경 속의 사람들도 부활한 주님을 만날 것
이다. 과거에 우리가 부활한 주님을 만난 것이 중요한 것이 아니라
미래에 부활한 주님을 만나는 것이 중요하다. 따라서 그때 부활한 주
님을 만나지 않고 앞으로 재림할 부활한 주님을 만날 것을 기대하면
서 살아가는 것이 부활신앙의 기본적인 요소이다. 지금 여기에서 부
활신앙을 갖고 산다는 것은 무엇일까? 그것은 과거에 부활하신 예수
를 회상하는 것이며 미래의 부활 모습에 대해 생각해보는 것이다.

부활신앙은 첫째, 엠마오로 가던 두 제자가 부활한 주님이 자신들

과 함께 걷고 있음을 깨달은 후 자신들이 있어야 할 장소로 돌아간 것처럼 주님은 우리에게도 깨달음을 주신다. 그들의 깨달음은 내면에서 들려왔다. 부활한 주님이 지시하신 것이 아니다. 주님은 구체적으로 지시하지 않는다. 그럼에도 불구하고 부활한 주님을 만났던 사람들은 주님이 지시한 것을 따라갔다. 주님은 우리에게 따라야 할 것을 지시하신다. 우리 밖에서 지시하시는 것이 아니라 우리의 내면에서 지시하신다. 우리들이 내면의 소리를 듣고 우리가 있어야 할 장소로 돌아가기를 원하신다.

둘째, 예수께서 부활하신 것을 의심한 도마는 주님의 못 박힌 손과 발을 직접 만져보았다. 도마의 손에 닿은 것은 예수님 몸에 새겨진 모든 상처였다. 도마가 없었다면 예수의 부활을 어떻게 알 수 있었을까? 도마가 만져보지 않았다면 부활한 예수는 십자가의 상처를 그대로 몸에 새기신 분이라는 것을 어떻게 알게 되었을까? 부활한 예수는 몸에 난 상처를 그대로 간직하신 분이다. 도마는 예수의 상처를 만짐으로 상처받은 주님의 아픔을 누구보다 더 아파했을 것이다. 부활 신앙으로 살아간다는 것은 우리 앞에 많은 상처를 바라보고 치유해 나가는 것이다. 도마가 만진 것은 자기의 상처가 아니었던 것처럼 우리 앞에 있는 상처 또한 우리의 것이 아니다. 세상을 위해서 몸에 새기신 예수의 상처인 것이다. 그렇다. 상처를 치유하는 것은 부활신앙을 가진 우리들의 몫이다. 세상의 모든 상처를 몸에 새기신 주님을 만지듯이 세상의 상처를 만지는 것이 부활신앙을 갖고 사는 것이다.

셋째, 주를 사랑한다고 고백한 베드로에게 예수님은 "내 양을 먹이라"는 말씀을 주셨다. 이 말씀은 그분을 믿는 모든 그리스도인에게 주는 메시지다. 목사에게만 주는 메시지가 아니다. 목사는 우리를 돌보는 주님의 목자가 아니다. 모든 사람은 주님의 양이다. 우리가 주님의 양인 것처럼 베드로도 주님의 양이다. 주님은 잃어버린 양을 찾아 나가셨다. 들판에 양들을 놔두신 채 잃은 양을 찾으러 가신 것이다. 주님은 남겨진 양인 우리가 서로 목자가 되어서 서로를 돌보라고 하신다. 주님은 우리 모두를 목자로 세우신 것이다. 목사가 목자이고 교인은 양이라고 생각하는 것은 예수의 정신과 어긋난다. 주님만이 모든 양의 목자이시다. 교회와 교인은 잃어버린 양이 아니다. 주님의 몸이 있는 양이다. 주님의 우리 안에 있는 양이다.

부활하신 예수님은 우리와 다시 만날 날을 기다리신다. 우리는 주님의 부활과 재림 사이에 놓여 있다. 그렇기 때문에 우리는 부활과 재림 사이에서 어떻게 살아가야 할 것인지 생각해야 한다.

생|각|하|기|

1. 주님이 함께하고 있음을 알게 된 자신이 있어야 할 곳은 어디입니까?
2. 당신은 주변의 상처를 어떻게 싸매주고 있는 사람입니까?
3. 양을 먹이는 목자는 어떤 자세를 가져야 하는지 이야기해봅시다.

나로 말미암지 않고는

예수께서 이르시되 내가 곧 길이요 진리요 생명이니 나로 말미암지 않고는 아
버지께로 올 자가 없느니라

                                                                    | 요한복음 14: 6

예수는 자신으로 말미암지 않고는 아버지께로 갈 수 없다고 말씀
하신다. 아버지에게 갈 수 있는지 아닌지는 '말미암지 않고는' 이라
는 말에 귀착된다. 따라서 '말미암지 않고는' 은 단순한 수식어가 아
니다. 모든 것을 결정짓는 말이다. 그 말에 우리의 미래가 결정된다.
이 말의 의미는 무엇일까? 사람들은 이렇게 생각한다. 예수를 믿어
야 천국간다고. 그러나 나는 그렇게 생각하지 않는다. 믿음을 부정하
는 것이 아니다. 믿음을 만능처럼 생각하는 한국교회의 믿음지상주
의를 비판하는 것이다.

예수는 믿음을 요구한다. 그러나 한국교회처럼 구원에 대한 믿음
을 요구하는 것이 아니다. 병을 고치기 위해서 예수께 나온 사람에게
병을 고쳐줄 수 있는 능력이 있음을 믿느냐고 말씀하시는 것이다.

그리스도인에게 있어서 믿음은 기본이다. 믿음은 결코 전부 혹은
만능이 아니다. 믿음의 기본 위에 삶이 있다. 예수를 따르는 삶, 예수

처럼 인생을 살아가는 삶이 있다. 예수를 따르는 삶은 예수에 대한 믿음이 없이는 시작할 수 없다. 우리가 예수처럼 살지 않는다면 결코 하나님에게 갈 수 없다.

예수처럼 산다는 것은 그분의 삶의 방식, 삶의 모습, 삶의 철학으로 사는 것이다. 예수의 삶의 방식, 삶의 모습, 삶의 철학은 단순하게 사는 것이다. 주님은 계명과 규칙들을 다 버리고 단순하게 사셨다. 인간을 얽어매는 모든 계명으로부터 자유하셨기 때문에 인간이 내는 모든 신음과 고통을 들으셨던 것이다. 도덕과 윤리 및 율법과 법의 계명에 얽매이면 세상을 단순한 눈으로 보지 못한다. 예수는 율법이나 물질에 얽매이지 않았다. 모든 것을 뒤에 둔 삶이었다. 주님은 소유하지 않으셨기 때문에 모든 것을 가진 삶을 살 수 있었다. 반면에 우리는 많은 것을 소유하고 살기 때문에 단순한 삶이 주는 영혼의 기쁨을 알지 못한다. 가진 것이 많은 사람은 지킬 것이 많기 때문에 하나님만으로 충분하다는 말을 알지 못한다.

예수의 삶은 고독한 삶이었다. 낮에는 사람들에게 자유를 주는 삶을 살았고, 홀로 있는 깊은 밤에는 하나님과 온전히 대면하는 삶이었다. 예수님은 하나님만으로 충분하셨다. 하나님과 대면하는 깊은 밤이 없었다면 예수는 사람들을 자유케 하는 일을 할 수 있었을까? 예수의 낮은 밤이 있기에 희망이며 복음이었다.

우리의 낮과 밤은 어떤 모습일까? 예수와 같은 모습일까? 예수의 삶은 제자들을 묶어 주는 삶이었다. 묶는 삶이란 주변의 상처를 보듬고 공동체를 이루는 삶이다. 이렇게 묶어진 공동체는 사회와 사회를 묶고 나라와 나라를 묶어주는 역할을 감당해야 할 것이다.

나는 "나로 말미암지 않고는"을 '예수님 때문에'로 읽는다. 예수님 때문에 무엇인가 빼앗긴 것이 없다면, 예수님 때문에 누군가에게 나의 것을 벗어준 적이 없다면, 예수님 때문에 받은 고통이 없다면, 예수님 때문에 타인의 짐을 대신 진적이 없다면, 예수님 때문에 비어진 공간이 없다면, 예수님이 채워 넣을 우리 안의 비어진 공간을 보지 못한다면 우리는 결코 하나님에게 갈 수 없을 것이다.

생|각|하|기|

1. 예수님이 살아가신 방식 앞에 우리 자신의 삶의 태도를 비추어봅시다.
2. 예수님 때문에 당신은 무엇을 빼앗겼는지, 또한 무엇을 빼앗겨야 한다고 생각하는지 말해봅시다.
3. 형제자매의 관계에서 예수님 때문에 벗어주어야 할 것들은 무엇인지 나누어봅시다.

길, 진리, 생명

너희는 마음에 근심하지 말라 하나님을 믿으니 또 나를 믿으라 내 아버지 집에
거할 곳이 많도다 그렇지 않으면 너희에게 일렀으리라 내가 너희를 위하여 거
처를 예배하러 가노니 가서 너희를 위하여 거처를 예비하면 내가 다시 와서 너
희를 내게로 영접하여 나 있는 곳에 너희도 있게 하리라 내가 어디로 가든지 그
길을 너희가 아느니라 도마가 이르되 주여 주께서 어디로 가시는지 우리가 알
지 못하거늘 그 길을 어찌 알겠사옵나이까 예수께서 이르시되 내가 곧 길이요
진리요 생명이니 나로 말미암지 않고는 아버지께로 올 자가 없느니라 너희가
나를 알았더라면 내 아버지도 알았으리로다 이제부터는 너희가 그를 알았고
또 보았느니라 빌립이 이르되 주여 아버지를 우리에게 보여주옵소서 그리하면
족하겠나이다 예수께서 이르시되 빌립아 내가 이렇게 오래 너희와 함께 있으
되 네가 나를 알지 못하느냐 나를 본 자는 아버지를 보았거늘 어찌하여 아버지
를 보이라 하느냐 | 요한복음 14:1-9

붓다는 자신을 언젠가 잃어버린 도시를 우연히 발견한 사냥꾼에
비유하면서 자기 자신을 다른 곳과 만나게 하는 안내자라고 했다. 반
면에 예수는 자신을 길이요, 진리요, 생명이라고 말씀하셨다. 붓다는
길 안내자이다. 길은 안내자 이전부터 거기에 있었다. 그 길은 붓다
이전에 누군가 지나갔던 길이다. 하지만 더 이상 아무도 지나가지 않
기에 잃어버린 길이 된 것이다. 붓다에게 길은 중요하지 않다. 길의
끝에서 만난 도시가 중요하다. 길은 도시로 안내하기 때문이다.

예수는 자신을 길이라고 말씀하셨다. 길의 끝에는 무엇이 있는가.

붓다가 발견한 것처럼 잃어버린 도시가 있는가. 아니다. 길을 따라가면 진리와 생명과 만난다. 길이 진리고 생명이다. 율법이 길이 아니다. 예수가 길이다. 예수가 길이라는 말은 무슨 의미인가?

유대인은 하나님을 만나기 위해서 성전으로 갔다. 율법을 길 안내 삼아서 성전에서 하나님을 만나려고 했다. 그러나 하나님은 성전에 계시지 않는다. 예수 안에 계신다. 하나님은 예수 안에 있고 예수는 하나님 안에 있다. 예수가 하나님이다. 하나님이 예수이다. 예수의 길을 따라가는 것이 하나님의 길을 따라가는 것이다. 예수의 마음을 품는 것이 하나님의 마음을 품는 것이다. 하나님은 하늘에도 성경 속에도 계시지 않는다. 하나님은 예수 안에 있다. 예수는 하나님 안에 있다. 예수가 하나님이기 때문이다.

우리는 예수가 아버지를 품었던 것처럼 길이고 진리이고 생명이신 예수를 품어야 한다. 예수를 품는다는 것은 예수님과 깊은 연대감을 갖는 것이다. 교회인이 된다는 것을 말하는 것이 아니다. 예수와 나 사이에 같은 생각, 같은 존재 의식을 공유하는 것을 의미한다. 예수는 자기의 살과 피를 우리 몸에 옮겨 놓으셨다. 우리의 몸은 나만의 몸이 아니라 예수와 함께 공유하는 몸이다. 예수는 자신의 영을 우리 안에 옮겨 놓으셨다. 따라서 나의 영과 그분의 영이 함께 공유하는 것이다. 예수를 품는 것은 몸으로 영으로 나와 함께 계신 그분을 고백하는 것이다. 또한 그것은 이전에 살았던 신앙의 선배들과 앞으로 이어질 신앙의 후배들과 깊은 연대감을 갖게 한다. 예수의 몸은 교회와 교회를 통해서 이어진다. 나 보다 먼저 있었던 교회와 내가 지나가고 난 이후에 존재하는 교회를 통해서 이어진다. 예수는 나를 나 이전의 신앙인과 나 이후의 신앙인을 연결시키다.

예수님은 진리이다. 그분을 품으면 우리는 언제나 옳은 편에 있게 된다. 그분을 품으면 우리는 후회하지 않는 삶을 살게 된다. 고통이 없거나 어려움이 없어지기 때문이 아니라 옳은 편에 서게 되기 때문에 후회하지 않는다. 옳은 편에 선다는 것은 정의 편에 선다는 것을 말하는 것이 아니다. 예수 편에 선다는 것을 의미한다. 예수가 있는 자리가 정의이고 진리이고 사랑이고 생명이기 때문에 예수와 함께 서 있다는 것을 의미한다.

예수님은 생명이다. 그분을 품으면 우리는 생명을 품는 것이나. 생명을 품는 사람만이 생명을 사랑할 수 있다. 예수가 품었던 작은 것을 소중히 여기는 하나님의 마음을 우리도 가질 수 있게 되기 때문이다. 예수께서 하나님을 품었을 때 길과 진리와 생명이 되신 것처럼 우리도 예수를 마음에 품을 때 길과 진리와 생명이 되신 주님을 따라 길과 진리와 생명이 되는 삶을 살 수 있게 된다.

생|각|하|기|

1. 예수님을 품기 전과 품고 난 이후의 삶에서 당신에게 달라진 가치관이 있다면 삶의 경험을 토대로 자유스럽게 나누어봅시다.
2. 길과 진리와 생명이신 예수님을 품고 살아간다면 예수님이 자기 자신을 삶의 현장에서 어떤 자세로 살아가게 하는지 진솔하게 나누어봅시다.

바울의 부탁 1

그러므로 형제들아 내가 하나님의 모든 자비하심으로 너희를 권하노니 너희 몸을 하나님이 기뻐하시는 거룩한 산 제물로 드리라 이는 너희가 드릴 영적 예배니라 너희는 이 세대를 본받지 말고 오직 마음을 새롭게 함으로 변화를 받아 하나님의 선하시고 기뻐하시고 온전하신 뜻이 무엇인지 분별하도록 하라

| 로마서 12:1-2

"너희 몸을 하나님이 기뻐하시는 거룩한 산 제물로 드리라 이는 너희가 드릴 영적 예배니라."

사람들은 대부분 이 말씀을 경건하게 예배 드리라는 의미로 생각한다. 왜냐하면 예배라는 단어에서 예배의 의식을 떠올리기 때문이다. 예배 의식을 제외하고 사람들은 하나님께 예배를 드린다는 말을 이해하는 것이 없다. 그러나 바울은 예배 의식을 염두에 두면서 이 말씀을 한 것이 아니다. 삶 전체를 염두에 두고 한 것이다. 따라서 예배는 삶을 의미한다. 삶을 가장 합리적이고 이치에 맞게 살되 하나님 앞에 서 있는 것 같은 경건함을 가지라는 말이다. 바울의 말에 의하면 하나님은 교회에 찾아가서 특정 시간에 만나는 분이 아니다. 하나님은 우리의 현실 자체이다. 하나님은 우리가 일상적으로 대면하는 모든 현실 가운데에 계신다. 따라서 만나는 모든 현실을 하나님을 만

나는 것처럼 대면해야 한다. 우리가 만나는 대상들을 섬기고 존중하면서 매순간 하나님을 대면하듯 사는 것이 하나님 앞에 드리는 살아있는 예배가 되는 것이다.

"너희는 이 세대를 본받지 말고"라는 말씀은 세상을 따라가지 말라는 소극적인 말씀이 아니다. 세상을 너에게 맞게 변화시키라는 적극적인 말씀이다. 세상은 빠르게 변화한다. 변화를 따라가지 않으면 도태된다. 변화하지 않는 세상은 존재하지 않는다. 세상이 변화 한 다음에 변화 된 세상을 따라가는 것은 세상을 본받는 것이 된다. 바울은 세상을 바꾸길 원했던 사람이다. 율법이 지배하는 세상, 폭력이 지배하는 세상, 돈과 권력이 지배하는 세상을 예수의 복음을 들고 세상 안으로 들어간 사람이다. 바울은 세상 밖에 있지 않았다. 바울은 세상의 중심에 서 있었다. 율법의 중심에 복음을 들고 서 있었으며, 세상의 중심인 로마로 들어간 사람이었다.

그리스도인은 세상 밖에 있지 말아야 한다. 세상 안에서 세상과 함께 세상을 변화시키기 위해서 세상에 보내진 존재이기 때문이다. 세상에서 만나는 모든 삶의 실제와 현실에는 하나님이 계신다. 그리스도인은 그 현실을 경건하게 대해야 한다. 그것이 영적인 예배이다. 영적이란 신비한 것을 의미하는 것이 아니라 이성적이고 가장 합리적이며 이치에 맞는 것을 의미한다. 자신을 세상에 맞추지 말고 세상이 변화되길 기다리지 말고 세상을 바꿔라. 거짓을 폭로하고 진실을 밝히라. 세상이 감당하기 힘든 사람이 되라는 말이다. 원칙을 지키고 진리를 고수하기 때문에 세상이 우리를 감당하기 힘들게 하라는 말이다.

"오직 마음을 새롭게 함으로 변화를 받아"라는 말씀은 변화를 받기 위해서는 우리가 먼저 변화하려는 마음을 가져야 한다는 것이다. 변화해주기를 기다리는 수동적인 자세가 우리를 변화시키는 것이 아니라 우리가 마음을 새롭게 할 때 하나님의 영이 우리와 함께한다는 말이다. 변화는 일방적으로 주어지는 것이 아니다. 변화는 쌍방적인 것이다. 우리가 마음을 새롭게 하는 것과 하나님이 변화시키는 것 사이에서 변화가 일어난다. 우리의 능동성과 하나님의 능동성이 만나서 우리에게 변화가 일어나는 것이다. 그리스도인은 수동적인 사람이 아니다. 하나님이 먼저 무엇을 해주어야만 할 수 있는 사람이 아니다. 우리가 먼저 행동을 할 때 우리에 대한 하나님의 행동과 만나고 변화가 일어나는 것이다.

"하나님의 선하시고 기뻐하시고 온전하신 뜻이 무엇인지 분별하도록 하라"는 말씀은 하나님의 뜻이 무엇인지 간파하라는 의미로 학구적이 되라는 말이다. 하나님의 뜻은 분명히 나타나 있지 않다. 그래서 우리는 하나님의 뜻을 스스로 찾아서 알아야 한다. 학구적이라는 것은 하나님의 뜻을 자연 속에서, 자신의 삶 속에서 적극적으로 탐구해야 한다는 말이다. 기독교 신앙은 깊은 지식과 함께 오기 때문에 지식을 탐구할수록 하나님을 만나게 된다. 그래서 바울은 우리에게 자신의 과거를 돌아보면서 하나님의 뜻을 발견하고 늘 반성하는 삶을 살기를 권면했고, 그것을 기점으로 현재와 미래를 고찰해 나갈 것을 부탁하고 있다.

생|각|하|기|

1. 바울의 부탁은 현재의 당신에게 어떤 의미를 주는지 나누어봅시다.
2. 우리 몸을 하나님이 기뻐하시는 산 제사로 드린다는 것은 우리의 삶에서 어떻게 적용할 수 있을지 말해봅시다.
3. 그리스도인은 왜 세상 안에 있어야 하는지 각자의 생각을 말해봅시다.

바울의 부탁 2

하나님의 뜻으로 말미암아 그리스도 예수 안에 있는 생명의 약속대로 그리스
도 예수의 사도 된 바울은 사랑하는 아들 디모데에게 편지하노니 하나님 아버
지와 그리스도 예수 우리 주께로부터 은혜와 긍휼과 평강이 네게 있을지어다
… 그러므로 너는 내가 우리 주를 증언함과 또는 주를 위하여 갇힌 자 된 나를
부끄러워하지 말고 오직 하나님의 능력을 따라 복음과 함께 고난을 받으라

| 디모데후서 1:1-8

감사함이 되게 하라! 우리는 무엇인가를 받을 때 감사한다. 내가
받을 것을 정당하게 받을 때는 감사하지 않는다. 감사란, 얻을 수 없
는 것을 얻었을 때 우러나는 것이다. 바울의 감사는 받은 것에 기인
한 것이 아니다. 자기가 발견한 것에 감사했다. 디모데를 보면서 하
나님께 감사했다. 디모데의 청결한 양심을 보고 감사했다. 청결한 양
심을 가진 사람을 보는 것이 왜 감사한 것인가. 디모데의 청결한 양
심은 바울이 전한 하나님의 복음을 통해서 만들어진 것이기 때문이
다. 바울이 디모데의 청결한 양심을 보고 감사한 것처럼 우리에게도
청결한 양심을 갖고 살아가는 모습을 보여달라고 부탁하지 않을까.
너희는 나의 감사가 되게 해달라고….

기쁨이 되어 달라. 누군가에게서 자신의 흔적을 발견한다는 것은 기쁜 일이다. 자신의 지나간 삶의 의미와 가치를 깊이 되새길 수 있기 때문이다. 비록 나 자신은 무엇인가를 성취한 것이 없을지라도 내 뒤에 남겨진 누군가 성취한 것에서 나의 흔적을 발견하는 것은 내가 성취한 것보다 더 큰 기쁨을 준다. 바울은 자기와 함께 삶을 살았던 디모데의 외할머니와 어머니의 믿음의 흔적을 디모데에게서 발견했기 때문에 기뻐했다. 로이스와 유니게에게 남겨진 바울의 흔적이 디모데에게 전이 된 것을 보았기 때문에 그의 기쁨은 한없이 컸을 것이다. 바울은 디모데만 남겨놓은 것이 아니다. 바울의 서신을 읽는 우리 모두가 바울이 남긴 흔적이다. 바울이 전한 그리스도의 흔적이 우리에게 있다면 바울의 기쁨은 한없이 클 것이다. 바울은 우리에게 부탁한다. 그리스도의 흔적을 보게 해달라고……. 그래서 자기의 기쁨이 되어달라고…….

나를 행복감에 젖도록 만들어달라. 바울은 디모데를 자신의 후계자로 세운 것을 행복해했다. 자기 안에 있는 하나님의 능력이 디모데에게도 있음을 보았기 때문이다. 디모데도 바울처럼 복음 때문에 겪는 시련을 두려워하지 않는 마음과 능력과 사랑과 인내가 있음을 바울이 알기 때문에 바울은 디모데를 세상으로 보내면서 행복해했다. 우리에게도 디모데와 같은 믿음이 있음을 바울이 본다면 행복해하지 않을까?

다른 사람을 인도하는 자가 되어라. 바울은 디모데에게 감옥에 갇힌 자신을 부끄러워하지 말고 나같이 되어달라고 부탁했다. 이 말은 바울처럼 감옥에 갇히라는 것이 아니다. 바울처럼 예수를 따르라는 것이다. 예수에 대한 바울의 열정, 헌신, 확신을 바울을 대신해서 세상에 알리는 사람이 되어달라는 것이다.

디모데는 바울에 대한 추억이 있다. 디모데는 바울에 대한 추억을 사람들에게 전해주었을 것이다. 그리스도인은 따라가는 사람이다. 앞에 선 예수를 따라가며 예수를 따라간 사람들의 뒤를 따라가며 뒤 따라오는 사람들이 걸어가는 길의 흔적이 되는 사람이다. 바울은 우리에게 부탁할 것이다. 너희 뒤에 따라오는 사람들이 길을 잃지 않도록 지나간 흔적을 분명하게 남겨달라고……. 네 뒤에 많은 사람이 있게 하라고…….

생|각|하|기|

1. 바울의 부탁 중 당신에게 특별한 의미로 다가오는 부탁은 무엇인지 말해보고 그 이유는 무엇인지 말해봅시다.
2. 다른 사람을 인도하는 자가 되라는 바울의 권면과 현재 교회에서 전도하라는 말의 차이점에 대해서 서로 나누어봅시다.

아브라함의 믿음

> 여호와께서 아브람에게 이르시되 너는 너의 고향과 친척과 아버지의 집을 떠나
> 내가 네게 보여 줄 땅으로 가라 내가 너로 큰 민족을 이루고 네게 복을 주어 네
> 이름을 창대하게 하리니 너는 복이 될지라 … 이에 아브람이 여호와의 말씀을
> 따라갔고 롯도 그와 함께 갔으며 아브람이 하란을 떠날 때에 칠십오 세였더라
>
> | 창세기 12:1-4

아브라함은 믿음의 조상이다. 하나님은 아브라함의 믿음을 의롭다
하셨다. 그리스도인의 믿음이 아브라함과 같을 때 바른 믿음이 된다.

하나님의 명령으로 시작되는 아브라함의 믿음에는 첫 번째로, 떠남
과 버림이 있었다. 하나님은 그에게 네 아비 본토 친척의 집을 떠나라
고 명령하셨다. 아브라함은 명령대로 고향을 떠났다. 떠남은 쉽다. 그
러나 버림은 어렵다. 이스라엘 민족도 애굽을 떠났다. 그러나 애굽에서
살던 습관을 버리는 것은 떠난 사람들이 다 죽고 애굽 생활을 모르는
새로운 세대가 일어나기까지 40년이나 걸렸다. 떠남은 순간이다. 반면
에 버림은 일생이 걸리는 일이다. 떠남은 시작일 뿐이다. 그러나 버림
은 시작을 완성한다. 아브라함은 하나님의 부름을 듣고 고향을 떠났다.
그때부터 아브라함은 하나님을 배우면서 고향에서 이방신과 70여 년
을 함께 살아왔던 삶의 방식을 버리는 법을 배우는 긴 여정을 걸어간

다. 아브라함처럼 그리스도인도 예수님을 만나게 되면 떠남과 버림을 경험한다. 그리스도를 만나기 이전의 나를 떠나고 그때 알던 것을 버리는 신앙의 여정이 시작된다. 그래서 신앙생활을 시작하게 되면 떠남과 버림의 작업이 필요하다. 즉 과거의 생각이나 경험을 버려야 한다.

두 번째로, 아브라함의 신앙 여정 속에는 믿음과 의혹이 내포되어 있었다. 하나님은 아브라함에게 떠나라는 명령을 하면서 그에게 약속을 주셨다. "너로 큰 민족을 이루게 하겠다." "네 이름을 창대케 하리라." "아들을 주리라…" 그래서 아브라함은 하나님이 주실 복의 약속을 믿고 떠났다. 그러나 떠날 당시 하나님의 약속은 완전한 것이 아니었다. 그것은 단지 미래에 대한 가능성이었다. 그런데 믿음은 언제나 의혹과 의심을 동반하기 때문에 아브라함은 하나님의 지시를 기다리지 못하고 여러 번 재단을 쌓으며 여기가 약속하신 곳입니까?라고 묻는 행위를 반복한다. 그러나 하나님은 아브라함에게 응답하지 않았다. 아브라함은 다시 떠날 수밖에 없었다. 믿음은 이렇게 하나님의 약속을 믿고 나가는 과정 속에서 불신과 의혹을 불러일으킨다.

세 번째로, 아브라함의 신앙 여정 속에는 만남과 확신이 있었다. 불신과 의혹이 있을 때마다 하나님은 아브라함을 만나 주셨다. 아브라함에게 의혹과 의심이 없었다면 하나님의 나타나심은 없었을 것이다. 하나님은 아브라함의 의혹과 불신을 죄로 여기지 않으신다. 흔들리는 아브라함에게 나타나셔서 확신을 주신다. 믿지 못하는 것은 죄가 아니다. 의심과 의혹이 들어오는 것은 믿음이 없는 것이 아니다. 믿음이 있기에 의심과 의혹이 생기는 것이다. 그래야 하나님으로부터 또 다른 만남과 확신을 받게 되기 때문이다. 그러던 중 "너로 큰 민족을 이루고 네 이름을 창대케 하리라"는 약속을 믿던 아브라함에 게 하나님은 하나밖에 없는 아들 이삭을 제물로 바치라고 하신다. 하나님에 대한 아브라함의 마음을 시험하신 것이다. 하나님이 아브라함의 마음을 몰라서 시험하는 것이 아니다. 아브라함에게 하나님을 온전히 신뢰하는 것을 확인시켜주기 위해서이다.

아브라함은 하나뿐인 아들을 하나님께 바침으로써 하나님을 신뢰하고 있음을 경험하게 된다. 이후부터 하나님은 아브라함의 삶의 여정에서 다시는 만나주시지 않으신다. 75살에 하나님을 만나서 100살에 이삭을 낳고 이삭이 소년이 되었을 때 바쳤던 일이 있기에 대략 30-40년이 지나서야 아브라함은 자신이 온전히 하나님을 신뢰하는 것을 깨닫게 된다. 믿음은 한순간에 완결되는 것이 아니다. 믿음은 삶의 무게와 여정만큼 시간이 걸리는 것이며 깊어지는 것이다. 또한 믿음은 신념도 무조건적인 확신도 아니다.

생|각|하|기|

1. 예수를 믿게 된 이후 자신이 떠나야 할(떠났던) 이전의 삶은 어떤 것이었으며 계속해서 버려야 할 것은 무엇인지 나누어봅시다.
2. 당신은 하나님의 약속 중 어떤 점이 불신과 의혹을 가지게 하여 흔들리게 하는지 생각해봅시다

태초에

　태초에 천지를 창조하는 소리가 있었다. 하나님은 아무것도 들리지 않는 세상에 "빛이 있으라"는 소리를 들리게 하셨다. 소리를 듣고 빛이 세상에 모습을 드러냈다. 하나님의 소리에 저항하지 않고 응답할 때 세상에는 새로움이 모습을 드러낸다. 소리는 우리를 불러낸다. 빛을 불러낸 소리처럼 하나님의 소리는 우리를 불러낸다. 심연에서 들리는 소리에 저항하지 않고 따라갈 때 내가 만들어지고, 우리가 만들어지고, 세상이 만들어진다. 그러나 우리를 불러내는 소리는 하나님의 소리 외에 다른 소리도 있다. 세상이 부르는 소리이다.

　세상이 부르는 소리는 행복과 안정과 부유를 추구하는 본능을 자극하는 소리이다. 그러나 세상이 부르는 소리는 마지막에 우리를 공허와 허무로 이끈다. 처음부터 공허와 허무로 오지 않기 때문에 사람들은 소리의 끝에서 들리는 자기 내면의 소리를 듣지 못한다. 세상이 부르는 소리는 마지막에 나의 내면에서 허무의 소리와 만난다. 그러나 하나님이 부르는 소리는 허무를 만나지 않는다. 마지막에 들리는 소리는 "보라 내가 세상을 이겼노라" 말씀하시는 그분의 소리가 들려오기 때문이다. 마지막에 하나님의 소리와 함께 세상의 소리가 우리를 불러낸다. 하나님의 소리를 듣고 따라가면 마지막은 허무가 아니라 기쁨과 승리를 만난다. 마지막에 들려올 소리가 온 사방 천지에 울려 퍼지는 하나님의 나팔소리이기 때문이다. 하나님의 나팔소리를 듣고 기쁨에 겨운 찬송과 기도의 소리가 화답한다. 그 소리를 듣고 응답한 선진들이 다시 들려온 하나님의 나팔소리에 기쁨과 찬양으로 화답한다. 따라서 우리는 들어야 할 소리와 듣지 말아야 할 소리를 구분해야 한다. 세상의 소리와 하나님의 소리를 분별하며 살아가야 한다. 기쁨과 즐거움을 약속하나 허무와 공허에 빠뜨리는 소리와, 세상을 이기신 분이 부르는 소리를 구분해야 한다.

하나님은 태초에 사건을 만드셨다. 그 사건이 시간을 만들었으며 공간을 만들었고 우리를 만드신 것이다. 하나님이 태초에 하신 것은 우리를 위하여 광활한 우주와 무한한 시간과 아득한 미래의 처음을 펼치신 것이다. 우리를 위해서 하나님이 하신 거대한 사건을 생각해보라. 하나님이 펼치신 공간과 시간의 사건이 우리를 만나기 위해서 기획하신 것임을 생각해보라. 우리를 만나기 위해서 소리를 발하셔서 우리가 있어야 할 시간과 공간의 틀을 펼치신 것을 생각해보라. 우리 때문에 하나님의 소리가 침묵과 어둠에 들려졌다는 것을 생각해보라.

우리는 우연한 존재가 아니다. 하나님의 사건에 의해 만들어진 존재이다. 이제 우리가 할 일은 삶의 과정 속에서 들리는 소리를 찾아 하나님이 세우신 뜻을 발견하는 것이며 하나님의 뜻 속에서 만나는 사건들을 경험하면서 그것을 통해 하나님의 인도하심을 느끼고 확인하는 것이다.

생|각|하|기|

1. 자기 자신의 영혼 깊은 곳에서 울려오는 소리는 무엇입니까?
2. 들어야 할 소리와 듣지 말아야 할 소리 사이에서 갈등한 경험을 서로 나누어봅시다.
3. 요즈음 만나는 사건 속에서 하나님의 인도하심을 느꼈다면 서로 나누어봅시다.

마음의 벽

> 그들이 그 날 바람이 불 때 동산에 거니시는 여호와 하나님의 소리를 듣고 아담
> 과 그의 아내가 여호와 하나님의 낯을 피하여 동산나무 사이에 숨은지라 여호
> 와 하나님이 아담을 부르시며 그에게 이르시되 네가 어디 있느냐 이르되 내가
> 동산에서 하나님의 소리를 듣고 내가 벗었으므로 두려워하여 숨었나이다
>
> | 창세기 3:8-10

마음의 벽은 아담과 하와가 선악과를 따먹은 후 하나님의 소리에
대한 아담과 하와의 반응에서 생겨난 것이다. 그들은 선악과 사건 이
후, 하나님의 소리를 듣고 귀와 마음을 닫았다. 그래서 하나님이 "어
디 있느냐"라고 했을 때 "우리가 벗었으므로 숨었습니다"라고 말하
였다. 그때 만약 아담이 하나님에게 눈을 맞추었다면 벗은 자신을 보
지 않았을 것이다.

상대의 눈에 맞추면 상대방 이외에 다른 것은 인식하지 않게 된다.
그러나 자신의 몸을 먼저 보면 나를 보는 타인과 시선을 맞추지 못하
게 된다. 아담은 자기를 먼저 보았기 때문에 하나님과 담을 쌓게 된
것이다. 그래서 하나님이 그를 불렀을 때 나무 뒤에 숨어서 하나님을
만나겠다는 반응을 보였다. 이러한 담 쌓기는 아담으로부터 시작되

었다.

아담이 쌓은 두 번째의 담은 하나님과 아담 사이에 하와를 세워놓은 것이다. 첫 번째 담이 하나님과 아담 사이에 나무였다면, 두 번째 담은 또 다른 자신인 하와이다. "당신이 주신 여자가 나에게 주었습니다." 아담이 쌓은 담의 재료는 아담이 만든 것이 아니다. 하나님이 만드신 것을 사용해서 아담이 세워놓은 것이다. 하나님이 만드신 나무를 사용했고 하나님이 허락한 하와를 사용했다.

아담처럼 우리도 담쌓기를 한다. 우리가 쌓은 담은 아담처럼 밖에 있는 재료를 가지고 쌓는다. 내 안에 있는 것으로 담을 쌓지 않았기 때문에 쌓는 우리는 정당하다고 생각한다. 하나님 앞에서 하와라는 담을 쌓은 아담은 정당하다고 생각했다. 담을 쌓게 된 것이 밖에 있기 때문이다.

우리가 담을 쌓으면 하나님도 담을 쌓는다. 아담이 담을 쌓았기 때문에 하나님도 담을 쌓는다. 아담과 하와를 에덴에서 내보내고 생명나무를 지키는 담을 쌓은 것이다. 이로서 세 번째 담이 쌓여진다. 세 번째 담은 생명나무를 지키는 것만 의미하지 않는다. 담이 쌓여진 에덴동산에서 더 이상 아담과 하와를 만나지 않겠다는 결단이다. 아담과 하와는 에덴에 들어가고 싶었을지 모른다. 그러나 하나님에게 에덴은 더 이상 행복한 곳도 머물고 싶은 곳도 아니다. 하나님에게 담이 만들어진 에덴은 의미 없는 장소가 되어버렸다. 하나님은 에덴에서 사람을 만나지 않으신다. 하나님은 에덴 밖에서 사람을 만나신다. 에덴의 밖은 담이 쌓여 있지 않은 곳이다. 아직 담이 만들어지지 않았기 때문에 그곳에서 인간들을 만나시는 것이다.

그럼에도 불구하고 인간들은 담 안에서 하나님을 만나려고 한다. 성전이라는 담을 쌓아놓고 그 안에서 하나님을 만나려는 것이다. 성전을 만들고 그 안에 하나님을 모셔놓고 만나려는 것이다. 교회는 거룩한 하나님의 전이 아니다. 예수는 하나님을 담 안에 넣은 인간이 쌓은 성전을 부셨다. 바울은 예수의 정신을 따라 사는 인간 하나하나가 하나님의 거룩한 전이라고 말했다. 하나님이 찾아오고 하나님이 계신 곳이 인간의 내면이라고 바울은 천명한 것이다. 하나님은 담 안에서 우리를 만나는 것이 아니라 담이 없는 곳에서 만나신다.

우리도 삶속에서 담을 쌓고 살아간다. 모르는 사람이 아니라 가까이 있는 사람과 담을 쌓고 살고 있다. 신앙생활에 대한 또 다른 의미는 담 허물기라고 할 수 있다. 내가 쌓은 담을 허물고 네가 쌓은 담을 허물어서 담 없는 관계를 맺는 것이 아담이 쌓은 담을 허무는 신앙생활이다. 인간은 본능적으로 담 쌓기를 한다. 아담의 후예인 우리에게 주어진 본능이 담을 쌓는 것이다. 따라서 허무는 것은 본능과 싸우는 깊은 결단이며, 성숙한 인격과 관련된다.

신앙은 결단과 성숙한 인격의 승화 과정을 동반한다. 믿음이 맹목적인 자기 확신이나 맹신과 달리 인격적인 것은 그리스도에게 내재한 완전한 인간을 향해서 나아가게 하는 원동력이기 때문이다. 그리스도에게 도달하는 인격적 과정이 신앙생활의 본질이다.

따라서 신앙은 우리를 성숙한 인격이 되도록 만들어가는 결단의 과정이다. 그러므로 날마다 나를 쳐서 복종시킨다고 했던 바울의 고백처럼 마음에 쌓은 담을 우리가 허물어야만 한다. 우리가 담을 쌓지 않고 쌓았던 담을 허물 때 하나님은 우리를 향해서 담을 쌓지 않으신다. 우리가 담을 쌓지 말아야 하며 쌓은 담을 허물어야 할 이유가 여기에 있다.

생|각|하|기|

1. 담 쌓기는 인간의 본능이고 담 허물기는 결단에 속한다고 할 때, 자신의 본능을 허물기 위한 신앙의 결단은 어떤 것들이 있는지 공동체 안에서 진솔하게 서로의 마음을 공개해봅시다.
2. 자기 자신과 하나님 사이에 놓인 담은 무엇인지 생각해봅시다.

믿음의 ABC

아담이 그의 아내 하와와 동침하매 하와가 임신하여 가인을 낳고 이르되 내가
여호와로 말미암아 득남하였다 하니라 그가 또 가인의 아우 아벨을 낳았는데
아벨은 양 치는 자였고 가인은 농사하는 자였더라 … 여호와께서 가인에게 이
르시되 네 아우 아벨이 어디 있느냐 그가 이르되 내가 알지 못하나이다 내가 내
아우를 지키는 자니이까 이르시되 네가 무엇을 하였느냐 네 아우의 핏소리가
땅에서부터 내게 호소하느니라 | 창세기 4:1-10

히브리서 11장은 '믿음의 장'이라는 별칭을 갖고 있다. 별칭에 맞
게 11장은 이스라엘 역사에 대한 회고를 믿음이라는 관점에서 해석
한다. 성경에 기록된 최초의 살인사건에 대한 해석도 믿음의 관점에
근거한다. 히브리서 11장에 의하면 아벨은 믿음의 제사를 드렸고 가
인은 믿음으로 드리지 않았기 때문에 하나님께서 가인의 제사는 받
지 않았다고 기록하고 있다. 그러나 창세기에는 믿음에 대한 언급이
없다. 창세기는 가인도 아벨처럼 정성을 다하여 첫 수확물을 하나님
께 드렸다고 기록하고 있다. 그런데 그의 제사는 받지 않으셨다. 하
나님은 왜 아벨의 제사는 받으시고 가인의 제사는 받지 않으셨을까?
그 이유는 가인의 분노에서 찾아 볼 수 있다.

첫째, 가인이 하나님께 품은 분노는 그가 하나님을 양자택일의 상황에 놓았다는 것을 보여준다. 자신의 제사와 아벨의 제사 사이에서 가인은 하나님에게 자신의 제사를 받아주시기를 무의식적으로 강요했을 것이다. 하나님이 가인의 제사를 받지 않으신 것은 당연하다. 왜냐하면 가인의 제사는 하나님을 시험하는 제사이기 때문이다. 우리도 종종 그러하지 않는가. 우리의 기도와 예배를 받아들여 달라고 하나님께 강요하지 않는가. 하나님께 강요하는 것은 하나님을 시험하는 것이다. 우리가 원하는 방법으로 하나님을 선택상황에 밀어 넣는 것이다. 믿음은 하나님을 시험하는 것이 아니다. 하나님이 이것을 해주면 이것을 하겠다고 약속하는 것도 잘못된 것이다. 하나님을 양자택일의 상황에 놓고 하나님이 어떻게 하시는지 보고 확인하는 것은 잘못된 태도이다.

둘째, 가인은 자신의 제사는 안 받고 아벨의 제사만 받은 하나님에 대해 분한 생각을 품었다. 자신은 거절 당했는데 아우는 선택받은 것을 보며 질투했다. 그래서 가인은 원망과 질투심 때문에 아벨을 살해한 것이다. 여기서 가인의 질투는 분노의 대상을 전이했다는 것을 알수 있다. 가인은 원망의 감정을 아벨이 아닌 하나님께 토로했어야 했다. 가인이 하나님께 원망을 토로했다면 아벨을 죽이는 죄를 범하지않았을 것이다. 죄는 원망의 대상을 전이하는데서 발생한다. 가인의 감정의 전이는 질투를 낳고 질투는 죄를 낳았다. 하지만 믿음은 질투하지 않고 원망하지 않는 것이다.

셋째, 가인에게 하나님은 전부였기 때문에 하나님이 가인에게 전부가 되어주지 않았을 때 원망과 질투를 했다. 이러한 원망과 질투를 갖지 않으려면 우리의 삶속에 하나님이 있음으로 전체를 이루어야 하는 것이지 하나님이 전부가 되어서는 안 된다. 가인에게 하나님이 전부가 아니었다면 자기의 것을 하나님이 받지 않으셨을지라도 원망하거나 질투하지 않았을 것이다. 그러므로 우리의 믿음은 하나님이 전부가 되어서는 안 된다. 하나님이 있음으로 인해서 우리에게 전체가 되어야 한다. 살아가면서 하나님 때문에 전체가 될 때 그분은 우리의 전부가 되고, 하나님을 선택에 놓지 않을 때 그분은 우리를 인도하시며, 질투와 원망하는 마음을 갖지 않을 때 죄를 잉태하지 않게 된다.

생|각|하|기|

1. 자신의 문제로 하나님에게 양자택일을 하도록 기도해본 적이 있다면 말해봅시다.
2. 하나님에게 원망할 만큼 질투심을 느끼게 하는 대상이 있다면 말해봅시다.
3. 당신의 삶에서 하나님이 어느 정도의 비율을 차지하고 있는지 서로 나누어봅시다.

롯의 선택

여호와께서 아브람에게 이르시되 너는 너의 고향과 친척과 아버지의 집을 떠나 내가 네게 보여 줄 땅으로 가라 내가 너로 큰 민족을 이루고 네게 복을 주어 네 이름을 창대하게 하리니 너는 복이 될지라 너를 축복하는 자에게는 내가 복을 내리고 너를 저주하는 자에게는 내가 저주하리니 땅의 모든 족속이 너로 말미암아 복을 얻을 것이라 하신지라 | 창세기 12:1-4

성경은 우리가 나아갈 길을 비춰주는 등불과 같고, 지나온 흔적을 볼 수 있게 하는 거울과도 같다. 성경이 인생을 성찰하게 하는 심오한 문장을 담고 있기 때문에 그런 것이 아니다. 성경은 인생에 대한 깊은 깨달음과 가르침을 기록한 성찰의 책이 아니라, 하나님의 행위와 말씀을 기록한 책이다. 하나님의 말씀은 특정한 인간에게 개입된 특별한 사건을 통해서 알려진다. 성경이 증언하는 하나님의 말씀은 사건이다. 역사의 시간에 개입한 사건을 통해서 하나님은 말씀하시는 것이다.

롯의 시간에 하나님이 개입한 사건이 발생했다. 롯은 그 사건을 통해서 세 번의 선택을 한다. 성경은 롯의 인생이 그의 선택에 의해 결정되었음을 보여준다. 그리고 우리들에게 롯의 선택은 등불과 거울의 역할을 해준다.

52 | 이 말씀을 마음에 새기고

롯의 첫 번째 선택은 아브라함과 함께 본토 친척 아비의 집을 떠나 미지의 세계로 떠난 것이다. 이러한 선택은 확실한 삶에서 불확실한 세계로, 정착된 삶에서 하나님이 지시할 미지의 땅을 향해 걸어가는 나그네의 삶을 택한 것이었다. 아브라함에게 한 언약에 동참한 롯의 첫 번째 선택은 삶을 가볍게 하는 것이었다. 아브라함과 함께 떠나면서 하나님을 배우고 나그네가 되는 삶이었다. 우리도 하나님이 지시할 땅, 광야로 떠나는 삶을 산다. 따라서 우리의 삶을 가볍게 하기 위해서 필요한 것만 소유하며 불필요한 것들을 내려놓아야 한다. 광야에서 하나님을 배우고 만나는 데 하나님이 주시는 만나와 메추라기, 생수 외에 또 무엇이 필요하겠는가. 그분이 구름기둥과 불기둥으로 인도하는데 또 다른 인도가 필요하겠는가.

롯의 두 번째 선택은 갈라짐이다. 많은 소유물을 갖게 된 상황에서 롯과 아브라함은 갈라져야만 했다. 롯은 풀이 풍성하고 좋은 길을 선택했다. 그러나 그 길은 소돔과 고모라로 인도하는 길이었다. 눈앞에 보이는 풍요를 선택한 롯의 선택이 잘못된 것은 아닐지 모른다. 누구나 풍요와 번영을 꿈꾸는 미래를 선택하기 때문이다. 그러나 롯의 잘못은 그 길의 끝에 있는 소돔과 고모라를 같이 선택했다는 것이다. 풀이 무성한 광야에 머물렀다면 양은 살이 쪘을지라도 나그네의 삶을 살았을 것이다. 그러나 롯은 소돔과 고모라를 선택했다. 나그네의 삶을 버리고 도시의 죄악에 젖어들어 갔다. 비록 롯이 아브라함과 광야에 있던 시절에 배운 하나님을 잊어버리지는 않았을지라도 롯에게 스며드는 것은 죄악이 지배하는 삶이었다.

롯의 두 번째 선택은 잘못된 것이다. 눈에 보이는 풍요를 따라 죄악이 지배하는 세상에 머무른 것은 잘못된 선택이다. 우리도 눈길이 머무는 곳을 따라가면 삶이 무거워진다. 삶을 무겁게 만드는 곳을 떠나야 한다. 그곳에 머물면 하나님의 심판이 우리를 기다린다.

세 번째 선택은 다시 떠나라는 천사의 명령을 듣고 광야로 나간 삶이었다. 롯이 가지고 나간 것은 아무것도 없었다. 풍요를 약속했던 길은 멸망과 빈손으로 떠나게 만들었다. 롯의 세 번째 선택은 모든 것을 잃고 난 이후에 다시 하나님과 삶의 진정한 가치를 배우는 삶을 시작한 것이다. 모든 것을 잃은 후 롯은 삶을 무겁게 하는 것에서 벗어났다. 롯의 세 번째 선택 다음에 다른 선택은 없었다. 성경은 그 다음을 기록하지 않는다. 롯의 인생의 여정은 머나먼 과거에 끝이 났다.

하지만 우리의 삶은 아직도 진행되고 있다. 아직도 우리는 하나님이 지시할 땅에 도달하지 않았다. 하나님은 그곳에 이를 때까지 우리가 머무는 것을, 쉼을 허락하지 않으실 것이다. 오직 그분이 지시할 땅에 도착했을 때 쉼을 주실 것이다. 롯의 선택이 중요한 이유는 그곳에 도착할 때까지 우리에게 어떻게 살아야 할지 지침을 주기 때문이다.

생|각|하|기|

1. 세 번의 선택을 한 롯의 인생을 통해서 당신은 지금 어디까지 왔는지 생각해봅시다.
2. 나그네처럼 광야로 나가는 삶을 선택하는데 걸림돌이 있다면 그것이 무엇인지 당신의 상황을 토대로 이야기해봅시다.
3. 삶의 무게를 가볍게 할 수 있는 그리스도인의 삶의 태도에 대해서 나누어봅시다.

고약하신 하나님

> 무리 중에 한 사람이 이르되 선생님 내 형을 명하여 유산을 나와 나누게 하소서
> 하니 이르시되 이 사람아 누가 나를 너희의 재판장이나 물건 나누는 자로 세웠
> 느냐 하시고 그들에게 이르시되 삼가 모든 탐심을 물리치라 사람의 생명이 그
> 소유의 넉넉한 데 있지 아니하니라 하시고 … 하나님이 이르시되 어리석은 자
> 여 오늘 밤에 네 영혼을 도로 찾으리니 그러면 네 준비한 것이 누구의 것이 되
> 겠느냐 하셨으니 자기를 위하여 재물을 쌓아 두고 하나님께 대하여 부요하지
> 못한 자가 이와 같으니라
>
> | 누가복음 12:13-21

흔히들 어리석은 부자에 대한 이야기는 하나님에게 감사하지도 않고 이웃을 생각하지도 않았던 부자의 갑작스러운 운명을 통해서 자신만을 위해서 재물을 사용하려는 사람에 대한 경고의 메시지로 바라본다. 그러나 본문이 진정으로 말하고 싶은 것은 재물 사용에 대한 바른 교훈이 아니라 하나님이 어떤 분이신가를 알려주기 위함이다.

물론 청지기 비유의 해석에도 하나님에 대한 이해가 들어가 있다. 그러나 그렇게 바라본 하나님은 결코 고약한 분이 아니다. 왜냐하면 부자에게 어리석다고 말하는 하나님의 말씀과 행위가 정당하기 때문이다. 또한 청지기 사상이 있으면 부자가 만났던 갑작스러운 운명을

예방할 수 있는 것으로 생각되기 때문이다. 하지만 하나님의 행위는 언제나 정당한가. 청지기 사상을 갖고 살면 미래에 찾아올 하나님의 행위를 예방할 수 있는 것인가.

어리석은 부자의 이야기에서 부자의 어리석음을 청지기 사상의 부재로 읽지 말아야 한다. 청지기 사상의 부재에 근거한 해석은 하나님의 행위를 합법화하고 합리적으로 파악하게 하기 때문이다. 본문이 말하는 것은 하나님과 그분의 행위는 우리가 이해할 수 없다는 것이다. 본문은 13-14절(재산 나눔의 문제), 15-19절(부자 이야기), 20-21절(하나님의 경고)로 나누어진다. 그리고 본문을 통해서 발견되는 하나님은 고약하신 분이다.

하나님이 고약하신 첫 번째 이유는 하나님은 자신이 가치 있는 사람이라고 생각한 사람만 가치 있게 보시기 때문이다. 야곱이 그러하다. 야곱의 일생을 보면 그는 아버지를 속여 장자의 복을 받아내고, 장인을 속여 양을 착복했다. 아버지를 속여서 고향을 떠날 수밖에 없었던 야곱은 삼촌이자 장인을 속여 재산을 갈취했기 때문에 고향으로 되돌아오게 된다. 돌아오는 길에 야곱은 형 에서의 분노를 누그러뜨리기 위해서 에서에게 재산을 여러 번에 나누어 보낸다. 마지막으로 가족을 보낸 후 야곱은 그제서야 하나님께 기도한다.

대부분의 그리스도인은 기도하는 야곱을 보고 신앙인으로 생각한다. 그러나 전체적인 과정을 보면 그의 인간성은 비열하며 기도는 진실하지 않다. 반면에 에서는 정직한 자이고 야곱을 받아준 마음이 넓은 자이다. 하지만 하나님은 에서를 축복하지 않으시고 비열한 야곱을 축복하셨다. 윤리적으로 보면 야곱은 비열하고 저급한 사람이다. 그러나 하나님은 야곱을 윤리적 관점에서 보지 않으시고 언약의 관점에서 바라보셨다. 인간의 눈에는 비열한 존재이나 하나님의 관점에서는 가치있는 존재이기 때문이다. 그래서 하나님은 그를 축복하셨다. 우리가 성군으로 알고 있는 다윗 또한 살아온 과정을 보면 잔인한 왕이었다. 그러나 하나님은 그를 가치있게 보셨다. 이처럼 하나님께서 가치있다고 생각한 사람만 가치있게 보신다. 그래서 하나님은 고약하시다.

두 번째 이유는 부자의 생각이 부당한 것이 아니었음에도 하나님은 부자의 영혼을 불러들이셨다. 열심히 일해서 벌어들인 것을 저축하고 한동안 쉬겠다는 부자의 생각이 잘못된 것인가? 하나님께서 생명을 끊어버릴 만큼 그의 생각이 나쁜 것인가? 그때 부자는 창고를 지어서 미래를 위해 저장해 놓겠다고 했다.

우리는 창고를 짓는 대신에 은행에 저축한다. 나를 위해서, 가족을 위해서, 미래를 위해서 저축하는 것이 나쁜 것인가? 정당하게 일해서 벌었다면 어째서 그것이 나쁜 것인가? 정말로 나쁜 것은 생명을 빼앗는 하나님이 아닌가? 정말 힘들게 열심히 일해서 살만하다 싶으면 시한부 인생을 선언해버리는 하나님이 정당한가? 하나님은 우리의 인생에서 참으로 고약한 일을 많이 하신다. 부자의 어리석음은 하나님의 고약한 성품을 모르는 것에 있었다.

세 번째 이유는 하나님은 우리의 문제는 해결해주지 않으면서(재산문제로 고민하던 그의 문제는 거절하면서) 우리에게 도덕적 책임감을 요구하신다. 그래서 하나님은 고약하신 분이다. 달란트 비유는 하나님의 고약한 성품을 정확히 알려준다. 다섯 달란트 받았던 자가 배로 불린 재산을 가져왔을 때 주인은 칭찬만 하고 모두 가져갔다. 두 달란트 받은 자가 네 달란트로 불려 놓은 재산도 주인이 모두 취해버렸다. 그러나 한 달란트 받은 자가 주인에게 받아서 묻어둔 한 달란트를 가져오자 주인은 그를 게으르고 악한 종이라며 내쳐버렸다.

달란트 비유는 주인의 성품을 잘 보여준다. 주인은 욕심이 많고 소유할 줄만 알지 나누는 것은 모른다. 주인은 자신만의 이익을 추구하는 이기적인 존재이다. 주인은 잔인하다. 한 달란트를 돌려준 종은 주인을 정확하게 알고 있었다. 주인은 그 종의 말을 부정하지 않는다. 잔인하며 이기적이며 자신의 이익만을 추구하는 존재이기 때문에 이자라도 갖고 왔어야 한다고 말한다.

하나님은 이기적이다. 하나님은 세상에 존재하는 수많은 문제를 해결할 능력이 있으시면서도 우리 보고 해결하라고 요구한다. 고아와 가난한 자와 과부를 우리에게 도와주라고 도덕적 책임감을 지워주신다. 우리가 해결할 수 있는 문제는 제한되어 있다. 근본적인 문제는 하나님이 해결해야 할 과제가 아닌가. 하나님은 자신이 해결해야 할 과제는 미루면서 우리에게 해결하라고 하시는 것이다. 그러면서 해결하지 않았다고 우리를 질책한다. 그래서 하나님은 고약하다.

그러나 어찌하겠는가? 우리가 믿고 있는 하나님이 이런 하나님인 것을. 우리의 부모에게 불만이 있을지라도 부모이기에 받아들여야 하는 것처럼, 우리의 주권자이신 하나님 또한 우리가 거부할 수 없는

존재이기에 우리는 할 수 없이 이런 고약하신 하나님의 요구에 따라
살아갈 수밖에 없는 존재인 것이다.

생|각|하|기|

1. 하나님의 고약하신 성품 때문에 불평해본 적이 있다면 그 불평들을
   말해봅시다.
2. 하나님의 고약하신 성품에도 불구하고 오히려 자신이 가치 있는 존
   재로 인식할 수 있었다면 그것은 어떤 이유 때문인지 서로 나누어
   봅시다.
3. 하나님의 고약하신 성품에 불평하지 않기 위해선 어떤 생각을 하며
   살아가야 하는지 나누어봅시다.

예수가 삭개오를 만났을 때

예수께서 여리고로 들어가 지나가시더라 삭개오라 이름하는 자가 있으니 세리 장이요 또한 부자라 그가 예수께서 어떠한 사람인가 하여 보고자 하되 키가 작 고 사람이 많아 할 수 없어 앞으로 달려가서 보기 위하여 돌무화과나무에 올라 가니 이는 예수께서 그리로 지나가시게 됨이러라 … 예수께서 이르시되 오늘 구원이 이 집에 이르렀으니 이 사람도 아브라함의 자손이로다 인자가 온 것은 잃어버린 자를 찾아 구원하려 함이니라

| 누가복음 19:1-10

통상적으로 삭개오에 대한 설교는 적극적인 사고방식에 근거한다. 삭개오가 뽕나무에 올라간 것처럼 올라가야 한다. 기다리지 말고 적 극적으로 찾아 나서야 한다. 적극적인 사고방식은 삶을 긍정적으로 만드는 힘이 있다. 적극적인 사람은 불가능한 것처럼 보이는 것도 가 능하게 한다. 이런 사고방식은 삶을 살아가는데 긍정적이다.

그러나 그리스도인에게 적극적인 사고방식은 치명적인 해악일 수 있다. 예수의 가르침을 왜곡시키고 복음을 변질시키기 때문이다. 성 령이 주시는 능력 또한 심리적인 자기 암시의 효과와 동일한 것으로 생각하게 만든다.

따라서 찾아가고 올라가고 하는 삭개오의 행위를 믿음이 아닌 다

른 관점에서 바라보아야 한다. 본문의 제목이 암시하는 것은 "예수가 삭개오를 만날 때 삭개오는 객기를 부리고 예수는 가르침을 주시니라"이다. 적어도 뽕나무에 올라가는 삭개오의 행동과 예수의 말씀을 듣고 삭개오가 발언한 것은 믿음의 행위가 아니라 객기와 호기이다. 우쭐거리며 자기도 모르게 불쑥 내뱉은 말이다.

삭개오가 객기와 호기를 부리는 것은 전적으로 예수가 그에게 예상하지 못한 말씀을 하신 결과이다. 다시 말해서 예수를 둘러싼 사람들을 무시하고 삭개오의 이름을 부르며 그의 집에 머물겠다는 예수의 말씀은 사람들의 시선을 의식하는 삭개오에게 우쭐대는 기분을 만들어 주었던 것이다. 사람들이 자신에 대해서 어떻게 생각하고 있는지를 알고 있었던 삭개오는 수군대는 사람들의 말을 듣자 자기도 모르게 재산 절반을 나누어 주고 불법으로 취득한 것이 있다면 4배로 갚아 주겠다는 말을 내뱉은 것이다. 사람들이 수군대지 않았다면, 예수가 삭개오를 주목하고 그의 집에 머물겠다는 말을 하지 않았다면, 결코 하지 않았을 말이다.

성경은 마치 씨실과 날실이 만나서 운명을 만들어 가는 것처럼, 연과 필연이 만나서 사건이 일어나는 것처럼, 경도와 위도가 만나서 자신이 어디에 있는지 그 위치를 알려주는 것처럼, 골짜기와 물줄기가 만나서 전설을 만들어 가는 것처럼 성경은 말과 말의 만남으로 만들어진 책이다. 하나님의 말과 사람의 말이 교차되어 만나서 만들어진 사건과 운명이 기록되어 있는 책이다. 예수와 삭개오의 만남도 말과 말이 만나서 사건과 운명을 일으킨다.

예수는 언제나 수고하고 무거운 짐을 지고 가는 자를 바라본다. 예수는 삭개오가 무거운 짐을 지고 있는 자임을 알아보았다. 그래서 네 집에 머물겠다고 말씀하신 것이다. 삭개오는 재산의 절반을 주고 토색한 것이 있으면 네 배로 갚겠다는 뜻밖의 말을 내뱉는다.

삭개오는 말 속에서 지고 있는 무거운 짐을 노출한다. 도덕적 죄책 감이다. 가난한 자들에게 세금을 걷는 세리로써 무의식 속에 수고하고 무거운 짐을 지고 있다. 예수의 말에 자신도 모르게 도덕적인 무거운 짐을 내려놓겠다고 말한 것이다. 삭개오의 말이 떨어지기가 무섭게 예수는 구원이 이 집에 임하였으며 삭개오도 아브라함의 자손이라고 선언하신다.

구원은 죄책감을 내려놓는데 있다. 도덕적 죄의식이 있는 곳에 죄가 있다. 그것을 내려놓을 때 구원이 임한다고 예수는 말씀한다. 그렇다. 죄는 도덕적 죄의식이고 구원은 그것을 내려놓을 때 임하는 것이다. 그런데 우리가 스스로 내려놓을 수 없는 것들이 있다. 이렇게 우리 스스로 내려놓을 수 없는 문제에 대해서 하나님이 내려놓게 만드신다. 그러나 우리 자신이 내려놓을 수 있는 문제는 우리 스스로가 내려놓아야 한다. 구원은 선포로 끝나지 않고 자신이 내려놓은 잘못을 지속적으로 갚아 나가야 하는 과정이 따른다. 그렇기 때문에 구원의 선포는 금방이나 그것이 확증되는 것은 자신과 주변 사람에 의해서 확인된다.

삭개오가 도덕적 죄책감을 내려놓으며 재산을 나누겠다고 했을 때 그에게 구원의 선포가 임했다. 그러나 구원의 선포가 실재적인 구원이 되는 것은 자신이 공포한 말을 실천해나가고 주변 사람에 의해서 확인될 때 확증될 것이다. 무거운 죄책감을 내려놓으면 구원받는다. 그러나 그것이 확증되는 것은 자신과 주변에 의해서 귀결되는 것이다.

생|각|하|기|

1. 삭개오를 통해서 자신 안에 있는 수고하고 무거운 짐은 무엇인지 생각해봅시다.

2. 자신이 내려놓을 수 없는 짐과 내려놓을 수 있는 짐은 무엇인지 생각해봅시다.

3. 구원이 확증되기 위해서 주변에 지속적으로 갚아야 할(실천해야 할) 과정에 있는 자신의 문제는 무엇인지 생각해봅시다

if

> 나는 참포도나무요 내 아버지는 농부라 무릇 내게 붙어 있어 열매를 맺지 아니
> 하는 가지는 아버지께서 그것을 제거해 버리시고 무릇 열매를 맺는 가지는 더
> 열매를 맺게 하려하여 그것을 깨끗하게 하시느니라 … 너희가 내 안에 거하고
> 내 말이 너희 안에 거하면 무엇이든지 원하는 대로 구하라 그리하면 이루리라
> 너희가 열매를 많이 맺으면 내 아버지께서 영광을 받으실 것이요 너희는 내 제
> 자가 되리라
>
> | 요한복음 15:1-8

예수의 비유에는 일상의 모습이 담겨 있다. 예수의 일상이 아니라
예수가 목격한 사람들의 일상이다. 그래서 목자가 아니었지만 자신
을 목자라고 부르셨으며, 농부가 아니었지만 농부의 삶을 말씀했으
며, 포도 농사를 지어보지 않았지만 포도나무의 비유를 말씀하셨다.
예수의 포도나무 비유의 목적은 한 가지다. 포도나무 비유를 통해서
나무 된 자기와 가지 된 우리 사이에 간격이 없음을 말씀하신다. 물
고기와 물이 간격이 없는 것처럼, 새와 날개가 간격이 없는 것처럼,
포도나무와 가지도 간격이 없다고 말씀하신다. 그런데 본문을 1, 2,
3, 8절과 4, 6절과 5, 7절로 나누어서 자세히 살펴보면 예수는 자기
와 우리 사이에 간격이 없음을 세 번에 걸쳐서 말씀하셨음을 알 수
있다.

나는 참 포도나무요 내 아버지는 농부라(1) 무릇 내게 붙어 있어 열매를 맺지 아니하는 가지는 아버지께서 그것을 제거해 버리시고 무릇 열매를 맺는 가지는 더 열매를 맺게 하려하여 그것을 깨끗하게 하시느니라(2) 너희는 내가 일러준 말로 이미 깨끗하여졌으니(3) 너희가 열매를 많이 맺으면 내 아버지께서 영광을 받으실 것이요 너희는 내 제자가 되리라(8)

내 안에 거하라 나도 너희 안에 거하리라 가지가 포도나무에 붙어 있지 아니하면 스스로 열매를 맺을 수 없음 같이 너희도 내 안에 있지 아니하면 그러하리라(4) 사람이 내 안에 거하지 아니하면 가지처럼 밖에 버려져 마르나니 사람들이 그것을 모아다가 불에 던져 사르느니라(6)

나는 포도나무요 너희는 가지라 그가 내 안에, 내가 그 안에 거하면 사람이 열매를 많이 맺나니 나를 떠나서는 너희가 아무 것도 할 수 없음이라(5) 너희가 내 안에 거하고 내 말이 너희 안에 거하면 무엇이든지 원하는 대로 구하라 그리하면 이루리라(7)

다른 상황에서 세 번 말한 것을 요한복음의 저자가 하나로 묶어서 기록한 것으로 보면 본문에는 세 번의 가정(if)이 있다. 첫 번째 if은 세 번의 비유를 하셨다는 것. 두 번째 if는 예수가 우리 안에 있다면, 그래서 거리와 간격이 없다면 예수는 우리와 하나가 되기 원하신다는 것. 세 번째 if는 만일 예수와 우리 사이에 간격이 있다면 어떻게 될까를 생각하게 한다. 두 번째 if는 예수가 우리 안에 있다면 예수는 우리와 하나가 되기 원하시며 간격을 없애고 싶어하신다. 어디에서 예수는 우리와 하나가 될 수 있을까? 어떻게 예수는 우리와 하나로 묶여지실 수 있을까?

예수와 우리가 하나되는 것은 성만찬에서 가능하다. 성만찬은 그분의 피를 나의 피에 섞는 것이고, 그분의 살을 나의 살에 섞는 것이며, 그분의 심장을 나의 심장에 섞는 것이다. 우리는 떡과 잔으로 우리에게 들어오신 예수를 느끼는 것이다. 우리가 느끼지 못해도 무방하다. 나무와 가지를 하나로 만드는 것은 가지가 아니라 나무이기 때문이다. 우리가 느끼지 못하더라도 예수는 자기의 몸과 우리의 몸이 하나가 되었다는 것을 느끼신다. 우리가 그것을 안다면 심장의 박동에서 예수를 느낄 수도 있을 것이다. 성만찬을 통해 우리가 예수님을 느낀다면 예수님과 우리 사이에 거리도 간격도 없게 된다. 간격이 없다면 예수님이 보고, 느끼는 것을 우리도 보고 느낄 수 있다. 예수님은 성만찬을 통해서 예수님과 하나가 되길 원하시며 그분이 듣는 소리를 우리도 듣기 원하신다.

예수와 우리가 하나가 된다면 우리는 예수처럼 첫째, 많은 동반자를 만나게 된다. 예수의 삶은 동반자와 함께하는 삶이었다. 제자들이 공생애 기간 동안 예수와 동행했으며, 광야에서는 성령이 예수와 동행했으며, 많은 무리와 낮은 사람들이 예수의 사역에 동행했으며, 심지어 십자가에서 돌아가실 때도 옆에 있는 강도와 동행했다. 예수는 우리 삶의 동반자이시다. 동시에 우리로 하여금 많은 동반자를 만나게 하신다. 교회공동체 안에서 동반자를 만나게 하시고 나로 하여금 다른 사람의 동반자가 되게 하신다. 둘째, 참된 삶의 의미와 가치를 경험할 것이다. 예수의 삶을 동반하는 것은 진정한 의미에서 가치있는 일이다. 의미와 가치는 인간이 추구하는 고상한 삶의 실재이다.

의미와 가치가 없는 삶은 풍요로울지 몰라도 성숙한 인격을 갖게 하지 못한다. 예수가 보여준 의미와 가치 있는 삶은 타인을 위한 삶을 사는 것이다. 이런 삶을 사는 것은 그의 인생에서 동반자가 되는 것이다. 예수는 내 인생의 동반자이다. 나는 예수 때문에 타인의 동반자가 된다. 셋째, 인격의 변화를 경험할 것이다. 내 자신이 변하는 것을 경험할 것이다. 우리는 완전한 성인이 될 수는 없지만 하나님의 성품에 점점 닮아가는 자로 살아갈 수는 있을 것이다. 베드로가 말한 것처럼 하나님의 거룩한 성품에 참여하는 자가 되어갈 것이다. 바울이 말한 것처럼 성령의 열매를 맺는 성숙한 인격이 되어갈 것이다.

세 번째 if는 우리가 동반자를 만나지 못하고 삶의 동반자가 되지 못했다면 예수님과 나 사이는 뿌리와 가지가 분리된 것처럼 간격이 벌어져 꺼진 촛불, 짠맛 잃은 소금이 되는 것이다. 성만찬의 의미는 그분과 하나가 되는 것이다. 예수와 나의 간격 없음은 오직 성만찬을 통해서만 실증적으로 이루어지는 것이다. 그래서 예수는 내 살과 피를 받아 먹으라고 말씀하셨다. 예수의 살과 피를 먹어야만 내 안에 예수의 생명이 살아 숨쉬게 된다.

생|각|하|기|

1. 예수님은 우리와 하나가 되고 싶어하신다는 말씀이 당신에게 주는 위로는 무엇입니까?
2. 예수님과 하나 된 결과로 얻어진 열매들이 있다면 나누어봅시다.

두 믿음 1

> 여호와께서 사람의 죄악이 세상에 가득함과 그의 마음으로 생각하는 모든 계획이 항상 악할 뿐임을 보시고 땅 위에 사람 지으셨음을 한탄하사 마음에 근심하시고 이르시되 내가 창조한 사람을 내가 지면에서 쓸어버리되 사람으로부터 가축과 기는 것과 공중의 새까지 그리하리니 이는 내가 그것들을 지었음을 한탄함이니라 그러나 노아는 여호와께 은혜를 입었더라
>
> | 창세기 6:5-8

노아의 홍수 사건은 많은 사람에게 의문을 준다. 그러나 지구는 대홍수가 지구상에 존재했었다는 것을 몸으로 보여주고 있고, 인류 고대 문명 속에 들어가 보면 지구에는 큰 물이 있었다는 것이 구전으로 전해 내려오고 있다. 성경에는 노아의 홍수 사건이 굉장히 장황하게 그려져 있다. 천지창조가 창세기 1장과 2장에서 두 번이나 길게 기록되어진 것처럼 노아의 이야기도 두 번이나 길게 기록되어 있다. 이렇게 길게 기록된 노아의 홍수 사건에서 우리가 찾아볼 것은 믿음에 대한 것이다.

첫째, 하나님의 믿음은 후회는 하시나 결코 절망하지는 않으신다. 하나님은 인류를 창조하신 것을 후회하셨다. 죄악이 땅을 물들이고 타락시켰기 때문이다. 그러나 하나님은 결코 절망하시지 않으셨다.

왜냐하면 한 사람을 찾아내시기 때문이다. 하나님은 노아를 발견하셨다. 성경 전체를 통해서 바라본다면 하나님은 사람을 발견하신다. 모세를 발견하시고, 엘리야를 발견하셨다. 그리고 나아가 하나님은 우리를 발견하셨다.

둘째, 하나님은 자신이 선택한 사람에 대한 믿음을 버리지 않으신다. 하나님이 노아를 선택했을 때 노아를 믿었기 때문이다. 그리고 방주를 지으라고 명령했을 때 노아를 믿었기 때문에 방주를 완성할 때까지 기다리셨다. 사람들은 믿음을 우리가 하나님에 대한 것으로 생각한다. 그러나 믿음은 하나님이 우리에 대한 것이 먼저이다. 우리에 대한 하나님의 믿음은 절대로 변함이 없다. 하나님은 선택한 자에 대한 그분의 믿음을 버리지 않으신다.

또한 홍수 사건은 노아의 믿음을 보여준다. 노아는 하나님이 자신의 무엇을 믿고 자신과 함께 걸어가는 것을 선택하셨는지 알 수가 없었지만 하나님의 은혜에 대해서 배반하지도 의심하지도 않았다. 노아는 자기가 들었던 것이 언젠가는 이루어진다는 믿음을 버리지 않았다. 방주를 지으라는 말과 새로운 세상을 만들겠다는 하나님의 약속은 먼 미래에 대한 이야기였다. 그러나 노아는 하나님이 미래에 대한 자기와의 약속을 어기지 않을거라고 믿었기 때문에 방주를 지은 것이다. 나아가 노아에게는 언젠가 자신이 방주를 끝낼 것이라는 믿음이 있었다. 만일 노아가 믿음과 확신을 스스로에게 부여하지 않았다면 방주 짓는 일은 끝내지 못했을 것이다.

하나님은 하나님대로 믿음을 가지고 있었고, 노아는 노아대로 믿음을 가졌다. 하나님의 믿음과 노아의 믿음이 만났을 때 새로운 창조가 일어난 것이다. 이처럼 하나님의 믿음은 노아의 믿음을 필요로 하고 노아의 믿음은 하나님의 믿음을 필요로 한다. 지금 하나님은 우리를 선택하셨고 또 누군가를 발견하신다. 아직 이루어지지 않은 것을 이루어 나가기 위해서, 나의 믿음과 하나님의 믿음이 함께 어우러져 새로운 역사와 창조를 이루어 가기 위해서 하나님은 누군가를 찾으신다. 결코 하나님은 강권적으로 일하시는 분이 아니다. 강제로 사로잡아서 그분의 뜻을 이루어 가시는 분이 아니다. 우리는 하나님이 선택한 파트너이다. 우리는 하나님이 세상을 만들기 위해서 선택된 파트너인 것이다. 그래서 우리는 우리에게 들려지는 하나님의 목소리를 들어야 한다. 우리와 함께 하나님이 하려고 하는 그것을 찾아야 한다. 하나님의 창조하심이 나타나고 구현될 수 있도록 우리는 하나님의 선하고 온전하신 뜻이 무엇인지 계속 찾아야 한다.

생|각|하|기|

1. 자신에게 하나님의 믿음과 노아의 믿음은 어떤 의미를 줍니까?
2. 믿음으로 방주를 완성한 노아를 통해 자신이 지어나가야 할 방주는 무엇인지 생각해봅시다.
3. 하나님의 창조하심이 나타나기 위해서 우리 교회가 들어야 할 소리는 무엇인지 생각해봅시다.

두 믿음 2

너희가 내 이름으로 무엇을 구하든지 내가 행하리니 이는 아버지로 하여금 아
들로 말미암아 영광을 받으시게 하려 함이라 내 이름으로 무엇이든지 내게 구
하면 내가 행하리라 ㅣ 요한복음 14:13-14

너희가 나를 택한 것이 아니요 내가 너희를 택하여 세웠나니 이는 너희로 가서
열매를 맺게 하고 또 너희 열매가 항상 있게 하여 내 이름으로 아버지께 무엇을
구하든지 다 받게 하려 함이라 ㅣ 요한복음 15:16

은총을 받았다는 사람들의 이야기를 들을 때마다 대다수의 사람들
은 '왜 나는 아닌가' 하는 의문에 빠진다. 그들은 어떻게 했기에 하
나님의 은총을 받았을까? 어떻게 하면 나도 하나님의 은총을 받을
수 있을까?

예수는 갈릴리를 중심으로 20리 안팎을 다니면서 사람들을 만났
다. 실로암 연못에서 만난 사람도 그중의 하나이다. 성경은 예수가
병자를 치료하고 귀신을 쫓아냈다고 기록한다. 하지만 예수는 병든
모든 사람을 고쳐주지 않으셨다. 모든 사람의 질문에 응답하지 않으
셨다. 예수는 모든 사람의 문제에 개입하지 않으셨다. 여기에서 우리
가 알아야 할 것이 있다. 예수는 들은 소리에만 응답하시고 개입하셨

다는 것이다. 예수는 어떤 소리를 들으셨는가. 예수는 절박한 소리를 들으셨다. 실로암 연못의 수많은 병자들 속에 38년 된 병자의 신음소리가 있었다. 그 사람이 몸으로 내는 절박한 소리를 가슴으로 들으셨다. 우리가 그분에게 얼마나 절박하게 우리의 사정과 형편을 토로하는가가 첫 번째 조건이다.

우리가 은총을 받지 못하는 많은 이유 중의 하나는 그렇게 절박하게 하나님에게 우리를 알리지 않는다는 것이다. 그러나 알린다고 다 듣는 것이 아니다. 그 알림을 절박하게 토로했을 때 예수는 우리에게 물어보신다. "니는 나를 의지할 수 있는가?" "너는 내가 너를 고칠 수 있다고 전적으로 나를 신뢰할 수 있는가?"를 물어보신다. 그리고 "네, 주님! 내가 당신을 믿습니다." 그분은 이 대답을 우리들에게서 끌어내신다.

우리의 대답은 예수의 물음에 응답할 때만 등장한다. 하지만 이렇게 응답한다고 언제나 은총이 오는 것은 아니다. 여기에는 예수의 믿음이 있어야 한다. 병을 고치고 귀신을 쫓아내는 행위가 하나님께 영광이 되는 일이라는 예수의 믿음이 있어야 한다. 우리가 아무리 절박하고 모든 믿음을 의탁한다 하더라도 예수가 우리에게 응답하지 않는 이유는 하나님에 대한 영광이 되지 않기 때문이다. 예수의 이름으로 구한다고 해서 되는 것이 아니다. 우리의 간구가 하나님께 영광이 된다는 예수의 믿음이 있어야 응답되는 것이다.

우리의 기도와 간구 속에 은총이 오지 않는 이유는 명백하다. 우리의 기도를 예수는 신뢰할 수 없기 때문이다. 우리의 간구가 하나님께 영광이 되지 않는 것을 예수가 확신하기 때문이다. 예수는 우리에게 자신에 대한 믿음을 요구하신다. 동시에 우리를 믿을 수 있는가 반문하신다. 믿음 없는 간구를 드려서 응답되지 못한 것이 아니다. 우리의 간구가 하나님의 영광을 가리기 때문에 예수는 응답하지 않는 것이다.

두 가지 믿음은 이렇게 만난다. 하나가 끝나고 다른 하나가 오는 것이 아니라 두 가지가 만나는 곳에서 은총과 사건이 일어난다. 그리고 절박함 속에서도 하나님은 우리와 만날 때를 기다리신다. 우리가 정말 진실하게 하나님의 영광을 돌리는 그때를 기다리신다. 왜냐면 이것은 동시에 만날 때 동시에 교차될 때만 우리 안에 은총과 기쁨이 오기 때문이다.

생 | 각 | 하 | 기 |

1. 현재 하나님의 은총을 기대하는 절박한 내용이 있다면 말해봅시다.
2. 우리의 간구 속에 은총이 오지 않는 이유는 무엇입니까?

두 믿음 3

세베대의 아들 야고보와 요한이 주께 나아와 여짜오되 선생님이여 무엇이든지 우리가 구하는 바를 우리에게 하여 주시기를 원하옵나이다 이르시되 너희에게 무엇을 하여 주기를 원하느냐 여짜오되 주의 영광중에서 우리를 하나는 주의 우편에, 하나는 좌편에 앉게 하여 주옵소서 | 마가복음 10:35-37

이 때로부터 예수 그리스도께서 자기가 예루살렘에 올라가 장로들과 대제사장들과 서기관들에게 많은 고난을 받고 죽임을 당하고 제삼일에 살아나야 할 것을 제자들에게 비로소 나타내시니 베드로가 예수를 붙들고 항변하여 이르되 주여 그리 마옵소서 이 일이 결코 주께 미치지 아니하리이다 예수께서 돌이키시며 베드로에게 이르시되 사탄아 내 뒤로 물러 가라 너는 나를 넘어지게 하는 자로다 네가 하나님의 일을 생각하지 아니하고 도리어 사람의 일을 생각하는도다 하시고 | 마태복음 16:21-23

한밤중에 바울과 실라가 기도하고 하나님을 찬송하매 죄수들이 듣더라 이에 갑자기 큰 지진이 나서 옥터가 움직이고 문이 곧 다 열리며 모든 사람의 매인 것이 다 벗어진지라 … 이르되 주 예수를 믿으라 그리하면 너와 네 집이 구원을 받으리라 하고 주의 말씀을 그 사람과 그 집에 있는 모든 사람에게 전하더라 | 사도행전 16:25-32

세 개의 성경 말씀 중에 두 개는 엇갈리는 믿음이고, 한 개는 일치하는 믿음이다. 엇갈리는 믿음은 세배대의 아들에게서 찾을 수 있다.

그들은 예수에게 요구했다. 예수님과 3년이라는 세월을 같이 했기 때문에 자신들은 요구할 자격이 있다고 생각했다. 그들은 예수와 같이 걸으면서 그와 같이 행동했다. 예수를 따르면서 들에서 잤고, 먹을 것이 없어서 이삭을 잘라 먹었고, 사람들에게 환영받지 못했고, 예수를 위해서 희생했기 때문에 예수에게 요구할 권리가 있다고 생각했다. "당신의 나라가 임할 때 우리를 보상해주십시오. 우리가 당신과 함께 걸었던 3년의 시간동안 당신에게 헌신했던 대가는 보상받아야 하지 않습니까."

세배대의 두 아들은 예수님이 자신들을 위한 존재라고 생각했다. 자신들이 예수를 위한 존재가 아니라 예수가 자신들을 위한 존재이기 때문에 보상받을 권리가 있다고 생각했다. 그들의 요구사항에 예수님은 이렇게 대답하신다. "너희가 요구하는 것이 무엇인지 모른다. 내가 줄 것은 네가 받을 세례다. 네가 받을 피다." 그렇게 예수는 세배대의 아들에게 보상해주신다. 세배대의 아들만이 아니라 예수의 이름으로 요구하는 모든 자에게 보상해주신다. 그 보상은 예수가 받은 고통이다. 고통이 보상인 것은 고통을 통해서 하나님이 주시는 위로와 평화, 행복을 경험할 수 있기 때문이다. 행복은 고통의 산물이다. 고통을 겪어야 행복을 맛볼 수 있다. 고통이 먼저고 행복이 나중이다. 그래서 예수는 말씀하신다. 내가 너에게 고통을 주겠노라고……

베드로의 믿음도 엇갈리는 믿음이다. 예수를 주님으로 메시아로 하나님의 아들로 고백한 믿음이 엇갈리는 믿음이라는 것이 아니다.

베드로의 믿음이 엇갈린 것은 예수께서 자신의 운명을 밝히셨을 때 드러난다. 베드로는 예수의 운명을 받아들일 수 없었다. 베드로가 생각하는 예수의 운명은 다른 것이었기 때문이다. 그리고 예수에게 아무런 보상을 요구하지 않았다. 그는 세배대의 두 아들과 다르다. 예수를 위해서 따라나섰다. 예수가 이스라엘을 구원하는 메시아로 등극하는 것을 보려는 것이다. 메시아는 그렇게 죽을 수 없다고 생각했다. 그렇게 되어서는 안 되는 것이라고 생각했다. 그래서 베드로는 예수를 꾸짖는다. 하지만 예수는 베드로에게 사탄이라고 말씀하시면서 물리치신다. 엇갈리는 믿음은 기대하기 때문에 발생한다. 우리가 기대하는대로 하나님이 행동하시 않을 때 드러난다. 보상을 기대해서가 아니다. 하나님은 이런 분이라고 미리 정하기 때문에 우리의 생각과 일치하지 않으면 발생하는 것이다. 하나님을 우리의 인식과 사고의 틀에다 맞춰 놓는 것이 엇갈리는 믿음의 모습이다.

사도행전 16장에는 일치하는 믿음이 나온다. 감옥에 있던 바울과 실라가 찬송과 기도를 했을 때, 지진이 나서 옥터가 움직이고 문이 열리고 매인 것이 풀어졌다. 그들은 나가지 않고 그 자리에 머물러 있었다. 매인 것이 풀어지면 나가는 것이 보통 사람들의 공통된 행동일진데 왜 그들은 나가지 않고 그 자리에 머물렀을까? 그들은 혹시 하나님께서 무엇을 하시려고 옥문을 열었을까? 생각하면서 하나님의 뜻을 기다리지 않았을까? 문이 열린 감옥에 그들이 머물 때 간수가 구원을 요청했다. 그제서야 바울과 실라는 옥문을 나서서 간수의 집으로 향했다. 그래서 간수와 그의 가족이 구원을 받게 되었다. 일치하는 믿음은 기다림에 있다. 바울과 실라의 기다림은 어리석은 것이 아니었다. 그들이 기다렸기에 하나님이 하시는 일을 목격한 것이다. 하나님은 간수와 그의 가족을 구원하기 원하셨다. 바울과 실라는 기다렸기에 하나님의 구원을 보게 된 것이다.

성경은 말씀한다. 너희는 서서 그가 하는 일을 보라. 기다려야 하나님의 구원을 목격한다. 기다려야 하나님의 은총을 경험한다. 엇갈리는 믿음에는 보상이 있다. 고통이 보상이다. 기다리는 믿음에도 보상이 있다. 구원과 은총을 경험하는 기쁨이다. 어떤 믿음의 모습을 선택할 것인가는 우리의 몫이다. 우리는 어떤 믿음의 모습으로 서 있는가.

생|각|하|기|

1. 세배대의 아들에게 있는 엇갈리는 믿음은 자신에게 어떤 지적을 하고 있습니까?
2. 베드로의 엇갈리는 믿음 또한 자신에게 어떤 지적을 하고 있습니까?
3. 바울과 실라의 일치하는 믿음이 자신에게 주는 의미에 대해서 생각해봅시다.

선택과 책임

··· 이삭이 그의 아내가 임신하지 못하므로 그를 위하여 여호와께 간구하매 여호와께서 그의 간구를 들으셨으므로 그의 아내 리브가가 임신하였더니 그 아들들이 그의 태 속에서 싸우는지라 그가 이르되 이럴 경우에는 내가 어찌할꼬 하고 가서 여호와께 묻자온대 여호와께서 그에게 이르시되 두 국민이 네 태중에 있구나 두 민족이 네 복중에서부터 나누이리라 이 족속이 저 족속보다 강하겠고 큰 자가 어린 자를 섬기리라 하셨더라   창세기 25: 19-23

하나님의 예정과 인간의 자유의지에 의한 선택은 모순처럼 보인다. 왜냐하면 하나님의 예정사상은 인간의 자유의지를 부정하는 것처럼 보이기 때문이다. 하나님이 결정했다면 인간의 선택이란 근본적으로 부정되는 것이기 때문이다. 반면에 인간의 자유의지에 따른 선택이 미래를 결정한다면 하나님의 선택과 결정인 예정은 부정되기 때문이다. 예정과 선택은 상호 모순되는 것인가? 예정과 선택은 새의 두 날개처럼 상호 유기적으로 관계될 수는 없는 것인가? 예정과 선택 사상이 잘 표현된 것은 야곱의 이야기이다.

첫째, 선택은 하나님이 하시나 운명은 자신이 만든다. 리브가가 임신했을 때 복중에서 쌍둥이 사이에 경쟁이 있었고 아직 누가 누군지 모를 때 이미 하나님은 큰 자가 작은 자를 섬길 것이라고 말씀하셨다. 하나님은 작은 자를 선택하신 것이다. 그것은 작은 자와 큰 자가 세상에 나오기 전에 되어진 것이기에 예정으로써 존재한다. 그러나 선택은 하나님이 하시나 인생은 자기가 만들어 간다. 야곱과 에서는 자기의 인생을 만들어 갔다. 야곱은 교활한 사람이고 믿을 수 없는 사람이다. 장자의 권리를 받기 위해 형을 속이고 아버지를 속였다. 그것은 야곱이 만들어간 인생이다. 팥죽 한 그릇에 장자의 권리를 양도한 것은 에서의 선택이다. 야곱과 에서의 선택에서 하나님이 강요한 것은 없다. 자기의 의지로 선택한 것이다.

둘째, 하나님은 자기가 선택한 자에게 도덕적인 책임을 묻는다. 하나님은 절대 부도덕하지 않으시다. 그래서 야곱에게 도덕적 책임을 묻는다. 속임질을 한 야곱에게 라반을 통해 피눈물 나게 갚아내게 하신다. 야곱이 라헬과 결혼하기 위해 노동한 14년은 고통의 기간이었다. 기록에 의하면 라반은 야곱에게 열 번이나 노임을 어겼다. 즉 14년 동안 야곱은 자신보다 더한 사기꾼인 라반에게서 고통을 겪어야 했고 대가를 지불해야 했다. 하나님은 야곱의 일생을 통해서 철저하게 갚아내게 하셨다. 야곱은 아버지 이삭을 속여서 에서의 복을 가로챘다. 야곱의 행동은 아버지 이삭을 슬픔에 빠뜨린 것이다. 마찬가지로 야곱의 아들들도 요셉이 죽었다고 야곱을 속여서 깊은 슬픔에 빠져 살게 하였다. 야곱은 타향에서 죽었고 살아서 자기 인생을 이야기할 때 무척 험하게 살았다고 회고한다. 따라서 야곱은 우리가 따라야 할 신앙의 대상이 아닌 것이다. 하나님은 분명히 선택한 자에게 도덕적 책임을 물으신다는 것을 말씀하고 있다.

셋째, 하나님은 선택에서 벗어난 사람에게는 돌봄으로 정당하게 행동하신다. 야곱이 가졌던 재산은 모두 야곱에게 가야 한다. 그가 물려받았기 때문이다. 그러나 모든 재산은 에서에게로 갔다. 야곱에게 간 것은 하나도 없다. 그리고 사기를 쳐서 가지고 온 재산마저도 에서에게로 갔다. 결국 하나님은 에서를 선택하지 않고 야곱을 선택했다고 해서 에서를 돌보지 않은 것이 아니었다. 에서는 많은 재산을 물려 받았고 또한 그는 많은 민족의 조상이 되었다. 이처럼 하나님은 자기가 선택한 사람에게는 책임을 물으시고, 자기의 선택에서 제외된 사람에게는 돌봄으로 각각 정당하게 대우하신다.

그래서 우리에게는 선택이 남겨져 있다. 우리는 책임을 묻는 존재로써 있을 것인가? 아니면 물질적 행복을 받는 존재로써 있을 것인가? 우리는 에서처럼 물질적인 풍요를 받았으나 하나님의 선택에서 벗어나는 삶을 선택할 것인가? 아니면 책임을 지기 때문에 하나님의 선택 속에 있으면서 힘들어 지는 삶을 선택할 것인가? 모두를 다 선택할 수는 없다. 둘 사이에서 하나만 선택해야 한다. 당신은 무엇을 선택할 것인가.

생|각|하|기|

1. 야곱과 에서의 삶을 서로 비교해봅시다.
2. 하나님께 선택 받은 자로 사는 삶과 돌봄을 받는 자로 사는 삶의 차이점에 대해서 서로 이야기해봅시다.

선택과 선택

> 온 땅의 언어가 하나요 말이 하나였더라 이에 그들이 동방으로 옮기다가 시날 평지를 만나 거기 거류하며 서로 말하되 자, 벽돌을 만들어 견고히 굽자 하고 이에 벽돌로 돌을 대신하며 역청으로 진흙을 대신하고 … 여호와께서 거기서 그들을 온 지면에 흩으셨으므로 그들이 그 도시를 건설하기를 그쳤더라 그러므로 그 이름을 바벨이라 하니 이는 여호와께서 거기서 온 땅의 언어를 혼잡하게 하셨음이니라 여호와께서 거기서 그들을 온 지면에 흩으셨더라 | 창세기 11:1-9

'선택과 선택'이라는 제목은 하나님이 어떻게 세상을 움직이는가 하는 큰 틀 속에서 성경을 이해하려는 것이다. 창세기 11장에 나오는 바벨탑 사건을 통해서 첫 번째, 사람들은 모이려고 하고 하나님은 흩으신다는 것을 알 수 있다. 그것은 성경에도 나타나고 역사 속에도 등장한다. 역사에 등장한 것은 예루살렘 교회의 사건이다. 바벨탑 사건을 성서에 등장한 것으로 말하는 이유는 바벨탑이 어디에 있었는지 현재 고고학적으로 증명할 수 없기 때문이다. 예루살렘 교회의 사건을 역사에서 있었던 것으로 파악하는 것은 AD 70년에 예루살렘이 로마군에 의해서 파괴되고 현재도 그 흔적이 남아 있기 때문이다. 두 사건이 공통적으로 보여주는 것은 흩어지지 않고 모이려고 했다는 것이다.

사람들은 흩어지지 않으려고 바벨탑을 쌓았다. 예수의 제자들은 예루살렘을 떠나지 않고 모여 있었다. 예수께서 사마리아와 유다와 땅 끝까지 복음을 전하라고 말씀하셨음에도 불구하고 예수의 제자들은 예루살렘 교회를 떠나지 않았다. 그러나 하나님은 그들을 흩으셨다. 바벨탑을 쌓던 사람들의 언어를 혼잡하게 하셔서 떠나게 했다. 예루살렘 교회에 모여서 떠나지 않는 제자들을 하나님은 떠나게 하셨다. 하나님은 예루살렘 성전을 파괴시키고 예루살렘을 황폐하게 만들어서 제자들이 떠날 수밖에 없는 상황을 만드신 것이다. 우리는 두 사건을 통해서 사람들은 모이고 뭉치려는 선택을 하고 하나님은 흩으시는 선택을 하신다는 것을 알 수 있다.

두 번째, 하나님의 흩으심은 우리에게는 고통이지만 우리를 흩으심으로 보다 넓은 곳으로 옮겨 놓으신다. 만약 바벨탑을 쌓던 사람들을 흩어놓지 않았다면 그들은 하나님이 창조한 전체 땅을 향해서 나가지 않았을 것이다. 하나님이 예루살렘에 모여 있던 제자들을 흩어 놓지 않았다면 세상 모든 곳으로 복음은 흘러들어가지 않았을 것이다. 하나님이 만들어 놓으신 것은 광대하고 넓고 광활한 곳이다. 그 넓고 광대한 땅까지 모든 사람이 들어가는 것은 하나님의 뜻이다. 세상 모든 곳까지 복음은 들어가야 한다. 저 넓고 광대한 미지의 세계인 우주 끝까지 하나님의 복음은 흘러 들어가야 한다. 세상 모든 곳에 복음을 보내기 위해서 하나님은 오늘도 사람들을 흩으신다.

세 번째, 우리는 또 다른 바벨탑을 쌓는 것을 경계해야 한다. 바벨탑은 지면에 흩어지는 것을 면하는 것이고, 하늘과 닿으려는 것이고, 하나님과 함께하려는 것이다. 이것은 하나님의 비밀스러운 세계에 들어가려는 것이고 하나님의 놀라운 경륜을 보려는 것이다.

바벨탑을 쌓지 않기 위해서 우리는 두 가지를 경계해야 하는데, 하나는 하나님과 같아지려는 마음이다. 그 마음은 미래를 보려는 것이다. 사람들은 미래를 알고 싶어한다. 미래를 알면 운명을 알게 되고 내가 운명을 조정할 수 있게 된다. 그러나 미래는 하나님만이 볼 수 있는 것이지 우리가 볼 수 있는 것이 아니다. 또 하나 경계해야 할 것은 하나님이 하시는 일에 근접하는 일이다. 즉 복제기술이다. 유전자 조작을 통해서 인류는 하나님만이 하시는 생명의 창조 영역에 접근하고 있다. 미래를 보는 능력을 가짐으로 말미암아 운명을 결정하고 유전자 조작을 통해서 생명을 탄생시키는 현대 과학의 기술은 또 다른 바벨탑을 쌓는 것이다. 우리는 이것을 경계해야 한다.

생|각|하|기|

1. 당신의 삶에서 하나님의 흩으심을 경험한 적이 있으면 말해봅시다.
2. 하나님의 흩으심은 당신에게 어떤 소망을 주었는지 생각해봅시다.
3. 우리 자신들이(인류, 세계, 국가, 교회) 경계해야 할 바벨탑은 무엇인지 생각해봅시다.

교회의 거룩성

> 하나님의 뜻을 따라 그리스도 예수의 사도로 부르심을 받은 바울과 형제 소스데네는 고린도에 있는 하나님의 교회 곧 그리스도 예수 안에서 거룩하여지고 성도라 부르심을 받은 자들과 또 각처에서 우리의 주 곧 그들과 우리의 주 되신 예수 그리스도의 이름을 부르는 모든 자들에게 하나님 우리 아버지와 주 예수 그리스도로부터 은혜와 평강이 있기를 원하노라　　　| 고린도전서 1:1-3
> 너희 몸은 너희가 하나님께로부터 받은 바 너희 가운데 계신 성령의 전인 줄을 알지 못하느냐 너희는 너희 자신의 것이 아니라　　　| 6:19

　교회는 거룩할까? 인터넷을 중심으로 한국의 개신교회에 쏟아지는 비난과 조롱을 보면 교회는 거룩하지 않은 것 같다. 거룩하다고 믿고 싶어도 세상에 비쳐진 교회의 모습은 가장 속되고 속된 것처럼 보인다. 교회가 거룩하지 않다면 그리스도인은 거룩할까? 찬양을 드리고 경건하게 기도하는 모습을 보면 거룩한 것처럼 보인다. 그러나 실제 삶의 모습을 보면 거룩과는 거리가 멀다. 교회가 거룩하며 그리스도인이 거룩하다는 말은 실제를 상실한 말장난에 지나지 않는 것일까?

　고린도 교회의 모습도 고린도 교인의 모습도 거룩하지 않았다. 그럼에도 불구하고 바울은 거룩한 성도라고 부르는 것을 주저하지 않았다. 교회를 거룩하다고 말한 바울의 말이 유희가 아니라면 교회의 거룩성은 교인의 탁월한 도덕성이나 교회의 화려하고 웅장하며 장엄한 외형에 있는 것이 아니다. 바울은 무엇에 근거해서 교회를 거룩하다고 했을까?

첫째, 교회가 거룩한 것은 장소로써의 의미가 아니라 하나님의 말씀이 선포되고 우리의 응답이 일어나기 때문이다. 오직 교회에서만 하나님의 말씀이 선포된다. 교회 밖에서는 하나님의 말씀이 선포되지 않는다. 성경은 우리에게 전하는 하나님의 말씀이며 설교는 하나님이 우리에게 다가오는 그분의 말 건넴이다. 우리가 교회라는 장소에 모였을 때만이 아니라 인생 속에서도 하나님의 말 건넴이 있다. 하나님의 말 건넴에 언제나 감사와 기쁨으로 응답하는 것은 아니다. 그럼에도 불구하고 하나님은 우리의 응답을 받으신다. 우리가 진실하게 응답하면 하나님은 우리의 소리를 들으신다. 진실하다는 것은 거짓되지 않다는 말이 아니다. 내면에 있는 소리를 하나님께 외쳤다는 것이다. 하나님이 우리에게 듣고자 하는 것은 진실한 내면의 소리이다. 우리의 내면에 존재하는 분노와 원망과 하나님에 대한 도전도 듣기 원하신다. 그런 소리야말로 하나님을 절실하게 찾는 소리이며 하나님을 역사의 전면에 등장시킨 소리이기 때문이다.

둘째, 하나님의 교회가 거룩하다는 것은 교회 안에서만 하나님의 이름이 찬양되어지고 그것을 받아들이시는 하나님이 있기 때문이다. 교회 밖에서는 하나님의 이름을 찬양할 수 없다는 말이 아니다. 교회 밖의 찬양은 하나님이 받지 않으신다는 말도 아니다. 그리스도인의 공동체가 모이는 곳이 교회라는 것이다. 그리스도 공동체만이 하나님의 이름을 찬양하고 예배한다는 것이다. 교회라는 그리스도인의 공동체가 하나님께 예배드리며 하나님을 찬양한다. 그래서 교회가 거룩하다. 개인이 거룩하다는 것이 아니다. 교회의 거룩성은 개개인의 도덕성에 근거하는 것이 아니다. 건물로서의 교회의 외형과 내장의 화려함에 근거한 것도 아니다. 의식의 장엄함과 수려함에 근거한 것도 아니다. 설교에 '아멘'으로 응답하는 그리스도인의 열정에 근거한 것도 아니다. 그리스도에 근거한 것이다. 그리스도의 공동체가 그리스도의 몸이기 때문에 그리스도 공동체가 거룩한 것이다.

셋째, 바울은 고린도전서 6장 19절에서 우리는 혼자가 아니라 하나님의 영이 거하는 전이라고 말하고 있다. 우리의 도덕성이나 인격의 탁월함 때문에 거룩한 것이 아니고 우리 안에 계신 하나님의 영 때문에 거룩하다. 즉 우리가 거룩한 것은 하나님의 영이 우리 안에 거하기 때문이다. 우리 안에는 하나님이 거룩하게 만들어가시는 것이 있고 하나님의 만드심에 내맡기는 우리의 영이 있다. 즉 하나님의 영이 우리를 거룩하게 만들고 우리 영이 거기에 내맡겨진다. 그렇기 때문에 우리가 거룩해져가는 것이다.

생|각|하|기

1. 지금까지의 인생 속에서 하나님이 당신에게 했던 말 건넴을 생각해 보고 그에 대한 당신의 응답은 어떤 것이었는지 나누어봅시다.
2. 성도인 당신은 언제 하나님의 받아들임을 경험했는지 말해봅시다.
3. 하나님의 영이 거하시는 전으로써 변화된다는 것은 어떤 것인지 서로 나누어봅시다.

하나님의 자비하심

그러므로 형제들아 내가 하나님의 모든 자비하심으로 너희를 권하노니

| 로마서 12:1 상반절

기쁘고 행복할 때 감사는 누구나 할 수 있다. 그러나 기쁨과 행복이 없을 때 감사는 아무나 할 수 없다. 아마 참된 그리스도인만이 슬픔과 아픔을 기쁨과 감사와 행복으로 승화시킬 수 있을 것이다. 특별한 소수의 사람은 알 것이다. 신앙이 변화시키는 것은 내 삶의 외면이 아니라 내면이라는 것을…… 내면의 변화를 경험한 사람들은 지난 삶의 여정을 회고했을 때 참으로 힘든 삶이었지만 하나님이 따뜻하게 대해 주셨음을 느낄 것이다. 이렇게 생각할 수 있는 것은 그분이 언제나 나에게 따스한 햇볕과 햇살을 전해주었기 때문만은 아니다. 돌이켜보면 따스한 햇살보다는 비바람과 폭풍우가 몰아칠 때가 훨씬 많았으며, 밝은 날보다는 어둡고 추운 날이 더 많았다. 힘든 지난날이 많았음에도 불구하고 내가 그곳에서 헤쳐 나왔다는 것은 그분의 인도하심이 없었다면 불가능했다는 것을 우리가 분명히 인식하기 때문이다.

첫째, 하나님의 인도하심은 그분의 기다림과 인내하심에 기인한다. 집 나간 아들의 비유에서 아버지가 하신 것은 인내와 기다림이었다. 아버지의 기다림과 인내하심이 없었다면 아들이 돌아올 곳은 없

었을 것이다. 아들이 집을 떠난 순간부터 아버지는 기다렸다. 집 떠난 아들은 아버지가 기다린다는 사실조차 알지 못했다.

때때로 우리는 세상을 바라보면서 하나님께 묻는다. 하나님 언제까지입니까? 나를 힘들게 하는 자와 악한 자를 보면서 우리는 조속한 하나님의 의의 심판을 요청한다. 그러나 우리의 기도와 요청에 응답하지 않으신다. 하나님은 기다리시는 것이다. 사악한 자가 회개하고 돌아오기를……. 또한 우리가 기다리는 아버지의 마음을 갖게 될 때까지 기다리신다. 기다리는 아버지의 마음은 집 나간 아들을 둔 아버지에게만 해당되는 것이 아니라 우리에게도 해당된다. 하나님은 우리가 기다리는 아버지가 되기를 바라신다. 그래서 하나님은 또한 우리에 대해서 참으시는 것이다. 하나님이 우리에 대해서 참고 돌아올 때까지 기다리시지 않는다면 그분의 심판에서 벗어날 수 없을 것이다. 하나님의 자비는 그분의 기다림과 인내하심에 있다. 돌아올 때까지 인내하고 기다리는 것이야말로 하나님의 가장 큰 힘이다.

둘째, 하나님의 자비하심은 스스로 자기에게 마법을 건다는 것에 있다. 하나님은 자신의 눈과 귀를 멀게 하신다. 그래서 하나님은 우리의 과거를 지워버리신다. 하나님은 우리의 과거를 안 보시고 잊어버리신다. 우리는 우리의 과거를 기억해도 하나님은 잊어버린다. 하나님은 우리의 미래를 보신다. 돌아온 아들은 종으로 대해달라고 요청했다. 집 나가기 전에는 아들이었지만 돌아온 후에는 종이라고 말했다. 집 나갔던 시간을 기억하기 때문이다. 그러나 아버지는 집 나간 시간을 기억하지 않으신다. 아니 지워버린 것이다. 집 나가기 전이나 집 나간 이후의 시간이나 돌아온 이후의 시간에도 아버지에게 는 아들이다. 초라한 행색이지만 아버지의 아들인 것이다.

셋째, 하나님이 우리에게 자비하신 것은 하나님의 약한 마음 때문 이다. 하나님이 악을 용납할 수 없음에도 불구하고 우리 때문에 악을 완벽하게 멸하려고 하지 않으신다. 악이 우리 밖에 뿐만이 아니라 우 리 안에도 있기 때문이다. 하나님이 악을 멸하면 우리도 덩달아 박멸 되기 때문에 차마 악을 멸하지 않으신다. 하나님은 이처럼 스스로 약 해지심으로 자비함을 나타내신다. 하나님이 자비로우시기 때문에 세 상이 힘을 얻는다. 따라서 힘을 억제하는 것, 분노를 폭발시킬 수 있 음에도 불구하고 그 분노를 잠재울 수 있는 자세는 하나님의 자비하 심에 대한 공명이 되는 것이다. 하나님이 우리에게 자비하심으로 대 하기 때문에 우리 또한 세상 사람들을 자비함으로 대해야 하지 않겠 는가. 하나님이 우리를 후대하시기 때문에 우리도 세상 사람들에 대 해서 후대함으로 그들을 만나야 하지 않겠는가.

생|각|하|기|

1. 당신의 삶에서 하나님의 자비하심은 어떻게 나타나고 있는지 생각해봅 시다.
2. 당신이 하나님의 자비하심을 나타내야 할 대상과 상황과 환경은 무 엇인지 말해봅시다.

소시민의 자화상

> 아브라함 때에 첫 흉년이 들었더니 그 땅에 또 흉년이 들매 이삭이 그랄로 가서
> 블레셋 왕 아비멜렉에게 이르렀더니 여호와께서 이삭에게 나타나 이르시되 애
> 굽으로 내려가지 말고 내가 네게 지시하는 땅에 거주하라 이 땅에 거류하면 내
> 가 너와 함께 있어 네게 복을 주고 내가 이 모든 땅을 너와 네 자손에게 주리라
> 내가 네 아버지 아브라함에게 맹세한 것을 이루어 네 자손을 하늘의 별과 같이
> 번성하게 하며 이 모든 땅을 네 자손에게 주리니 네 자손으로 말미암아 천하 만
> 민이 복을 받으리라 이는 아브라함이 내 말을 순종하고 내 명령과 내 계명과 내
> 율례와 내 법도를 지켰음이라 하시니라
> | 창세기 26:1–5

나는 이삭의 하나님이 좋다. 왜냐하면 이삭은 우리의 모습과 비슷
하기 때문이다. 아브라함과 야곱은 그렇지 않다. 아브라함은 하나님
과 언약을 한 사람이다. 하나님이 아브라함에게 나타나서 민족과 나
라를 일으키겠다는 약속을 했다. 야곱은 선택된 사람이다. 야곱을 통
해서 이스라엘 열두 부족이 탄생했다. 아브라함과 야곱은 명실 공히
이스라엘 민족의 조상이다. 그러나 이삭은 어떠한가. 이삭은 아브라
함과 야곱을 연결하는 역할 이외에 특별한 존재의 의미가 없다. 이삭
의 모습은 우리 모습과 너무나 비슷하다.

성경에 보면 용기있는 자만이 하나님에게 특별히 선택된 것처럼
보인다. 평범한 사람은 하나님의 언약과 역사에 주체적으로 참여하

는 것이 아니라 변두리에 있는 것처럼 보인다. 그러나 이삭을 보면 변두리에 있는 평범한 사람도 하나님의 계획과 역사에 동참하고 있다는 것을 알게 된다. 평범한 이삭의 일생이 하나님의 계획과 역사의 틀 안에서 하나님의 뜻에 합치된 삶이었다. 그래서 나는 이삭의 하나님이 좋다. 이삭의 하나님은 나처럼 평범한 사람들의 하나님이기에 그런 하나님이 좋은 것이다. 이삭의 하나님은 소시민의 하나님이다.

이삭은 덤으로 사는 인생이었다. 이 모습은 우리의 모습과 비슷하다. 이삭은 아버지 아브라함과 관계되어서 존재의 의미와 가치가 있는 사람이었다. 하나님이 아브라함에게 언약의 증표로 허락한 존재가 이삭이다. 또한 하나님이 아브라함의 믿음을 측정하시기 위해서 선택한 제물이 이삭이었다. 하나님과 아버지 아브라함의 관계를 떠나서 이삭이 하나님에 대해서 존재의 의미가 있거나 또는 아브라함에게 존재의 의미가 있은 것이 아니다. 하나님이 아브라함의 믿음을 확인하시고 미리 제물을 준비하지 않았다면 이삭의 삶은 그 자리에서 끝이 났을 것이다. 하나님이 아브라함을 불러서 언약을 하지 않았다면 이삭은 존재하지 않았을 것이다. 아브라함이 하나님에게 받은 은총의 의미로 이삭의 삶이 주어진 것이다. 이삭의 존재 의미는 하나님과 아브라함의 관계에 달려 있었다. 그것이 아니었다면 이삭은 존재하지 못했을 것이다. 이삭은 하나님이 아브라함에게 덤으로 주신 은총이다.

이삭은 자신의 인생을 주체적으로 살지 못했다. 왜냐하면 그는 아브라함에게 약속한 하나님의 약속이 끊임없이 그에게 주입되는 인생을 살았기 때문이다. 그래서 그는 강요받는 인생을 살았다. 그가 주체적으로 살지 못했다는 것은 아내를 얻는 장면에서도 드러난다. 아브라함은 자신의 부인을 직접 선택했다. 심지어 이삭의 아들인 야곱과에서도 직접 부인을 선택했다. 하지만 이삭은 부인을 주체적으로 선택하지 못했다. 뿐만 아니라 이삭은 주체적으로 아들에게 복을 주지도 못했다. 이삭은 장자인 에서에게 축복하는 대신에 야곱을 축복하게 되었으며 원하지 않는 저주를 장자인 에서에게 줄 수밖에 없었다.

이삭은 야곱과 관련해서 존재의 의미가 주어진다. 야곱은 이스라엘의 조상이다. 야곱의 열두 아들로부터 이스라엘의 열두 지파가 태어났다. 아브라함에게 모든 민족의 조상이 되게 하겠다는 하나님의 약속은 야곱의 아들을 통해서 이루어졌다. 이삭이 이스라엘 조상이 될 수 있는 것은 야곱이 이삭의 아들이라는 것 하나밖에 없다. 이삭은 아브라함과 더불어서 인생의 시점이 결정되고 인생의 마지막은 야곱과 관련되어서 결정되었다.

또한 이삭은 징검다리 인생을 살았다. 이삭은 아브라함을 통해서 야곱으로 넘어가기 위해서 잠시 디뎌지는 인생이었다. 그것은 하나님이 아브람의 이름을 아브라함이라고 개명해주고 야곱의 이름을 이스라엘이라고 개명해주었는데 이삭에게는 이런 경험이 없다. 또한 이삭은 떠날 수도 없었다. 아브라함은 하나님이 약속한 땅에 왔지만 이삭은 애굽으로 가고 싶었지만 떠날 수가 없었다. 왜냐면 애굽으로 가는 것은 그의 역할이 아니라 그 다음 세대의 것이었기 때문이다. 우리도 그렇지 않은가? 우리도 이삭처럼 이렇게 묶여진 삶을 살지 않는가? 어쩌면 또 다른 세대를 위해서 살아가는 사람이 아닌가? 자식을 위해서 살아가는 삶, 부모를 위해서 살아가는 삶이 우리의 삶이 아닌가?

이삭을 통해서 우리가 그냥 평범하게 살아도, 그리스도인으로서 열매를 맺지 않아도, 맺을 수 없을지라도 우리는 하나님의 계획 속에 큰 틀을 이루고 있다는 것을 알 수 있다. 하나님의 계획과 인도하심은 우리 없이는 존재하지 않는다. 그래서 수많은 그리스도인들이 이삭을 통해서 위로를 받았으면 좋겠다. 이삭은 하나님이 필요로 한 사람이었다. 아브라함 못지않게, 야곱 못지않게 하나님이 필요로 하는 삶이었다. 그래서 평범한 이삭의 삶이 신앙인의 또 다른 삶의 모습이다. 그것은 용사가 가질 수 없는 모습이다. 믿음의 결단력 있는 사람이 절대로 가질 수 없는 모습이다. 그리고 제자를 찾는 사람들이 가질 수 없는 모습이다.

생|각|하|기|

1. 우리는 하나님이 계획한 틀 속에 있는 존재인데 이삭을 통해 위로 받은 점을 생각해보고 각자의 생각을 나누어봅시다.
2. 이삭은 어떤 점에서 우리의 삶과 비슷한지 구체적인 예를 들어 가며 얘기해봅시다.

기뻐할 것

칠십 인이 기뻐하며 돌아와 이르되 주여 주의 이름이면 귀신들도 우리에게 항복하더이다 예수께서 이르시되 사탄이 하늘로부터 번개같이 떨어지는 것을 네가 보았노라 내가 너희에게 뱀과 전갈을 밟으며 원수의 모든 능력을 제어할 권능을 주었으니 너희를 해칠 자가 결코 없으리라 그러나 귀신들이 너희에게 항복하는 것으로 기뻐하지 말고 너희 이름이 하늘에 기록된 것으로 기뻐하라 하시니라

| 누가복음 10:17-20

70명의 제자를 파송하셨던 예수는 제자들이 돌아오는 것을 맞이하신다. 제자들은 자신이 경험한 것을 보고하고 예수는 자신이 본 것을 들려준다. 제자가 경험한 것은 능력이다. 귀신을 쫓아내는 말의 힘이며 자신들에게 주어진 능력이다. 예수가 본 것은 사탄이 땅으로 쫓겨난 것이며 제자들의 이름이 하늘에 기록된 것이다. 제자들은 귀신이 쫓겨나가는 신기한 모습을 보면서 자신들에게 주어진 능력을 기뻐한다. 그러나 예수는 제자들에게 임할 사탄의 시험을 걱정하신다. 귀신이 쫓겨 가는 것에 대해서 기뻐하지 말아라. 너희 이름이 하늘에 기록되어 있다. 그것만을 기뻐해라.

제자들의 시선과 예수의 시선이 이렇게 다르다. 제자들의 시각은

자기에게 일어난 일에 초점이 맞추어져 있다. 예수의 시선은 사탄에게 일어난 일에 초점이 맞추어져 있다. 사람들은 경험을 신뢰한다. 타인의 경험을 신뢰하는 것이 아니라 자신의 경험을 신뢰한다. 자기가 경험한 것만큼 생생한 것이 없기 때문이다. 그래서 믿음도 경험으로 생각한다. 확신을 갖는 경험을 믿음으로 생각한다. 믿음을 자기 확신과 동일한 것으로 알기 때문이다. 예수도 경험을 중요하게 여기신다. 그러나 예수는 경험한 것을 중요시 여기는 것이 아니라 목격한 경험을 중요시 여긴다. 제자는 자기에게 주어진 신비한 능력을 기뻐했지만 예수는 제자에게 자신이 목격한 것을 기뻐하라고 말씀하신다. 너의 이름이 하늘에 기록되었다. 사탄이 하늘에서 쫓겨나갔다.

기도하는 사람이 중언부언 하는 것은 확신을 갖기 위해서이다. 설교 시간에 아멘을 강요하는 것은 확신을 주기 위해서이다. '주여' 삼창을 시킨 다음에 통성기도를 하는 것은 확신을 얻기 위해서이다. 소리를 지르면서 기도하면 확신을 얻은 것처럼 느껴진다. 설교할 때마다 '아멘' 하고 소리치면 확신을 얻은 것처럼 느껴진다. 찬양할 때 손을 높이 들면 확신을 얻은 것처럼 느껴진다.

개신교인이 확신을 느끼려는 이유는 간단하다. 감정의 고양을 경험해야 믿음이 있는 것 같기 때문이다. 감정의 고양과 믿음의 확신을 같은 것으로 알기 때문이다. 믿음의 본질은 깊은 감성에서 경험한 움직임을 이성의 논리적 사고와 의지의 결단을 통해서 펼쳐지는 인격적인 삶이다. 믿음은 감정과 이성과 의지가 통합된 인격적인 삶이기 때문에 세상과 무관하거나 분리되지 않는다. 믿음의 삶은 교회의 삶이 아니라 근본적이며 본질적으로 세상에서의 삶이기 때문이다. 믿음은 세상에서 진리를 세우고 어둠을 몰아내는 힘이다. 하나님이 어둠을 몰아내고 빛을 세우신 것처럼 믿음은 세상의 불의와 거짓, 억압과 폭력, 질병과 기아 등 모든 문제를 몰아내는 싸움을 하는 것이다.

누구의 확신이 중요한가. 귀신이 쫓겨나가는 신기한 경험을 한 제자의 확신이 중요한가. 제자들의 이름이 하늘에 기록되고 사탄이 쫓겨 가는 것을 목격한 예수의 경험이 중요한가. 하나님에 대한 나의 확신이 중요한가. 나에 대한 하나님의 확신이 중요한가. 나의 믿음이 중요한가. 나에 대한 하나님의 믿음이 중요한가. 나의 경험과 확신이 구원의 절대적인 조건인가. 나에 대한 하나님의 확신이 구원의 절대적인 조건인가. 우리가 자신의 경험을 절대적으로 여기게 되는 것은 예수가 목격한 것을 지금 여기에서 목격할 수는 없지만 자기의 경험은 언제나 재연할 수 있기 때문이다. 예수의 목격은 기록에만 있는 것이지만 나의 경험은 언제나 현실에서 경험되는 것이기 때문이다.

믿음은 내가 경험한 것에 근거하지 않는다. 내가 경험하지 못한 것에 근거한다. 예수의 부활은 내가 경험하지 못했다. 제자들이 경험한 현실이다. 내가 경험해서 믿는 것이 아니다. 믿기 때문에 제자의 경험을 신뢰하는 것이다. 내가 믿기 때문에 하나님이 세상을 창조했다는 것을 의심하지 않는다. 하나님이 세상을 창조하시는 것을 경험해서 믿는 것이 아니다. 믿음은 경험에 근거한다. 나의 경험에 근거하는 것이 아니라 타인의 경험에 근거한다. 세상을 창조하신 하나님의 경험에 근거하고. 예수의 부활을 목격한 제자들의 경험에 근거한다.

내 경험이 아닌 성경에 기록된 사람들의 경험이다.

귀신은 쫓겨나간다. 더불어 사탄의 시험이 시작된다. 그러나 결코 우리를 해치지는 못한다. 이름이 하늘에 기록되어 있기 때문이다. 그러나 고통과 시련을 피할 수는 없다. 사람들은 소유가 늘어나는 것을 기뻐한다. 소득이 증가하고 자산이 늘어나면 기뻐한다. 능력도 소유이다. 많은 그리스도인은 능력을 원한다. 방언의 능력, 신유의 능력, 예언의 능력, 기도의 능력. 모두가 소유에 속한 것이다. 예수는 소유에 감사하지 말고 하늘에 기록된 것에 감사하라고 했다. 소유는 시련과 만나면 부서진다. 존재는 시련과 만나면 강해진다. 그리스도인이 기뻐해야 할 것은 하늘에 이름이 기록된 존재라는 것이다.

생|각|하|기|

1. 우리를 기쁘게 하나 예수님이 보시기에는 슬픈 소유가 되는 것은 무엇이며 우리를 슬프게 하나 예수님이 보시기에 기쁜 존재가 되는 것은 무엇인지 생각해봅시다.
2. 소유와 존재의 차이는 무엇인지 논의해봅시다.

뿌리는 자의 비애와 슬픔

> 그 날 예수께서 집에서 나가사 바닷가에 앉으시매 큰 무리가 그에게로 모여 들
> 거늘 예수께서 배에 올라가 앉으시고 온 무리는 해변에 서 있더니 … 더러는 좋
> 은 땅에 떨어지매 어떤 것은 백 배, 어떤 것은 육십 배, 어떤 것은 삼십 배의 결
> 실을 하였느니라 | 마태복음 13:1-9
> 예수께서 그들 앞에 또 비유를 들어 이르시되 천국은 좋은 씨를 뿌린 사람과 같
> 으니 사람들이 잘 때에 그 원수가 와서 곡식 가운데 가라지를 덧뿌리고 갔더니
> 싹이 나고 결실할 때에 가라지도 보이거늘 … 주인이 이르되 가만 두라 가라지
> 를 뽑다가 곡식까지 뽑을까 염려하노라 둘 다 추수 때까지 함께 자라게 두라 추
> 수 때에 내가 추수꾼들에게 말하기를 가라지는 먼저 거두어 불사르게 단으로
> 묶고 곡식은 모아 내 곳간에 넣으라 하리라 | 24-30
> 눈물을 흘리며 씨를 뿌리는 자는 기쁨으로 거두리로다 울며 씨를 뿌리러 나가
> 는 자는 반드시 기쁨으로 그 곡식 단을 가지고 돌아오리로다 | 시편 126:5-6

씨 뿌리는 자의 비유는 해설이 함께 있는 독특한 구조로 되어 있
다. 예수가 설명해준 해설에 의하면 뿌려진 씨는 말씀이며, 씨가 뿌
려지는 밭은 사람들의 마음이다. 예수는 뿌리는 자에 대해서는 언급
하지 않으셨다. 적어도 분명한 한 가지는, 비유를 말하는 순간에 뿌
리는 분이 예수라는 것이다. 예수께서 부활하신 다음에 씨 뿌리는 자
는 말씀을 전하는 제자이며, 교회이며, 그리스도인으로 확대된다. 예

수께서 뿌리던 씨앗을 우리가 뿌린다. 예수께서 말씀하신 것을 우리가 뿌리는 것이다. 예수께서 뿌리신 씨앗은 말씀이다. 예수의 제자인 우리가 뿌리는 씨는 예수의 말씀이다. 예수 시대와 우리 시대에서 뿌리는 것은 동일한 말씀이다. 씨앗이 떨어지는 밭도 동일한 마음이다. 달라진 것은 뿌리는 자의 주체성이다.

뿌리는 자의 비유는 부정으로 시작해서 부정으로 끝난다. 거기에 뿌리는 자의 비애와 슬픔이 있다. 뿌리는 자의 주체성이 예수로부터 우리에게로 이전했음에도 불구하고 예수와 우리가 겪는 현실은 달라진 것이 없다. 예수가 뿌릴 때에도 비애와 슬픔이 있었다. 우리가 뿌릴 때에도 비애와 슬픔은 경감되지 않는다. 그것은 첫 번째, 뿌리는 자는 옥토가 어디 있는지도 모르고 뿌린다는 것이다. 두 번째는 뿌려지는 대부분의 씨는 옥토에 떨어지지 않는다는데 있으며, 세 번째는 혹시라도 옥토에 떨어진다 하더라도 씨를 뿌리는 사람은 아무것도 할 수 없다는 것이다.

씨 뿌리는 자의 비유에는 또 다른 비애가 있다. 그것은 100배, 60배, 30배의 결실을 가져오는 것이 우연이라는 것이다. 더러는 좋은 곳에 떨어진다고 했는데 그것은 우연히 좋은 곳에 떨어지기 때문에 100배가 되기도 하고, 60배가 되기도 하고, 30배가 되기도 한다는 것이다. 100배를 내는 옥토가 아니고, 60배를 내는 옥토도 아니고, 30배를 내는 옥토도 아니다. 100배의 결실을 내는 씨앗도 아니고, 60배의 결실을 내는 씨앗도 아니고, 30배의 결실을 내는 씨앗도 아니다. 우연히 어떤 것은 100배가 되고, 어떤 것은 60배가 되고, 어떤 것은 30배가 되는 것이다.

또한 뿌리는 자는 좋은 씨가 뿌려졌음에도 불구하고 나쁜 것이 자라날 때 같이 자라는 것을 보면서도 자신은 아무것도 할 수 없다는 것이 또 다른 비애이다. 여기서 우리는 뿌리는 자가 문제가 아니라 밭이 문제라는 것을 알 수 있다. 예수께서 말씀을 전하셨을 때 많은 사람들이 몰려왔다. 말씀을 듣기 위해서도 왔겠지만 예수께서 병자를 고치시고 귀신을 쫓아내신다는 소문을 들었기 때문에 몰려온 것이다. 예수께 몰려온 사람들 가운데서 제자가 되었다는 말은 전해지지 않는다. 갈릴리와 예루살렘 민중들 가운데 예수의 말씀을 듣고 삶의 진리와 가치를 새롭게 정립했다는 이야기도 들려오지 않는다. 예수께서 병을 고치시기 때문에 말씀을 듣고 있는 것이다.

예수의 제자는 병을 고치기 위해서 나온 것이 아니다. 예수가 불렀기 때문에 나온 것이다. 그리스도인과 교회는 예수가 불러서 나온 것이다. 말씀의 씨를 뿌리는 일을 하라고 예수가 부르신 것이다. 그런데 대다수의 교회와 교인은 불러서 나온 것이 아니라 스스로 나온 것처럼 행동한다. 갈릴리 민중이 병 고침을 받기 위해서 나온 것처럼 예수로부터 뭔가 얻기 위해서 나온다. 예수는 말씀을 뿌릴 때 옥토로 만들고 뿌리지 않았다. 예수께서 거친 땅을 옥토로 만들어서 말씀을 뿌린 것은 제자들이었다. 그렇다. 예수는 제자를 만들었다. 제자들이 옥토인 것이다.

모든 것은 제자에게 달려있다. 하나님과 예수 그리스도에게 추수할 기쁨이 있게 하든지 아니면 빈손으로 가게 하든지는 우리에게 달려 있는 것이다. 말씀을 뿌리시는 예수는 밭을 옥토로 만들지 않지만 제자 된 우리가 말씀이 뿌려지는 밭을 갈아서 옥토로 만들면 뿌리는 자는 기쁨으로 큰 단을 거두게 되는 것이다. 제자 된 우리에 의해서 뿌리는 자가 거둘 것이 있을 수도 없을 수도 있다. 그래서 뿌리는 자는 슬픔으로 뿌린다. 뿌리는 자는 울면서 씨를 뿌린다. 뿌리는 자는 탄식하면서 씨를 뿌린다.

예수를 믿는 가장 큰 행복은 마음이 옥토로 바뀌는 경험을 하는 것이다. 그리스도가 주는 가장 큰 행복은 내 마음에서 씨앗이 풍성하게 자라는 것을 보는 것이다. 제자 된 기쁨은 뿌리는 자가 기쁨으로 추수할 수 있도록 밭을 갈아서 옥토로 만드는 것이다. 옥토로 만드는 것은 뿌리는 자의 몫이 아니다. 제자의 몫이다. 그래서 뿌리는 자의 슬픔과 비애가 있는 것이다.

생|각|하|기|

1. 당신은 씨 뿌리는 자의 마음을 기쁘게 하고 있는지, 슬프게 하고 있는지 진단해봅시다.
2. 당신의 마음이 옥토로 바뀌기 위해 해야 할 일들이 있다면 무엇인지 생각해봅시다.
3. 왜 씨를 뿌리는 자에게는 슬픔과 비애가 있는지 서로 의견을 나누어봅시다.

경계선에서

예수께서 예루살렘으로 가실 때에 사마리아와 갈릴리 사이로 지나가시다가 한 마을에 들어가시니 나병환자 열 명이 예수를 만나 멀리 서서 소리를 높여 이르되 예수 선생님이여 우리를 불쌍히 여기소서 하거늘 보시고 이르시되 가서 제사장들에게 너희 몸을 보이라 하셨더니 그들이 가다가 깨끗함을 받은지라 그 중의 한 사람이 자기가 나은 것을 보고 큰소리로 하나님께 영광을 돌리며 돌아와 예수의 발 아래에 엎드리어 감사하니 그는 사마리아 사람이라 예수께서 대답하여 이르시되 열 사람이 다 깨끗함을 받지 아니하였느냐 그 아홉은 어디 있느냐 이 이방인 외에는 하나님께 영광을 돌리러 돌아온 자가 없느냐 하시고 그에게 이르시되 일어나 가라 네 믿음이 너를 구원하였느니라 하시더라

| 누가복음 17:11-19

열 사람이 예수 그리스도의 말씀을 듣고 가다가 그 중에 한 사람만이 예수께 돌아왔다. 돌아온 한 사람만이 하나님께 영광을 돌리러 왔다고 예수님이 선언하신다. 네 믿음이 너를 구원하였다고 말씀하셨다. 많은 그리스도인은 하나님께 영광 돌리는 삶을 산다고 말한다. 그들이 말하는 하나님께 영광 돌리는 삶이란 교회생활, 소위 신앙생활에 국한되어 있다. 찬양을 하고, 기도를 하고, 헌금을 하고, 교회일을 하고는 하나님께 영광을 돌렸다고 생각한다. 그러나 중요한 것

은 그리스도의 선언이다. 우리는 여기서 엇갈리는 것을 바라본다. 사람들은 그리스도께서 선언한 것을 듣는 것이 아니라 자기가 선언하는 것을 듣는다. 사람들이 듣는 것은 자기 확신이다. 그러나 돌아온 한 사람의 이야기의 핵심은 사람의 확신이 아니라 예수 그리스도의 사람에 대한 확신이다. 본문에 의하면 내가 입으로 하나님께 영광을 돌린다 하더라도 예수 그리스도에 의해서 하나님께 영광을 돌렸다는 선언이 내려지기 전에는 하나님께 영광을 돌린 것이 아니다. 이것을 아는 것이 중요하다.

본문에서 말하는 것은 예수와의 만남이 경계선에서 일어났다는 것이다. 예수가 경계선을 지나갔다는 것이며 예수를 만난 사람들이 경계선에 있었다는 것이다. 경계선에 서 있는 것은 어디에도 속하지 못한다는 것을 의미한다. 예수와 경계선에 서 있는 사람들과의 만남은 우연이 아니다. 우연히 예수께서 예루살렘과 사마리아의 경계선을 지나가신 것이 아니다. 예루살렘에도 사마리아에도 속하지 못하는 경계선에 있는 사람들을 만나기 위해서 그곳을 지나가신 것이다. 예수님께서 경계선에 서 있던 열 명의 한센병 환자를 찾아가신 것이다. 그들이 거기에 있다는 것을 아셨기 때문이다. 예수는 이스라엘의 잃어버린 양을 찾아 나선 목자이기 때문에 경계선에 서 있는 잃은 양을 찾아 나선 것이다.

예수가 다가오자 경계선에 서 있던 그들은 예수께 외쳤다. "우리를 불쌍히 여겨주십시오. 우리에게 먹을 것을 주십시오." 예수는 그들을 불쌍히 여기셨다. 그들에게 필요한 것은 당장의 배고픔을 해결

할 빵이 아니라 사람들 속으로 돌아가는 것이었다. 그래서 예수는 말씀을 하신다. 예수의 말씀을 들은 사람들은 예수께서 자비를 베푸셨다는 것을 안다. 그래서 말씀대로 제사장을 찾아간다. 말씀을 듣고 순종하는 동안에 뜻밖의 갈라짐이 발생했다. 아홉은 말씀에 순종하고 제사장을 향해서 계속 나아가고, 한 명은 말씀에 순종하지 않고 예수께로 돌아온다.

열 사람 가운데 한 사람에게만 깨달음이 있었다. 깨닫는 자는 주님에게로 돌아온다. 세상으로 돌아가고 싶은 사람은 제사장에게 자신을 보이려고 나아간다. 아홉이 잘못했다는 것이 아니다. 아홉은 충실하게 예수의 명령을 따랐다. 가서 제사장에게 너 자신을 보이라고 하신 예수님의 말씀을 따랐다. 하지만 그것뿐이었다. 나머지 한 명은 예수의 명령을 지키지 않았다. 제사장에게 가지 않고 예수에게로 왔다. 명령이 잘못된 것이 아니다. 있어야 할 것과 들어야 할 것이 무엇인지 분명히 인식한 것이다.

아홉은 율법을 듣고 율법에 속했다. 한 명은 말씀을 듣고 말씀에 속했다. 예수가 그들에게 말한 것은 율법에 있는 규정을 일러준 것이다. 깨끗함은 제사장이 선언함으로 확정된다. 예수는 율법을 말했다. 아홉은 율법을 들었다. 한 명은 율법을 들었지만 말씀을 깨달았다. 율법을 주시는 분을 만났다. 아홉이 들은 것은 율법의 조문이지만 한 명이 만난 건 율법을 주시는 분이다.

우리가 설교를 듣거나 성경말씀을 읽을 때 그 말씀은 윤리와 도덕이 아니다. 설교와 성경말씀은 바르고 참되다는 것을 의미하는 것이 아니라 하나님과 예수 그리스도 그분에게 우리가 묶어지도록 하는 말씀이다. 많은 사람들은 설교 속에서 도덕을 듣는다. 윤리적 명령을 듣는다. 그것이 우리들이 살아가는 바른 자세인줄 안다. 그러나 설교에서 우리가 만나야 할 것은 예수이다. 성경에서 우리가 만나야 할 것은 하나님이다. 참되게 살라는 말을 만나기 위해서 예배를 드리는 것이 아니다. 예수를 만나고 하나님을 만나기 위해서 예배드리는 것이다.

생|각|하|기|

1. 하나님께 영광을 돌린다는 말의 진정한 의미는 무엇인지 생각해봅시다.
2. 율법을 따르는 것과 예수님의 말씀을 듣고 따르는 것은 삶에서 어떤 차이가 있는지 말해봅시다.
3. 그리스도인인 당신은 무엇 때문에 매주 예배를 드리고 있는지 말해봅시다.

요셉을 통해서 본 신앙의 모습

요셉이 시종하는 자들 앞에서 그 정을 억제하지 못하여 소리 질러 모든 사람을
자기에게서 물러가라 하고 그 형제들에게 자기를 알리니 그 때에 그와 함께 한
다른 사람이 없었더라 요셉이 큰 소리로 우니 애굽 사람에게 들리며 바로의 궁
중에 들리더라 요셉이 그 형들에게 이르되 나는 요셉이라 내 아버지께서 아직
살아 계시니이까 형들이 그 앞에서 놀라서 대답하지 못하더라 요셉이 형들에
게 이르되 내게로 가까이 오소서 그들이 가까이 가니 이르되 나는 당신들의 아
우 요셉이니 당신들이 애굽에 판 자라

| 창세기 45:1~4

요셉은 특이한 인물이다. 하나님을 만난 적이 없으면서도 인생을
깨끗하게 살다간 사람이다. 요셉의 깨끗한 삶은 그리스도인에게 귀
감이 된다. 요셉은 꿈을 꾼 사람이다. 꿈 때문에 요셉은 많은 고초를
받았다. 그러나 그는 꿈을 이루기 위해서 노력하지 않았다. 그럼에
도 불구하고 꿈은 나중에 그에게 큰 보상을 해 주었다. 요셉이 그리
스도인에게 귀감이 되는 것은 꿈 때문이 아니다. 꿈이 그리스도인에
게 지표가 된다면 꿈을 꾸지 않는 그리스도인은 신앙이 없는 사람이
될 것이다. 모든 사람이 꿈을 꾼다. 꿈이 없는 사람, 꿈이 없는 민족
은 내일이 없다. 요셉의 꿈은 그런 꿈이 아니다. 무엇인가 이루려고

마음에 품는 꿈이 아니다. 요셉이 꾼 꿈은 야망도 목표도 아닌 하나님의 계획이다. 요셉이 그리스도인에게 귀감이 되는 것은 꿈 때문이 아니다.

첫째, 요셉이 꾼 꿈은 요셉을 지켜주었다. 요셉에게 생생하게 기억되는 꿈이 없었다면 요셉은 그렇게 성결한 삶을 살지 못했을 것이다. 요셉은 하나님이 선택한 사람이다. 하나님은 자신이 선택한 사람을 지키기 위해서 무엇인가 넣어주신다. 요셉에게 넣어준 것은 꿈이다. 그 꿈이 요셉으로 하여금 있어야 할 곳인 이집트로 가게 했다. 우리도 하나님이 선택한 사람이다. 하나님이 우리에게 넣어주신 것은 성령이다. 성령은 우리가 있어야 할 곳에 있도록 만드는 하나님의 은총이다. 요셉에게 품겨진 꿈이 그를 지켜준 것처럼 우리에게 품어진 성령은 우리의 인생을 지켜준다.

둘째, 신앙은 자기 삶에 일어난 모든 것들을 이해하고 해석해 나가는 원리이다. 나에게 이런 일이 일어난 것은 하나님이 당신들과 나를 살리기 위해서, 사람들을 살리기 위해서 먼저 보낸 것이라고 요셉은 고백한다. 신앙인은 삶에서 겪은 일들을 우연으로 바라보는 것이 아니라 하나님이 사람을 살리기 위해서 하시는 필연으로 이해해야 한다. 신앙은 삶을 해석하는 원리이기 때문이다. 신앙인에게 있어 우연은 없다. 모든 것은 하나님의 계획과 필연 속에 있는 것이다. 하나님의 섭리를 안다는 것도 미래를 예지한다는 것도 아니다. 지난 삶을 회고해 볼 때 그 삶속에서 하나님의 섭리와 인도하심을 발견한다는 것이다. 신앙은 현재와 미래를 예지하지 못한다. 그러나 신앙을 가진 사람은 지난 시간에 자기에게 일어난 우연적인 일이 하나님의 필연이었음을 고백한다.

셋째, 요셉을 통해 본 신앙의 모습은 우리의 이해 저편에는 하나님의 원대한 계획과 잇대어 있다는 것이다. 요셉은 자기가 여기 와 있는 것은 자기와 자기 가족들을 살리기 위해서 하나님이 보냈다고 이해했다. 그러나 하나님은 요셉의 가족을 구원하기 위해서 요셉을 미리 보낸 것은 아니다. 하나님은 아브라함에게 한 약속을 성취하기 위해서 요셉을 보낸 것이다. 야곱의 열두 형제로부터 일어날 이스라엘 민족을 살리기 위해 요셉이 애굽으로 보내진 것이다. 신앙인의 바른 삶은 하나님의 원대한 계획과 잇대어 있다. 요셉의 꿈은 하나님의 원대한 계획에 잇대어 있었기에 하나님이 주신 것이다. 우리들이 꿈꿔야 할 바른 꿈은 하나님의 원대한 계획에 잇대어 있는 꿈이다. 우리는 그런 꿈을 꾸고 있을까?

생|각|하|기|

1. 당신이 그리스도인으로써 품고 있는 것은 무엇인지 나누어봅시다.
2. 현재 일어나고 있는 삶을 자신은 어떻게 해석하고 인식하고 있는지 서로 나누어봅시다.

하나님의 뜻

항상 기뻐하라 쉬지 말고 기도하라 범사에 감사하라 이것이 그리스도 예수 안
에서 너희를 향하신 하나님의 뜻이니라 | 데살로니가전서 5:16-18

말씀이 우리에게 다가올 때는 혼돈과 번민을 가지고 온다. 말씀에
맞추어서 살 수 없는 자신을 발견하기 때문에 그러하고, 하나님이 주
시는 말씀이 비현실적으로 보이기 때문에 그러하다. 본문이 그렇다.
바울이 데살로니가에 있는 교회에 보낸 첫 번째 편지, 5장 16-18절
말씀은 명령구로 되어 있어서 혼돈과 번민을 가져온다. 어떻게 항상
기뻐하고 감사하고 쉬지 않고 기도할 수 있겠는가. 명령한다고 해서
감사와 기쁨이 나오는가. 감사와 기쁨과 기도는 자발적인 것이다. 그
러나 명령은 강요이다. 강요에 의해서 나오는 것은 감사와 기쁨이 될
수 없다.

그러나 이 말씀을 명령이 아닌 상태로 읽으면 달라진다. 그리스도
예수 안에 있는 사람에게서 읽어지는 것은 감사하는 것과 기뻐하는
것과 쉬지 않고 기도하는 모습임을 바울이 말하고 있다면 감사하라,
기뻐하라, 늘 기도하라는 명령이 아니다. 본문은 그리스도 예수 안에

있는 하나님의 뜻은 그리스도 안에 있는 상태로 읽어야 한다. 상태로 읽으면 항상 기뻐하지 못하고, 언제나 기도하지 못하고, 범사에 감사하지 못하는 우리의 모습은 그리스도 예수 안에 있지 못한 것을 증명한다. 그리스도 예수 안에 있기 위해서는 단 하나의 조건만 필요하다. 그리스도를 바라보는 것이다.

바라본다는 것은 눈 앞에 두는 것을 의미하는 것이 아니라 그리스도를 품는 것이다. 그리스도를 품어보자. 가슴에 그리스도를 담아보자. 그러면 감사가 나온다. 자발적인 감사가 나온다. 가슴에 그리스도를 담아보사. 그리면 그리스도와의 대화가 자연스럽게 나온다. 대화는 기도이다. 막힘없이 언제나 그리스도와 우리의 소통이 이루어진다. 그리스도를 품고 사람들과 삶을 바라보자. 그러면 기쁨이 가슴 깊은 곳에서부터 우러날 것이다.

그리스도가 바라보는 세상에는 언제나 기쁨이 있었다. 병 나은 사람을 바라보면서 기쁨을 품으셨다. 진리를 인식한 사람을 보면서 기쁨을 품으셨다. 그리스도께서 그들에게 준 선물을 받은 자들을 보면서 기쁨을 느끼셨다. 그리스도의 기쁨은 하나님에 대한 감사로 표현되었다. 예수는 사람들에게 자신의 능력과 사랑을 주기 전에 하나님께 감사의 기도를 드렸다. 아들의 기도를 들어주신 하나님에게 감사의 기도를 드렸다. 아들이 사람들을 진리로 인도하는 것을 허락하신 아버지에게 감사하며 사람들의 나음을 보면서 기쁨을 느끼셨다.

우리도 그리스도와 같이 기쁨을 경험하려면 주는 행위를 해야 한다. 사람들을 진리로 인도하며 우리가 갖고 있는 것을 함께 나누고 우리 안에 있는 하나님께 대한 감사를 공유할 때 그리스도의 기쁨을 우리도 경험하게 된다. 사람들을 그리스도께로 인도하자. 그리스도께서 그들에게 하시는 일을 바라보자. 그러면 우리에게서 기쁨이 나타나고 감사가 나타나고 기도가 나타나는 것을 경험하게 될 것이다.

생|각|하|기|

1. 그리스도 안에서 감사를 경험하는 것은 어느 때인지 서로 나누어봅시다.
2. 그리스도 안에서 기쁨을 경험하는 것은 언제인지 서로 나누어봅시다.

아이러니 1

하나님이 하시는 일은 아이러니하다. 우리의 생각을 조롱하고 비트신다. 하나님은 우리를 어떻게 비트시는가? 그분의 비트심은 출애굽기 2장 1-10절 사이와 출애굽기 전체와 34장 4절에서 나타난다. 모세는 바로에 의해서 죽을 수밖에 없는 운명이었으나 하나님은 그를 바로의 집으로 보내서 이집트의 온갖 교육을 받게 하시고 또한 친어머니를 유모로 붙여서 교육 받게 함으로 히브리 민족의 정체성을 갖게 하셨다. 하나님은 바로의 생각과 행위를 모세를 통해서 비트시고 조롱하신 것이다. 또한 34장 4절에서 하나님은 가나안 땅이 바라보이는 곳에서 모세의 생명을 취함으로써 40년 동안 이집트 땅에서 나온 사람을 단 한 명도 젖과 꿀이 흐르는 땅으로 들어가지 못하게 했다. 모세는 가나안에 들어가지 못한다는 것을 알았을까? 모두가 나와서 광야에서 죽는다는 것을 알았다면 이스라엘 사람들은 광야로 나왔을까? 하나님은 데리고 나온 이스라엘 사람에게 희망을 주시고 바라만 보게 하셨다. 그들에게 희망을 주시고 그 희망을 비튼 것이다. 하나님의 행위는 아이러니하다.

하나님의 비트심은 삼손에게서 찾아볼 수 있다. 삼손은 나실인이다. 나실인은 나면서부터 하나님께 드려진 사람으로 머리에 삭도를 대지 않는다. 그러나 삼손은 데릴라의 유혹에 빠져 나실인의 계명을 어기는 죄를 지었다. 머리를 깎인 삼손은 힘을 잃어버리고 블레셋 사람에게 끌려가서 연자 맷돌을 돌리는 노예로 전락했다. 블레셋 사람들은 머리카락이 다시 자라난 삼손을 자신들의 신전으로 데려와 조롱하고자 하였다. 머리카락이 다 자랐음에도 불구하고 삼손의 힘이 되돌아오지 않은 것을 알았기 때문이다. 삼손의 힘은 머리카락에 있지 않았다. 그의 힘은 하나님의 능력이 함께하심에 기인한 것이었다. 삼손은 하나님께 참회하며 힘을 달라고 기도했다. 하나님은 삼손의 기도를 들어주셨다. 성경은 기록한다. 삼손은 살았을 때보다 죽었을 때 다른 신을 섬겼던 블레셋 사람을 더 많이 죽였다고……. 삼손이 마지막에 그와 같은 힘이 생겨서 신전을 무너뜨릴 줄 누가 알았겠는가. 하나님을 조롱하기 위해서 데리고 나온 삼손에 의해서 블레셋 신전이 무너질 줄 누가 알았겠는가. 하나님이 삼손의 마지막을 그렇게 끝내게 하실 것을 누가 알았겠는가.

고린도전서 1장 26절과 베드로전서 2장 4-8절에도 하나님의 아이러니가 있다. 이 세상에서는 능력 있는 자가 가장 좋은 일을 경영할 것이며 강한 자가 당연히 좋은 것을 가진다. 그러나 하나님은 있는 자를 낮추시고 지혜로운 자를 지혜 없게 만드시고 강한 자를 약하게 만드신다. 그래서 하나님이 하시는 일은 정말 알 수가 없다. 바울이 그렇다. 그리스도를 멸시하고 교회를 없애기 위해서 전심을 다했던 그가 교회와 그리스도와 하나님을 전심으로 사랑하는 자가 될 줄 누가 알았겠는가?

하나님은 이렇게 알 수 없고 당황스런 일을 하신다. 우리가 당연하게 생각하는 것을 하나님은 당연하지 않는 것으로 만들면서 우리의 생각을 바꾸신다. 그래서 신앙생활은 우리의 생각으로 하나님의 생각을 재는 것이 아니라 우리에게 나타난 하나님의 생각으로 우리의 생각을 교정하는 것이고 바꾸는 것이다. 하나님은 우리의 생각을 비트시는 분이시기 때문이다.

생|각|하|기|

1. 당신의 삶에서 하나님의 비트심을 경험한 적이 있다면 말해봅시다(간접이든 직접이든).
2. 하나님은 왜 우리의 삶을 비트신다고 생각하는지 서로 얘기해봅시다.
3. 당신이 교정해야 할 하나님에 대한 생각은 어떤 것이 있는지 찾아봅시다.

아이러니 2

너는 내게 부르짖으라 내가 네게 응답하겠고 네가 알지 못하는 크고 은밀한 일
을 네게 보이리라

| 예레미야 33:3

하나님은 하나님의 일이 크고 놀라운 것이라고 공포하신다. 하나님이 하시는 일이 왜 기이한가? 왜 그분이 하시는 일이 비밀인가?

첫째, 하나님은 언제나 맨 마지막에 등장하신다. 아담의 사건 속에서 아담과 하와가 선악과를 따먹고 자신들이 벌거벗음을 보고 숨었을 때 하나님은 나타나셨다. 가인과 아벨의 사건 속에서도 가인이 아벨을 죽인 다음에서야 하나님은 나타나셨다. 하나님이 하시는 일의 기이한 것은 모든 일이 끝난 다음에 나타난다는 것이다. 그분이 하시는 일이 놀라운 것은 모든 것이 끝난 다음에야 사람들에게 책임을 물으신다는 것이다. 일이 더 이상 깊어지기 전에 멈추게 하지 않는 이유는 무엇일까? 왜 모든 것이 끝난 다음에 나타나셔서 사람들에게 책임을 물으실까? 하나님의 행동은 기이하기만 하다.

둘째, 하나님이 하시는 일의 이상한 것은 언제나 약한 자를 강한 자와 맞서게 하신다는 것이다. 다수와 소수를 맞서게 하시고, 차이가

월등히 나는 사람과 맞서게 하신다. 그 예로 모세와 에스더가 있다. 예언자와 우상을 섬기는 왕들을 보면 하나님은 약자를 강자와 맞서 싸우게 하신다. 왜 하나님은 직접 싸우시지 않으실까? 왜 하나님은 강자를 사용하지 않으시고 약자만을 사용하실까? 약자를 사용해서 강자와 맞서게 하는 것만이 이상한 것이 아니다. 강자를 더 강하고 악하게 하시는 것도 이상하다. 모세 사건을 들여다보면 하나님이 하시는 이상한 일을 보게 된다. 하나님은 기적을 일으켜서 바로를 두려움에 떨게 하셨다. 그러나 하나님은 다시 그의 마음을 악하게 만드셨다고 성경은 기록한다. 왜 하나님은 바로를 악하게 만드시는가. 약자로 하여금 강자와 싸우게 하면서 강자를 더욱 악하게 만들면 어떻게 약자가 강자와 싸워서 이기라는 것인가. 약자와 강자의 싸움의 뒤편에는 하나님이 계신다. 하나님은 무대 뒤에서 약자와 강자의 싸움을 조정하신다. 왜 하나님은 뒤에서 조정하시는가. 하나님이 하시는 일은 기이하기 짝이 없다.

셋째, 하나님이 하시는 일의 알 수 없는 것은 강한 자를 강하게 하기 때문에 약자인 우리로 하여금 탄원하게 하신다. 강자가 너무 강하기 때문에 약자인 우리는 하나님께 탄원할 수밖에 없다. 약자가 할 수 있는 최선의 선택은 하나님께 부르짖는 것뿐이다. 약자가 부르짖어야 하나님은 우리에게 말을 건네신다. 그분은 우리에게 약속으로 응답하신다. 그분의 약속은 우리에게 꿈이 된다. 지금 여기에서 이루어질 수 없는 꿈을 약속으로 주신다. 꿈은 희망이다. 현실을 견디게 하는 힘이 된다. 현실을 바꿀 수는 없지만 견딜 수 있는 힘은 준다.

왜 하나님은 약자에게 꿈을 꾸게 하시는 것일까. 하나님의 약속은 우리를 넘어선 먼 미래를 지향하는 것일까. 왜 지금 당장 여기에서 이루어지는 것은 주시지 않을까. 그분이 하시는 일은 참으로 기이하다.

생|각|하|기|

1. 성경의 역사를 통하여 볼 때 하나님은 왜 사건의 마지막에 등장하시는지 생각해봅시다.
2. 하나님의 기이하심은 인간인 우리로 하여금 어떤 행동을 하게 만드는지 생각해봅시다.

그리스도인의 감사

우리가 너희 모두로 말미암아 항상 하나님께 감사하며 기도할 때에 너희를 기억함은 너희의 믿음의 역사와 사랑의 수고와 우리 주 예수 그리스도에 대한 소망의 인내를 우리 하나님 아버지 앞에서 끊임없이 기억함이니 하나님의 사랑하심을 받은 형제들아 너희를 택하심을 아노라 | 데살로니가전서 1:2~4

많은 그리스도인이 생각하는 감사는 긍정적인 사고에 기인한다. 긍정적 사고의 감사는 나를 중심으로 내가 갖고 있는 것에 대해서 감사하는 것이다. 그러나 바울의 감사는 긍정적 사고의 감사가 아니다. 자신이 갖고 있는 것을 감사한 것이 아니라 다른 사람이 갖고 있는 것에 대해서 감사했다.

첫째, 바울은 데살로니가 사람들의 믿음을 감사하게 생각했다. 그들의 믿음에 역사가 있다는 것을 보고 감사했다.

둘째, 바울은 데살로니가 교인들 안에 사랑의 수고가 있음을 보고 감사했다. 바울을 향한 사랑의 수고를 본 것이 아니다. 그들만의 공동체를 향한 수고를 보았기 때문에 감사한 것이 아니다. 그들과 무관한 멀리 있는 그리스도의 공동체를 향한 수고 때문에 감사했다. 모르는 사람들의 고통과 수고에 동참하는 것은 사랑이 아니면 할 수 없는

것이다. 서로 만난 적이 없는 누구를 위해서 사랑의 수고를 한다는
것은 그리스도 안에서 모두가 형제라는 깊은 깨달음을 얻지 않고는
할 수 없는 것이다. 바울의 감사는 만나지 않고도 모두가 형제임을
증거하는 데살로니가 사람들의 모습을 바라보면서 나온 것이다. 결
코 긍정적인 사고에 기인한 것이 아니다.

셋째, 데살로니가 사람들이 품고 있는 소망의 인내에 바울은 감사
했다. 소망은 이루어지지 않기 때문에 소망이다. 꿈은 꿀 수 있을 때
꿈이다. 소망을 품는 자는 많은 시간을 참을 수밖에 없다. 참을 수 없
는 자는 소망을 품을 수 없다. 따라서 소망이 많은 사람은 참을 것이
많다. 소망은 이룰 수 없는 것을 바라보면서 그것이 이루어질 것처럼
살아가는 것이다. 데살로니가 교회는 하나님의 나라를 그리며 많은
것을 참고 있었다. 바울은 그것에 대해서 하나님께 감사했다.

넷째, 바울은 데살로니가 교인이 믿음의 역사와 사랑의 수고와 소
망의 인내를 가진 것을 보고 선택된 사람임을 확신했다. 그래서 바울
은 하나님께 감사했다. 그리스도인의 감사는 내게 있는 것을 감사하
는 것이 아니다. 내게는 없으나 다른 사람에게 있는 것을 감사하는
것이다. 그렇기 때문에 그리스도인의 감사는 내 안에 있는 좋은 것을
찾아서 드리는 감사가 아니다. 그리스도인의 감사는 다른 그리스도
인 때문에 감사하는 것이다.

생|각|하|기|

1. 지금까지 당신이 하나님께 드려왔던 감사의 내용과 바울이 하나님께 드리는 그리스도인의 감사에는 어떤 차이가 있는지 나누어봅시다.

2. 당신에게는 없지만 다른 그리스도인에게 있기 때문에 감사한 조건 들은 무엇인지 찾아봅시다.

하나님이 하시는 일 1

모세가 그의 장인 미디안 제사장 이드로의 양떼를 치더니 그 떼를 광야 서쪽으로 인도하여 하나님의 산 호렙에 이르매 여호와의 사자가 떨기나무 가운데로부터 나오는 불꽃 안에서 그에게 나타나시니라 그가 보니 떨기나무에 불이 붙었으나 그 떨기나무가 사라지지 아니하는지라 이에 모세가 이르되 내가 돌이켜 가서 이 큰 광경을 보리라 떨기나무가 어찌하여 타지 아니하는고 그 때에 여호와께서 그가 보려고 돌이켜 오는 것을 보신지라 하나님이 떨기나무 가운데서 그를 불러 이르시되 모세야 모세야 하시매 그가 이르되 내가 여기 있나이다

| 출애굽기 3:1-4

모세가 하나님을 만난 것은 80세가 된 어느 날이었다. 아브라함이 하나님을 만난 것은 75세였다. 인간적으로 생각하면 너무 늦은 시간이다. 그러나 하나님에게는 늦은 시간이 아니다.

중요한 사실은 우리의 늦음은 하나님의 시작이라는 것이다. 하나님은 우리와 만나는데 늦으신 적이 없다. 우리가 늦었다고 하는 것은 하나님과 함께하지 않았던 시간을 기억하기 때문에 늦은 시간이라 생각한다. 우리가 늦었다고 생각하는 것은 남겨진 시간이 많지 않다고 자각하기 때문이다. 우리는 시간을 양적인 개념에서 인지한다. 그러나 하나님에게는 지나간 시간이 소중하지 않다. 남겨진 시간의

양의 많고 적음은 중요하지 않다. 하나님에게 중요한 것은 우리와 함께할 시간이다. 하나님은 시간을 양으로 측정하지 않으신다. 하나님이 측정하는 시간은 질적이다. 그래서 우리의 늦음은 결코 하나님에게 늦음이 아니다.

하나님은 동반자를 만나게 하신다. 하나님은 모세의 동반자로 아론을 세우셨다. 오늘날 우리에게 아론은 누구인가? 누가 나와 함께 하나님의 백성을 가나안으로 인도할 동반자인가. 그리스도의 공동체 안에서 우리는 서로에게 아론이다. 나는 너를 동반해서 가나안으로 가는 여행길을 나선 동반자이며 너는 나의 동반자이다. 우리는 서로 같이 가나안으로 가는 동반자이다. 뿐만 아니라 하나님은 우리에게 동반자가 되신다. 나의 정신과 육체에 성령으로 임재하셔서서 가나안, 즉 하나님의 나라에 이르기까지 나의 동반자가 되신다. 나는 성령이 함께하는 동반자이다. 성령은 나의 동반자이다. 성령은 나를 동반하여 하나님이 시작하는 미래의 시간을 채워나가는 사역을 한다. 나는 성령을 동반하여 하나님의 나라를 향한 인생의 여정을 함께한다. 내가 하나님의 나라에 이를 때까지 성령은 나의 동반자이고 나는 성령의 동반자가 되는 것이다.

하나님은 미래의 시간을 광야에서 보내게 하신다. 이스라엘 백성들은 약속 속에 있었으나 실제 삶은 광야에 있었다. 가나안은 약속이고 삶은 광야이다. 광야에서 이스라엘이 경험한 것은 하나님을 배우는 것이다. 모세에게 하신 첫 번째 말씀이 그것이다. 삼 일 길을 가서 거기에서 하나님을 예배하라는 것이었다. 예배는 하나님을 배우고 경험하는 것이다. 이스라엘에게 광야는 이집트와 가나안 사이의 시간과 공간이다. 우리에게 광야는 여기 이곳 세상이다. 떠나온 곳과 들어갈 곳 사이에서 하나님을 예배하는 것이 광야를 지나가는 것이다. 광야에서 하나님은 우리의 지나간 시간을 지우신다. 우리의 지나간 기억을 지우신다. 과거를 지우시고 지워진 공간에 하나님에 대한 온전한 지식을 채우신다.

우리의 늦음은 결코 하나님에게는 늦음이 아니다. 하나님은 우리가 늦었다고 생각한 시간에 만나주시고 우리로 하여금 새로운 인생을 살아가게 하시고 하나님을 경험하게 하신다. 하나님에게는 우리의 과거의 시간이 아니라 우리와 함께 걸어갈 내일의 인생이 소중하기 때문에 우리가 늦었다고 생각한 그 시간에 만나주시는 것이다.

생|각|하|기|

1. 공동체 안에서 자신의 동반자는 누구인 것 같은지 생각해보고 동반자와 함께 이루어 가야 할 일들에 대해서 생각해봅시다.
2. 우리가 측정하는 시간의 개념과 하나님께서 측정하는 시간의 개념이 어떻게 다른지 자신의 경험을 통해 실존적으로 생각해봅시다.

하나님이 하시는 일 2

한 부자가 있어 자색 옷과 고운 베옷을 입고 날마다 호화롭게 즐기더라 그런데 나사로라 이름하는 한 거지가 헌데 투성이로 그의 대문 앞에 버려진 채 그 부자의 상에서 떨어지는 것으로 배불리려 하매 심지어 개들이 와서 그 헌데를 핥더라 이에 그 거지가 죽어 천사들에게 받들려 아브라함의 품에 들어가고 부자도 죽어 장사되매 … 이르되 그렇지 아니하니이다 아버지 아브라함이여 만일 죽은 자에게서 그들에게 가는 자가 있으면 회개하리이다 이르되 모세와 선지자들에게 듣지 아니하면 비록 죽은 자 가운데서 살아나는 자가 있을지라도 권함을 받지 아니하리라 하였다 하시니라

| 누가복음 16:19–31

하나님은 믿는 사람 속에서 어떤 일을 하시는가? 첫째, 본문에서 하나님이 하시는 일은 우리의 생각과 일치한다는 것을 보여준다. 우리는 살면서 세상에서 고통을 받았다면 다음 세상에서는 더 이상 고통없는 존재로 살고 싶은 마음이 있다. 오늘 본문 속에는 우리의 생각과 일치하는 하나님의 모습이 있다. 본문 속의 부자가 부자였기 때문에 지옥에 가고 나사로가 거지였기 때문에 천국에 갔다는 뜻은 아닐 것이다. 둘 사이에 도덕적으로 낮고 못함이 있는 것도 아니다. 나사로는 사는 동안에 받은 고통이 있었고 부자는 사는 동안에 받은 고통이 없었기 때문에 하나님이 운명의 시간을 바꾸어 놓음으로 그들

을 정당하게 하셨다. 여기에는 하나님의 공평이 담겨있다. 믿는 사람들이 살면서 고통을 참는 것은 공평하신 하나님을 믿기 때문이다.

둘째, 본문 말씀에는 자신의 형제에게 천국과 지옥에 대해 알려서 지옥에 오지 않도록 해주라는 부자의 요청이 있다. 이것은 한마디로 전도의 요청이다. 부자는 자신이 괴롭기 때문에 형제들을 구원해달라고 요청했다. 부자에게 형제에 대한 생각이 처음부터 있었던 것은 아니다. 하나님이 운명을 전도시켰기 때문에 생긴 것이다. 타인에게 구원을 전하는 마음은 저절로 생기는 것이 아니라 하나님이 그런 마음을 생기게 하신다. 하나님이 우리 안에서 하시는 일은 누군가에게 전도하고 그를 위해서 기도하고 삶의 여정을 함께 나누겠다는 마음을 일으키시는 것이다. 나를 위해서가 아니다. 그 누군가를 위해서 하나님이 내 마음을 일으키신다.

셋째, 부자의 요청에 대한 하나님의 거절이 있다. 사람들은 기적을 원하고 기적을 보고 믿는다. 부자는 기적을 요청한다. 죽은 나사로를 보내서 자신의 형제를 만나달라는 것은 기적을 보여달라는 것이다. 우리도 삶에서 기적을 원한다. 무엇인가 이루어달라는 기도의 내용이 본질적으로 기적에 대한 요청이 아니면 무엇이겠는가. 그렇다. 로또 당첨과 같은 구체적인 것을 표명하지는 않지만 기도의 대부분은 기적과 관련되어 있다. 하나님은 우리의 기도를 거부하신다. 분명하게 '노' 라고 말씀하지 않지만 무응답하심으로써 의사를 분명하게 표현하신다. 하나님은 사람들의 욕구에 자신이 맞춰지는 것을 원하지 않으신다. 그럼에도 불구하고 기적을 요구하는 자를 강하게 질책하실 만큼 모질지도 못하신다. 그래서 완곡하게 표현한다. "율법이 있으니 그것이면 충분하다." 부자에게 하신 말씀이다. "하늘을 보고 깨달아라." 예수께서 바리새인에게 하신 말씀이다. "세상에서 일어나는 모든 현상을 보고 깨달아라." 우리에게 하시는 말씀이다. 하나님은 더 이상 기적을 보이지 않으신다. 모든 사람에게 예수의 부활을 보이셨다. 그것보다 더 큰 기적이 어디있겠는가.

하나님은 모든 것 속에 계시며 모든 것을 하신다. 하나님의 기적을 보고자 하는 그리스도인들은 하나님이 우리 주변에서 하시는 모든 일들을 보지 못하기 때문에 하나님과 교감하지 못한다. 하나님과의 교감은 그분이 하시는 세세한 일들 속에 있다. 흘러가는 삶 속에서 하나님이 하시는 일들을 바라봐야 한다. 우리 주변에서 하나님이 지으신 아름다움과 만나야 한다. 기적을 꿈꾸는 것은 일상에 존재하는 하나님을 보지 못하게 만드는 시험일 뿐이다.

생|각|하|기|

1. 본문에 나오는 하나님의 공평하심이 자신에게 어떤 위로가 되는지 말해봅시다.
2. 하나님께서 전도의 마음을 일으키는 대상이 있다면 누구이며 그를 위해 어떤 행동을 하고 있는지 말해봅시다.
3. 당신에게 기적을 바라는 마음이 있다면 그것은 어떤 것이며 그러한 마음은 어떤 시점으로 교정되어야 하는지 생각해봅시다.

하나님이 하시는 일 3

그 후에 모세와 아론이 바로에게 가서 이르되 이스라엘의 하나님 여호와께서
이렇게 말씀하시기를 내 백성을 보내라 그러면 그들이 광야에서 내 앞에 절기
를 지킬 것이니라 하셨나이다 바로가 이르되 여호와가 누구이기에 내가 그의
목소리를 듣고 이스라엘을 보내겠느냐 나는 여호와를 알지 못하니 이스라엘을
보내지 아니하리라 | 출애굽기 5: 1-2

모세는 궁전에서 자라났고 다시 그곳으로 보내졌다. 그가 바로의
궁전에서 뛰쳐나와 보내게 된 40년의 광야 생활은 이전의 삶을 잊어
버리는 생활이었고 새로운 삶에 적응하는 시간이었다. 그런데 하나
님은 광야 40년의 세월이 흐른 뒤 모세를 다시 그가 자라났던 궁전
으로 보내신다. 모세를 통해서 보여주신 하나님의 일은 첫째, 우리가
대면하고 싶지 않은 우리의 과거로 다시 보내신다는 것이다. 모세는
다시 궁전으로 가는 것이 두려웠을 것이다. 만나고 싶지 않은 사람들
이 있었고, 자신의 과거를 속속들이 알고 있는 사람들이 있는 곳이기
때문이다. 그러나 하나님은 모세가 만나고 싶지 않았던 사람을 다시
만나게 하시고 그에게 과거를 찾아가라고 요구하셨다. 그것은 모세
가 해결하지 않았던 과거를 대면하게 하시며 그에게 해결하라고 요
구하시는 것이다.

둘째, 과거로 돌아가서 자기가 다른 존재라는 것을 입증하라고 하셨다. 입증한다는 것은 많은 노력을 해야만 한다. 인식되는 것을 바꾸는 것은 엄청난 노력이 필요하다. 그리스도인은 그가 있는 현장에서 입증되어야 한다. 모세가 하나님께서 자기를 보낸 사람이라는 것을 이집트의 파라오 앞에서 입증했듯이 우리는 세상에 보냄을 받은 하나님의 사람임을 입증해야 한다. 우리는 세상에 있는 존재이다. 세상과 결코 떨어져 지낼 수 없는 존재이다. 따라서 우리는 세상 앞에서 하나님의 사람인 것을 입증해야 한다.

셋째, 하나님이 보내시는 이유는 하나님을 모르는 자에게 하나님을 알게 하기 위해서이다. 하나님은 이집트에 열 가지의 재앙을 내리셨다. 하나님이 내리신 열 가지 재앙 중에 이스라엘을 피해간 재앙은 마지막 열 번째 재앙이다. 문설주에 양의 피를 바르지 않은 집은 재앙을 피할 수 없었다. 이스라엘 사람들이 하나님의 말씀을 어겼다면 열 번째 재앙을 벗어나지 못했을 것이다. 하나님이 이집트에 재앙을 내리신 것은 이스라엘을 구원하기 위해서만은 아니다. 이집트 사람들이 섬기는 열 가지의 우상보다 하나님이 더 크신 분이라는 것을 알게 하기 위해서였다. 이집트 사람뿐 아니라 이스라엘 사람에게 하나님의 위대함을 알리기 위함이었다.

하나님을 모르는 사람에게만 하나님의 위대하심을 알리는 것이 아니다. 하나님을 알고 있는 사람에게 하나님은 자신의 위대하심을 알리신다. 하나님을 알고 믿는 사람에게도 불행과 슬픔이 다가온다. 하나님은 그리스도인에게 세상에서 만나는 불행과 슬픔을 막아주지 않으신다. 불행과 슬픔은 하나님의 위대하심을 알리기 위해 세상에 내리시는 재앙이기 때문이다. 하나님이 막아주는 결정적인 재앙은 죽음을 넘어서게 한다. 예수를 유월절 양의 제물이 되게 하심으로 우리를 죽음에서 건지신다.

모세의 삶을 통해서 바라본 하나님이 하시는 일은 우리를 부르실 때 우리가 해결해야 되는 과거로 보내시길 원하시며, 우리 자신이 과거에 인식되어 있는 존재가 아니라 다른 존재라는 것을 입증하길 바라시며, 그것을 통해 하나님을 모르는 자들에게 하나님을 알게 하시는 것이다. 하나님은 우리를 행복의 길로 인도하는 수호신이 아니다. 하나님은 우리를 죽음이라는 공포에서 건지시는 구원자이시다. 하나님이 우리를 이 땅에 보내신 목적이 있다. 하나님을 바로 알리기 위해서이다. 우리는 아무런 목적 없이 길을 가는 나그네가 아니다. 우리는 하나님이 정하신 목적을 반드시 완수해야 한다.

생|각|하|기|

1. 모세가 대면하고 싶지 않았던 과거를 대면하게 하신 하나님께서 당신에게는 어떤 과거를 대면하라고 하시는 것 같은지 생각해봅시다.
2. 하나님이 하시는 일을 통해서 당신의 과거와 현재의 다름을 입증해야 할 장소는 어디이며 사람은 누구인지 생각해봅시다.
3. 당신이 하나님을 알리기 위해 일상에서 어떤 삶을 살아가야 하는지 서로 이야기해봅시다.

그리스도인의 삶의 철학

바로가 야곱에게 묻되 네 나이가 얼마냐 야곱이 바로에게 아뢰되 내 나그네 길의 세월이 백삼십 년이니이다 내 나이가 얼마 못 되니 우리 조상의 나그네 길의 연조에 미치지 못하나 험악한 세월을 보내었나이다 하고 야곱이 바로에게 축복하고 그 앞에서 나오니라

| 창세기 47:8-10

그리스도인의 삶의 철학은 굉장히 중요하다. 창세기 47장 8-10절의 말씀은 바로 앞에 서 있는 야곱의 고백이다. 이 고백 속에서 우리는 몇 가지 그리스도인의 존재의 의미를 찾아 볼 수 있다.

첫 번째, 그리스도인의 존재 의미는 나그네라는 단어 속에서 등장한다. 야곱은 자신의 삶을 나그네라고 말했다. 나그네는 정착할 곳을 찾아서 늘 떠나는 사람이다. 나그네로 사는 것은 지금 이곳을 영원한 곳으로 생각하지 않고 더 나은 곳을 향해서 떠나가는 삶을 사는 것이다. 우리는 나그네의 삶을 산다. 장소적인 의미에서 시간적인 의미에서 나그네라는 것이 아니다. 이곳에 영구히 정착한다고 해도, 정해진 시간이 지나면 땅을 떠나게 되기 때문이다. 의미적으로 나그네라는 것이다. 삶이 진리를 추구하고 선을 실천하며 궁극을 지향하기 때문에 나그네라는 것이다. 나그네로 산다는 것은 삶의 높은 차원인 하나

님의 나라를 구현하는 삶을 사는 것을 의미한다.

두 번째, 야곱은 험악한 삶을 살았다고 고백한다. 험악한 삶을 살았다는 이야기는 삶이 결코 우호적이지 않았다는 것이다. 그리스도인이 살아가는 세상은 그리스도인에게 결코 우호적이지 않다. 본질을 지키려고 하고 하나님 나라를 구현하는 삶을 살려고 하면 세상은 우리를 힘들게 한다. 하나님 나라와 세상은 공존할 수 없다. 하나님 나라는 진리와 의와 평화이지만 세상은 불의와 거짓과 불화와 갈등이기 때문이다. 세상은 그리스도인과 교회가 하나님 나라를 위한 삶을 사는 것을 원하지 않는다. 그래서 세상은 그리스도인과 교회를 하나님 나라와 멀어지게 만든다. 세상이 만드는 방법은 간단하다. 복음을 적극적인 사고방식에 근거한 성공 욕구를 충족시키는 것으로 변질시키고 교회 건물을 화려하고 사치스럽게 만드는 것이다. 기복신앙과 물질축복 사상과 교회 건물의 화려함과 거대함은 그리스도인과 교회가 나그네의 삶을 떠나지 못하게 묶어놓는 화려한 유혹이다. 그리스도인은 세상이 주는 화려한 유혹을 물리쳐야 한다. 나그네의 본질을 깊이 깨달아야 한다. 세상과 적대적이 되어야 한다. 세상과 대립하는 곳에 그리스도인의 본질이 있다는 것을 알아야 한다. 그리스도 교회와 세상은 결코 우호적이지 않다. 그리스도인과 세상은 결코 우호적이지 않다.

세 번째, 세상에서 그리스도인은 아주 협소하고 작은 존재이며 세상의 중심에 놓여있지 않지만 하나님의 시선에서는 중심에 놓여있다. 야곱이라는 한 인간의 삶은 고대 근동의 삶에서 볼 때 중심이 아니었다. 그의 삶은 변두리의 삶이었다. 그러나 성경에서는 그가 중심 인물이다. 미디안에서 양치기를 하던 늙은 모세도 변두리에 있었던 사람이다. 그런 모세가 하나님이 일으키시는 출애굽 대사건의 역사에서 중심 인물이다.

하나님은 우리들의 일거수일투족과 우리들이 내는 신음소리를 낱낱이 듣고 보신다. 왜냐하면 우리가 변두리에 있기 때문이다. 세상과 갈등하며 살기 때문이다. 세상과 다른 삶을 동경하며 살기 때문이다. 세상의 중심에 있는 자는 하나님의 함께하심을 필요로 하지 않는다. 세상의 중심에 있는 자는 하나님 없이도 지탱할 수 있는 것을 많이 가지고 있다. 변두리의 삶을 사는 사람에게는 하나님만이 위로와 소망이 된다. 하나님이 변두리의 삶을 사는 자와 함께하시기에 삶을 지탱해나갈 수 있는 것이다. 하나님은 변두리에 있는 자, 언저리 인생을 사는 자, 외로운 자, 소외된 자, 희망을 상실한 자, 도움을 필요로 하는 자와 함께 더 가까이 있다.

세상의 언저리에 있는 것을 두려워하지 말자. 세상 가운데로 들어가려고 애쓰지 말자. 세상의 중심에서 주목받기를 동경하지 말자. 하나님의 시선이 나에게 머물러 있다는 것을 기뻐하자. 가장자리에 있을수록 하나님의 역사의 장에서 주인공이 된다는 사실을 기억하자. 세상 끝에서 일어난 일이 하나님 드라마의 시작이 된다는 것을 잊지 말자. 하나님이 일으키시는 변화는 중심에서 시작하는 것이 아니라 변두리에서부터 시작해서 중심을 흔든다는 것을 반드시 기억하자.

생|각|하|기|

1. 본문을 통해서 나그네로서의 삶을 살아야 하는 존재인 그리스도인의 삶의 철학은 당신에게 어떤 의미를 주는지 말해봅시다.
2. 자신도 모르는 사이에 젖어 있는 성공에 대한 기대와 적극적인 사고방식은 그리스도인의 본질과 어떻게 다른지 이야기해봅시다.

그리스도의 마음

> 너희 안에 이 마음을 품으라 곧 그리스도 예수의 마음이니 그는 근본 하나님의
> 본체시나 하나님과 동등 됨을 취할 것으로 여기지 아니하시고 오히려 자기를
> 비워 종의 형체를 가지사 사람들과 같이 되셨고 사람의 모양으로 나타나사 자
> 기를 낮추시고 죽기까지 복종하셨으니 곧 십자가에 죽으심이라 이러므로 하나
> 님이 그를 지극히 높여 모든 이름 위에 뛰어난 이름을 주사 하늘에 있는 자들과
> 땅에 있는 자들과 땅 아래에 있는 자들로 모든 무릎을 예수의 이름에 꿇게 하시
> 고 모든 입으로 예수 그리스도를 주라 시인하여 하나님 아버지께 영광을 돌리
> 게 하셨느니라 | 빌립보서 2:5-11

이 말씀은 바울이 보낸 편지 가운데 나오는 말이지만 바울의 말이
아니다. 초대교회의 교인들에 의해서 고백되었던 신앙고백이다. 초
대교회의 신앙고백을 바울은 빌립보 교회에 쓰면서 우리가 닮아야
할 마음이 예수의 마음이라고 말한다.

그리스도의 마음은 첫째, 비운 마음이다. 비웠다는 것은 겸손하다
는 것을 의미하지 않는다. 비웠다는 것은 능력을 버렸다는 것을 의미
한다. 예수는 아들의 능력을 버렸다. 아들의 영광을 버렸다. 아들의
존재를 버렸다. 예수는 하나님이 가진 위대하심과 무한한 능력을 버
렸다는 말이다. 우리가 비우고 버릴 것은 무엇인가? 우리가 버려야

할 것은 복과 건강과 성취를 바라는 마음이다. 우리가 버려야 할 것은 보다 많은 것을 소유하려는 본능이다. 우리가 버려야 할 것은 물질적 풍요를 통해서 미래의 안정을 구하려는 마음이다.

비우시고 버리신 예수는 낮아지셨다. 낮아진 마음은 아래서 바라보는 마음이다. 예수는 아버지를 아래에서 바라본다. 낮아지기 전에 예수는 아버지를 옆에서 바라보았다. 그러나 낮아지신 다음에 예수는 하늘을 우러러 아버지를 바라본다. 위에서 바라보는 마음은 지배하는 마음이다. 아래서 바라보는 마음은 순종하는 마음이다. 기다리는 마음이다. 위에 있는 분의 지시를 구하는 마음이다. 낮아지는 마음은 사람을 위에서 보지 않고 아래서 보는 마음이다. 따라서 그리스도인의 낮아진 마음도 아래서 바라보는 마음이다. 존중하기 위해서 형제를 아래서 바라본다. 사랑하기 때문에 형제를 아래서 바라본다. 이렇게 나를 비우는 것은 그리스도의 마음과 일치한다.

둘째, 비웠지만 채운 마음이다. 예수는 하나님과 동등한 것은 비웠지만 사랑으로 채웠다. 그래서 예수는 사람의 모양으로 나타나신 것이다. 예수 안에 채워진 것은 아버지에 대한 사랑이다. 예수 안에 채워진 것은 우리에 대한 사랑이다. 예수는 능력과 영광을 비웠으나 사랑과 자비로 그 안에 채우셨다. 사람이 되신 예수에게는 아버지와 같은 능력과 영광은 없으나 아버지에 대한 사랑과 우리에 대한 자비는 가득하다. 성경은, 하나님은 사랑이라고 선언한다. 예수는 하나님이시다. 사랑과 자비로 가득하신 하나님이시다. 아버지에 대한 아들로서의 하나님만이 아니라 우리에 대해서도 하나님이시다. 사람이 되서서 사랑과 자비로 채우신 예수님은 사랑의 하나님의 화신이다. 우리도 아버지의 사랑을 채워야 한다. 우리의 비어진 가슴을 사랑과 생명과 진리와 의로 채워야 한다.

진리는 깨달음도 삶의 철학도 아니다. 진리는 하나님을 경험하는 것이다. 예수님 안에 채워진 사랑을 경험하는 것이며, 예수님 안에 비워진 겸손과 낮아짐을 경험하는 것이다. 예수님 안에 담겨진 생명을 경험하는 것이며, 예수님 안에 있는 성결의 의를 경험하는 것이다. 사랑, 진리, 생명, 의는 예수를 경험하는 것이다. 예수 안에 있는 사랑, 진리, 생명, 의가 나에게로 전이되는 것을 경험하는 것이다. 우리가 마음을 비우면 예수는 사랑, 진리, 생명, 의로 우리의 마음을 재우신다.

셋째, 우리 마음이 예수의 마음으로 채워지면 우리는 예수처럼 하나님께 순종하고 온 몸과 마음을 바쳐서 하나님의 말씀에 충성하게 된다. 예수는 아버지의 말씀에 자신의 비워진 마음을 바쳤다. 하나님은 예수의 마음을 사랑과 진리와 생명과 의로 채우셨다. 따라서 아버지에 대한 예수의 복종은 사랑과 진리와 생명과 의의 복종인 것이다. 예수는 우리 마음을 자신의 마음으로 채우심으로 아버지에 대한 순종을 우리에게 가르치신다. 아버지에게 들은 음성을 예수는 충실하게 따르셨다. 우리는 성령의 음성을 듣고 충실하게 따라가야 한다. 예수가 들은 아버지의 음성을 우리는 안에서 들어야 한다. 예수가 아버지와 함께 영광 중에 계실 때 들은 음성을 우리는 우리 안에서 말씀하시는 성령의 음성으로 들어야 한다.

예수는 우리를 가르치신다. 진리 안에 있는 것과 생명을 품고 사는 것과 사랑으로 모든 것을 대하는 것과 의로운 삶을 살아가는 모든 것을 가르치신다. 자신이 직접 모범 답안이 되어서 정답을 보여주신다. 예수가 보여주신 정답을 따라가자. 예수가 걸어가신 길을 따라가자. 그래서 그 길의 끝에서 기다리시는 예수를 만나자.

생|각|하|기|

1. 그리스도인인 당신이 버려야 할 마음은 무엇인지 생각해봅시다.
2. 우리를 기다리시는 예수님을 만나기 위해 당신이 행해야 될 일들을 구체적으로 생각해보고 서로 나누어봅시다.

광야에서

> 바로가 백성을 보낸 후에 블레셋 사람의 땅의 길은 가까울지라도 하나님이 그들을 그 길로 인도하지 아니하셨으니 이는 하나님이 말씀하시기를 이 백성이 전쟁을 하게 되면 마음을 돌이켜 애굽으로 돌아갈까 하셨음이라 그러므로 하나님이 홍해의 광야 길로 돌려 백성을 인도하시매 이스라엘 자손이 애굽 땅에서 대열을 지어 나올 때에 모세가 요셉의 유골을 가졌으니 이는 요셉이 이스라엘 자손으로 단단히 맹세하게 하여 이르기를 하나님이 반드시 너희를 찾아오시리니 너희는 내 유골을 여기서 가지고 나가라 하였음이더라 그들이 숙곳을 떠나서 광야 끝 에담에 장막을 치니 여호와께서 그들 앞에서 가시며 낮에는 구름 기둥으로 그들의 길을 인도하시고 밤에는 불 기둥을 그들에게 비추시 낮이나 밤이나 진행하게 하시니
>
> | 출애굽기 13:17-21

누구를 막론하고 사람들은 기적을 바란다. 어려운 일을 만날수록 기적을 갈구하는 마음은 더욱 강렬해진다. 그러나 우리가 살아가는 동안에 기적은 거의 일어나지 않는다. 주님의 40일 광야 기간 동안에도 기적은 없었다. 바울이 3년을 아라비아 광야에서 지냈을 때도 기적은 없었다. 그런데 이스라엘 백성들은 광야에서 기적을 경험했다. 그래서 그들의 삶이 우리보다 낫다고 할 수 있을지 모른다. 그러나 이스라엘 백성들이 삶에서 경험한 기적을 자세히 들여다보면 차

라리 우리의 삶에 기적이 나타나지 않는 것이 더 나은 것임을 깨달을 수 있다.

이스라엘 백성들이 광야에서 만났던 첫 번째 기적은 구름기둥과 불기둥으로 인도받은 것이다. 구름기둥과 불기둥은 이스라엘 백성을 밤낮으로 쉬지 않고 끊임없이 앞으로 나아가게 했다. 이집트로 돌아가지 못하도록 하기 위해서 하나님은 불기둥과 구름기둥을 사용해서 이스라엘 사람들을 이집트로부터 멀어지도록 밀어내신 것이다. 낮에는 구름기둥 때문에 밤에는 불기둥 때문에 이스라엘 사람들은 쉴 틈이 없었다. 불기둥과 구름기둥은 그런 것이다. 사람들은 하나님의 구름기둥과 불기둥이라는 기적을 통해서 이스라엘을 인도했다는 말에만 관심을 갖는다. 하나님의 인도하심이 얼마나 피곤한 일이며 힘든 일인지 전혀 생각해보려고 하지 않는다. 이스라엘 백성들처럼 삶에서 구름기둥과 불기둥의 기적을 경험하는 것은 쉴 수 있는 여유를 갖지 못하는 삶이다. 과연 이런 기적을 경험하는 것이 행복할까?

두 번째 기적은 홍해와 아말렉 전쟁이다. 뒤에서는 이집트 군사들이 따라오고 앞에는 홍해가 펼쳐진 진퇴양란의 상황 속에서 하나님이 모세를 통해서 홍해를 가르신다. 홍해를 가른 것은 이스라엘 백성의 문제를 해결한 것이 아니라 가능성만을 열어놓은 것이다. 홍해가 갈라졌지만 그곳을 지나서 헤쳐나가야 하는 것은 이스라엘 백성들의 몫이다. 생각해보라. 물 빠진 펄을 수레와 온갖 짐을 지고 걸어가는 수많은 사람들을……. 생각해보라. 그들이 홍해를 건너갈 때 얼마나 힘이 들었을지를……. 아말렉 전쟁 또한 모세가 손을 들고 있는 육체

적 노동의 한계상황을 넘어서야만 이스라엘이 승리할 수 있는 기적
을 맛볼 수 있었다. 생각해보라. 모세가 손을 내리지 못하게 옆에서
강제로 붙잡고 있는 것을……. 기적은 사람들이 생각하는 것처럼 모
든 문제를 하나님이 해결해주는 것이 아니다. 하나님은 기적을 통해
서 전세를 100퍼센트 반전시키지 않으신다. 다만 문제가 해결될 가
능성만을 열어놓으신다. 나머지는 우리의 몫이다. 우리가 헤쳐 나가
야 한다. 사람들이 생각하는 기적과 이스라엘 사람들이 경험한 기적
은 이렇게 다르다.

　세 번째 이스라엘 사람이 만난 기적은 만나와 메추라기와 물을 주
신 것이다. 이스라엘 백성은 40년 광야 기간 동안 마른 땅에서 떠돌
아다녔다. 그 땅은 먹을 것이 없었다. 그래서 하나님은 그들에게 먹
을 것을 주셨다. 그들은 매일같이 만나를 먹었다. 40년 내내 그들이
먹은 것은 만나였다. 만나는 하나님만이 주실 수 있는 기적의 음식이
다. 만나는 매일매일 만난 기적이다. 그렇기 때문에 이스라엘 백성은
매일매일 일어나는 기적을 기적으로 느끼지 않았다. 매일 똑같은 것
이 40년째 반복이 된다면 기적이 기적으로 느껴지겠는가. 하지만 메
추라기와 만나와 물은 분명히 하나님이 그들에게 주신 기적이다. 우
리의 삶을 돌아보면 일상의 삶이 기적이다. 일상의 삶에서 하나님이
일하고 계신다. 그러나 사람들은 일상을 기적으로 인식하지 않는다.
일상에서 볼 수 없는 신기한 일이 일어나는 것을 기적이라고 생각한
다. 사람들은 그런 기적을 보고 싶어한다. 그렇기 때문에 일상이 기
적인 것을 인지하지 못한다. 하나님이 40년 동안 똑같은 만나로 이

스라엘을 돌보신 일상이 기적임을 깨닫지 못하는 것이다. 그리스도인이 경험하고 인지해야 할 기적은 매일의 일상적인 삶 가운데 있다. 그리스도인의 일상적인 삶이 하나님이 돌보시는 기적인 것이다.

생|각|하|기|

1. 하나님의 기적을 기대하는 우리의 마음은 어떤 관점에서 잘못되어 있는지 이야기해봅시다.

2. 우리들의 일상적인 삶에서 일어나는 기적은 어떤 것들이 있는지 생각해보고 서로 생각하는 시간을 가져봅시다.

다름의 차이 1

> 어떤 율법교사가 일어나 예수를 시험하여 이르되 선생님 내가 무엇을 하여야 영생을 얻으리이까 예수께서 이르시되 율법에 무엇이라 기록되었으며 네가 어떻게 읽느냐 대답하여 이르되 네 마음을 다하며 목숨을 다하며 힘을 다하며 뜻을 다하여 주 너의 하나님을 사랑하고 또한 네 이웃을 네 자신 같이 사랑하라 하였나이다 예수께서 이르시되 네 대답이 옳도다 이를 행하라 그러면 살리라 하시니
> | 누가복음 10: 25-28
>
> 예수께서 길에 나가실새 한 사람이 달려와서 꿇어 앉아 묻자오되 선한 선생님이여 내가 무엇을 하여야 영생을 얻으리이까 예수께서 이르시되 네가 어찌하여 나를 선하다 일컫느냐 하나님 한 분 외에는 선한 이가 없느니라 네가 계명을 아나니 살인하지 말라, 간음하지 말라, 도둑질하지 말라, 거짓 증언 하지 말라, 속여 빼앗지 말라, 네 부모를 공경하라 하였느니라
> | 마가복음 10:17-19

영생의 문제를 갖고 두 사람이 예수를 찾아왔다. 율법학자와 부자 청년이다. 영생이란 무엇인가? 불멸의 삶을 말하는 것인가? 불멸이 죽음 이후에 하나님에 의해서 주어진 또 다른 삶을 의미한다면 영생은 불멸의 삶을 지칭할 것이다. 그러나 영생이 이승의 삶을 영원히 지속하는 것을 의미한다면 결코 불멸의 삶이 될 수 없다. 적어도 예수님이 재림하기 전까지 영생은 죽음 이후의 삶을 지칭하는 말이다.

그 삶은 아직 아무도 살아보지 못한 미지의 신비한 삶이다. 그들은 영생에 대해서 무엇을 알고 싶은 것일까? 죽음 이후에 맞이할 또 다른 운명에 대한 답을 얻기 위해서 예수에게 나온 것일까?

누가복음에 나오는 율법학자는 예수님을 시험하기 위해 무엇을 하여야 영생을 얻을 수 있는지 물었다. 예수님은 율법에서 무엇을 읽었느냐고 그에게 되물었다. 율법학자가 찾는 영생은 율법의 정신에 있는 것임을 예수께서 아시기 때문이다. 율법학자는 이웃을 내 몸같이 사랑하라는 예수의 가르침에 맞는 대답을 하였다. 율법학자는 무엇을 대답할지 알았다. 이웃사랑이 영생이라고 예수에게 대답했다. 율법학자는 무엇이 바른 삶인지 알고 있었다. 이웃을 내 몸같이 사랑하는 것은 바른 삶이다. 이웃사랑을 대답한 율법학자는 영생을 바른 삶으로 알고 있었다. 율법학자는 되묻는다. "누가 내 이웃인가요?" 예수님은 강도를 만난 사람의 비유를 말씀하셨다. 그 비유를 통해 율법에 따라 행했던 제사장과 레위인, 마음의 움직임대로 이웃을 도와준 사마리아 사람을 소개하면서 누가 강도 만난 자의 이웃인가라고 물으셨다.

바른 삶은 율법대로 하는 것이다. 율법은 제사장과 레위인에게 부정한 것을 만지지 말라고 가르쳤다. 제사장과 레위인은 율법대로 바른 삶을 지켰다. 율법대로 하면 율법에 맞는 바른 삶을 살 수 있다. 그러나 이웃에 대한 사랑은 없다. 율법대로 하면 율법에 대한 사랑은 있다. 하지만 사람에 대한 사랑은 없다. 율법학자에게 예수가 가르쳐준 바른 삶은 율법만을 사랑하는 삶이 아니다. 사람을 사랑하는 삶이다. 사람을 사랑하는 삶에는 율법의 사랑을 사랑하는 마음이 담겨있다.

마가복음에 나오는 부자 청년도 어려서부터 율법을 지켰다. 율법학자와는 달리 그에게는 율법이 전부가 아니었다. 그는 율법을 다 지켰다고 대답했다. 모든 율법을 다 지켜서 지킨 것이 아니다. 율법으로는 무엇인가 부족하다고 느꼈기 때문에 율법을 다 지켰다고 말한 것이다. 율법 말고 다른 무엇이 있다고 그는 생각했다. 율법으로는 부족한 그 무엇을 예수에게서 들을 수 있을 것이라고 생각했다. 그래서 예수님께 나아와 영생을 어떻게 얻을 수 있냐고 물었다. 예수는 가진 것을 다 팔아 이웃에게 나누어주라고 말씀하신다. 그리고 나를 따르라고 명령하신다. 예수님의 말씀을 듣고 그는 근심하며 돌아갔다. 부자 청년에게 재산은 전부였다. 전부를 포기하고 예수를 따르라는 말은 율법학자에게 율법을 버리고 예수의 제자가 되라는 말과 같은 것이다.

부자 청년이 찾는 영생은 재산을 유지하면서 의미 있는 삶을 사는 것이다. 의미를 찾기에 예수는 의미 있는 삶으로 인도한다. 모든 것을 다 나누어 주어라. 부자 청년은 감당하기 어려웠다. 의미있고 가치 있는 삶을, 재산을 유지하면서 덤으로 주어지는 보너스 같은 것으로 인식하는 한 예수의 말씀은 도무지 감당이 되지 않는 것이다. 청년은 돌아갔다. 자신이 소유한 재산으로 돌아갔다.

율법학자도 돌아갔다. 자기가 속한 율법으로 돌아갔다. 재산을 가지고 나온 자는 재산을 가진 채 돌아간다. 율법을 가지고 나온 자는 율법으로 돌아간다.

우리는 무엇을 가지고 예수에게 나아 왔는가. 율법대로 사는 바른 삶을 가지고 예수에게 나아왔다면 예수는 바른 삶을 의미있는 삶으로 전환하신다. 우리가 재물을 소유한 체 의미 있는 삶에 대한 가르침을 받으려고 예수에게 나온다면 예수는 가치가 있는 영원한 삶으로 전환하신다. 예수의 전환을 따르면 예수의 제자가 된다. 예수께로 전환하는 것을 근심하면 원래 있던 자리로 돌아간다. 그들의 질문이 아름다웠음에도 불구하고 있던 곳으로 돌아간 것은 예수의 전환을 감당하지 못했기 때문이다.

생|각|하|기|

1. 바르게 산다는 것과 예수님의 가르침 사이에 존재하는 차이점에 대해서 이야기해봅시다.
2. 우리가 바른 삶을 의미있는 삶으로 전환하기 위해서 내려 놓아야 할 것들에는 어떤 것들이 있는지 생각해봅시다.

다름의 차이 2

> 내 아버지의 뜻은 아들을 보고 믿는 자마다 영생을 얻는 이것이니 마지막 날에
> 내가 이를 다시 살리리라 하시니라
>
> | 요한복음 6:40

성경이 증거하는 영생은 무엇인가? 요한복음 6장 40절에는 믿는 자에게, 그리고 보고 믿는 자에게 주는 약속이며 마지막 날에 다시 살리는 것이라고 기록되어 있다. 영생은 이곳에서의 삶이 무한히 연장되는 삶이 아니다. 영생은 다시 사는 것을 의미한다. 이생의 죽음 이후에 다른 생으로 이어지는 것을 의미한다. 하나님이 창조한 것에는 반드시 죽음이 따라온다. 따라서 삶이 끝난 자에게만 영생이 허락된다. 영생은 부활 이후에 허락된 영원한 삶이다.

그럼에도 불구하고 그리스도인이 사는 현재의 삶은 영원한 삶과 무관하지 않다. 그리스도인의 몸에는 영원한 삶을 주시는 분이 깃들어 있기 때문이다. 바울의 말씀과 성경의 증언에 의하면 그리스도인은 세례를 받을 때 성령이 임재하신다. 성령은 삼위일체 하나님의 영이시며, 영이신 하나님이시다. 그리스도인의 몸에는 영원한 하나님이 내주하신다. 내 몸에 내주하시는 하나님은 시작과 마지막이시며,

시간과 공간을 창조하신 분이시며, 영원한 삶을 약속하시는 분이시며, 또한 영원 전부터 영원까지 영원히 계시는 분이시다.

그리스도인이 사는 현재의 삶은 영원한 삶과 관련되어 있다. 영원한 아들이신 예수께서 자신의 살과 피를 우리에게 주심으로 우리의 살과 피가 영원한 아들의 살과 피와 연합하게 된다. 영원한 삶이 현재로 들어와 있는 것을 발견하게 된다. 지금 여기에서 그리스도인은 예수의 살과 피를 받음으로 말미암아 그리스도와 하나가 된다. 내가 그리스도와 하나가 된다는 것이 아니다. 그리스도가 내 안으로 들어와서 나와 하나가 된다는 것이다. 나와 연합된 그리스도에 의해서 영원한 삶은 여기에서부터 시작한다.

주님이 우리에게 물어보는 것은 네 안에 내가 있느냐? 네 안에 나에 대한 믿음이 있느냐? 네 몸 안에서 너는 나를 발견하느냐? 네 몸 안에서 너는 나를 느끼느냐? 내가 네 안에 들어간 그것을 너는 느끼고 있느냐는 것이다. 영원한 삶은 주님이 우리와 하나가 되기 때문에 우리와 결합되었기 때문에 그래서 주어지는 삶이다. 기도가 그리스도와 연합하게 만드는 것이 아니다. 그리스도의 살과 피를 내가 받을 때 내 안에서 그리스도와 연합되는 것이다. 그리스도와의 연합은 나의 경험에 있는 것이 아니다. 그분의 능력에 있는 것이다. 생명의 떡과 피로서 내 몸에 들어와 나와 연합하시는 그리스도의 연합에 근거한다. 기도를 통해서 그리스도와 연합하려는 사람들이 많이 있다. 그들은 기도하면서 하나님과 합일되는 경험을 갖는다. 그들은 그것을 영성 혹은 능력이라고 표현한다. 그러나 그것은 올바르지 않다. 성경은 우리가 하나님과 합일되는 모든 것들은 거절하신다. 하나님이 우리와 하나가 되는 길을 열어 놓았다. 주님의 살과 피를 우리가 먹는 것이다. 주님은 생명의 살과 피로서 우리 몸에 들어와 우리와 연합되어서 영원한 삶으로 우리를 인도하는 동반자가 되신다. 우리 몸에 영으로 살과 피로써 깃들여 우리를 영원한 삶으로 인도하신다. 세례를 통해서 성령을 받고 성찬을 통해서 살과 피를 받은 우리는 영원한 삶을 이미 시작한 것이다.

그리스도인에게 있어서 영생은 단순한 약속만이 아니다. 그것은 가르침도 아니다. 영원한 삶은 가치있는 삶도 아니다. 영원한 삶 때문에 우리의 일상이 의미있고 가치있는 삶이 되는 것이다. 내가 가치있는 삶을 찾아야 삶이 가치가 있는 것이 아니다. 그리스도께서 우리 안에 들어오셔야 내 삶이 가치가 있는 것이다.

영원한 삶은 죽은 자만이 맞이할 수 있는 것이다. 그리고 나머지는 약속 안에 있다. 그리스도인과 비그리스도인의 도덕적인 차이는 크지 않다. 그러나 하나님의 영과 예수의 살과 피가 내 안에 있는 이상 그리스도인과 비그리스도인의 차이는 너무나 분명하다. 가치있는 삶이 무엇인지 묻지 말자. 행복해지는 비결이 무엇인지도 묻지 말자. 성령과 예수의 살과 피가 우리 안에 있는 이상 삶은 영원으로 이어져 있으며 일상은 가치와 의미로 채색되어 있는 것이다.

생|각|하|기|

1. 성찬예식의 진정한 의미를 생각해보고 그리스도인이 성찬예식에 동참해야 하는 이유에 대해서 서로 나누어봅시다.
2. 성찬예식은 영생과 어떻게 상관관계가 있는지 생각해봅시다.

경계해야 할 것들

> 백성이 모세가 산에서 내려옴이 더딤을 보고 모여 백성이 아론에게 이르러 말하되 일어나라 우리를 위하여 우리를 인도할 신을 만들라 이 모세 곧 우리를 애굽 땅에서 인도하여 낸 사람은 어찌 되었는지 알지 못함이니라 아론이 그들에게 이르되 너희의 아내와 자녀의 귀에서 금 고리를 빼어 내게로 가져오라 모든 백성이 그 귀에서 금 고리를 빼어 아론에게로 가져가매 아론이 그들의 손에서 금 고리를 받아 부어서 조각칼로 새겨 송아지 형상을 만드니 그들이 말하되 이스라엘아 이는 너희를 애굽 땅에서 인도하여 낸 너희의 신이로다 하는지라 아론이 보고 그 앞에 제단을 쌓고 이에 아론이 공포하여 이르되 내일은 여호와의 절일이니라 하니 이튿날에 그들이 일찍이 일어나 번제를 드리며 화목제를 드리고 백성이 앉아서 먹고 마시며 일어나서 뛰놀더라 | 출애굽기 32:1-6

죄란 무엇인가? 그리스도인에게 물어보면 말씀을 거역하는 것이라고 대답할 것이다. 비그리스도인에게 물어보면 법적, 도덕적인 죄를 저지른 것이라고 대답할 것이다. 비그리스도인에게 하나님의 말씀을 거역하는 것은 아무 문제가 되지 않는다. 그들에게 하나님의 말씀은 아무런 구속력이 없기 때문이다. 하지만 그리스도인에게 하나님의 말씀은 절대적인 구속력을 가진다. 하나님의 말씀을 따르는 것이 도덕적으로 또는 법적으로 충돌을 일으킨다고 해도 그리스도인은 하나님의 말씀을 따르는 것을 선택하게 된다. 종교적인 신념과 확신을 갖고 있는 사람들의 행위가 도덕적, 법적인 의미에서 죄가 되는 것은 하나님의 말씀은 도덕적, 법적인 기준을 초월한다고 믿기 때문이다.

하나님은 도덕적이고 법적인 기준을 초월한다. 그것은 분명하다. 그러나 성경 말씀이 도덕적이고 법적인 근거와 기준을 언제나 초월한다고 하는 것은 다른 것이다. 성경은 언제나 법과 도덕을 초월하는 것이 아니기 때문이다. 성경은 해석을 필요로 한다. 죄의 개념과 관련해서 생각해 볼 때 분명하다. 성경은 무엇을 죄라고 정의하고 있는가. 성경은 죄를 결과로 보고 있다. 하나님의 말씀에 비춰서 바라보던지, 도덕적이고 법적인 관점에서 바라보던지 간에 죄는 결과를 지칭한다. 돌아온 아들은 아버지에게 하늘과 아버지에게 죄를 지었다고 고백했다. 예수는 죄가 무엇인지 가르쳐준다. 예수가 가르쳐준 죄의 개념은 하지 말았어야 할 것을 했거나 했어야 할 것을 하지 않은 것이다. 강도 만난 사람을 보고 지나간 제사장과 바리새인은 죄를 지은 것이다. 율법의 기준으로는 죄를 짓지 않았어도 예수의 기준에서는 죄를 지은 것이다.

출애굽기 32장 1-6절에 근거해서 죄를 짓지 않기 위해서 우리가 경계해야 할 것과 피해야 할 것을 찾아보자.

첫째, 거룩해지려는 마음을 경계해야 한다. 거룩해지려는 마음은 죄를 낳는다. 거룩해지려는 것과 거룩한 삶을 사는 것은 다르다. 거룩한 삶을 사는 것은 하나님 앞에서 자신을 성찰하며 삶을 진지하고 바르게 살려는 의지가 있다. 그것은 성령의 인도하심에 자신을 맡기는 것이며 하나님이 인정하는 바른 것이다. 거룩해지려는 마음은 하나님과 같은 존재가 되려는 것이다. 그것은 교만이다. 교만은 건방진 태도를 의미하지 않는다. 교만은 하나님을 하나님으로 인정하지 않고 자신을 하나님인 것처럼 생각하는 것이다. 아담과 하와가 선악과를 따먹는 죄를 범한 것도 교만이었다. 하나님과 같아지려는 욕구가 교만을 낳는다. 교만에 빠지지 않으려면 거룩해지려는 마음을 경계해야 한다.

둘째, 불안에서 벗어나려는 마음을 경계해야 한다. 불안은 보이지 않는 하나님을 보이는 형상으로 만들어낸다. 시내산으로 하나님의 계명을 받기 위해 떠난 모세를 기다리던 이스라엘 백성들에게 찾아온 것은 불안이었다. 모세가 없기 때문에 불안이 발생한다. 하나님의 인도하심을 계속적으로 경험하지 못함에 따른 불안이 발생한다. 그러나 근본적인 불안의 원인은 하나님이 보이지 않는다는 것이었다. 하나님은 보이는 모습으로 존재하지 않는다. 사람은 본질적으로 보이지 않는 것은 믿지 못한다. 그래서 보이지 않는 것을 보이는 형태로 전환한다. 이스라엘 백성은 하나님이 보이지 않기 때문에 불안하였다. 아론도 하나님을 볼 수 없기에 불안하였다. 모세를 기다리던 백성들과 아론은 불안을 회피하기 위해서 가장 귀한 금을 가져다가 송아지를 만들어서 하나님이라고 선언하였다. 불안은 하나님을 형상화 한다. 우상은 불안이 만들어내는 결과인 것이다. 이처럼 불안에서 벗어나려는 마음은 하나님을 우리보다 못한 존재로 만들거나 우리가 만질 수 있는 존재로 바꾸어 버린다.

셋째, 그리스도인은 집중하는 것을 경계해야 한다. 집중한다는 것은 모든 에너지를 그곳에 쏟아 넣는 것이다. 공부에 집중하면 공부를 잘하게 된다. 일에 집중하면 많은 결과를 만들 수 있다. 노는 것에 집중하면 미래가 없다. 환자의 치료에 집중해야 의사는 병을 고칠 수 있다. 반드시 원인을 밝히겠다는 것에 집중해야 위대한 발견과 발명을 할 수 있다. 그러나 그리스도인은 무엇인가에 집중하는 것을 경계해야 한다. 그리스도인의 성취와 성공을 부정하기 위해서 그런 것이 아니다. 하나님 때문이다. 하나님이 질투하시기 때문이다. 하나님은 우리의 중심에 있지 않으면 견디지 못하기 때문에 그렇다.

그리스도인이 무엇엔가 집착하는 것을 다른 말로 표현하면 하나님을 변두리에 둔다는 것을 의미한다. 성공에 집중하면 성공할 수 있다. 반면에 하나님은 변두리에 놓인다. 일에 집중하면 성취할 수 있다. 그러나 하나님은 변두리에 놓인다. 우리가 무엇인가에 집중하는 것이 문제가 되는 것은 하나님 때문이다. 하나님은 우리의 중심에 있고 싶어하신다. 우리의 중심에 하나님이 아닌 다른 것이 놓이면 하나님은 변두리로 밀려난다. 하나님은 그것을 견디지 못하시는 것이다.

그런데 위에서 말하는 세 가지 경계해야 할 것들은 다른 각도에서 보면 그리스도인이 추구해야 할 것들이다. 그리스도인은 거룩해지려 하지 말고 하나님의 거룩성을 만나는 것을 추구해야 한다. 하나님을 만난다는 것은 그분의 거룩성을 경험하는 것이다. 하나님의 거룩성을 경험한 자만이 하나님 앞에서의 겸손을 깨닫는다. 이사야도 모세도 그 밖의 많은 성경의 인물들은 하나님의 거룩성 앞에서 겸손을 배웠다.

그리스도인은 불안을 피하지 말고 맞서야 한다. 불안을 없애기 위해서 우상을 만들지 말고 하나님께 기도해야 한다. 사람은 불안할 때 기도한다. 그리스도인도 예외가 아니다. 불안은 기도하게 한다. 불안은 하나님을 생각하게 하고 간절히 부르짖게 만든다. 불안에서 벗어나기 위해서 기도하라는 것이 아니다. 불안하기 때문에 기도하라는 것이다. 불안과 맞서기 위해서 기도하라는 것이다.

그리스도인은 자신의 중심에 집착하고 있는 것을 놓을 때 하나님의 임재를 경험할 수 있게 된다. 집중과 집착은 에너지를 강화시켜주지만 반면에 참된 평화와 행복을 잃어버리게 만든다. 따라서 집중과 집착을 놓으면 하나님이 채우시는 평화와 행복을 맛보게 된다.

생|각|하|기|

1. 그리스도인은 왜 거룩해지려는 마음을 경계해야 하는지 말해봅시다.
2. 불안에서 벗어나려는 마음이 왜 죄가 되는지 이야기해봅시다.
3. 하나님이 주시는 평화와 행복을 맛보기 위해 자신이 내려놓아야 할 집착은 어떤 것인지 서로 나누어봅시다.

증인 됨의 의미

> 오직 성령이 너희에게 임하시면 너희가 권능을 받고 예루살렘과 온 유대와 사
> 마리아와 땅 끝까지 이르러 내 증인이 되리라 하시니라 | 사도행전 1:8

성령의 임재는 능력을 주기 위함이 아니다. 예수의 증인을 만들기
위해서이다. 그러나 대다수의 그리스도인은 성령이 주시는 능력이 예
수의 증인이 되게 하는 것임을 잊어버리고 산다. 대다수의 그리스도
인은 예수를 증언하기보다는 능력 받기를 갈구한다. 능력을 받으면
힘이 생긴다. 능력을 받으면 충만해지는 경험을 한다. 능력을 받으면
내면에 가득히 차는 무엇을 느끼게 된다. 능력을 추구하는 이유가 거
기에 있다. 능력은 무기력한 우리를 변하게 하고 적극적으로 만든다.
그러나 성령의 능력은 무기력한 우리를 힘차고 활기찬 존재로 바꾸는
것이 아니다. 성령의 능력은 오히려 차분하게 만든다. 바울은 성령이
우리 안에서 일으키는 변화에 대해서 아홉 가지 열매를 열거했다. 성
령의 열매는 인격적인 변화이며 성숙한 인간의 모습을 보여준다.

성령은 우리를 증인으로 만든다. 사회적 지위와 소유의 규모에 관
계없이 증인으로 만든다. 교회의 크기와 관계없이 교회라는 것만으

로 예수를 증언하는 것처럼 그리스도인은 예수를 증언하는 존재이다. 물론 모든 교회가 예수를 증언하는 것은 아니다. 교회의 잘못된 모습과 그리스도인의 잘못된 삶은 예수를 욕되게 한다. 예수가 모욕을 받든지 받지 않든지 간에 예수는 증언되는 것이다. 따라서 예수를 바르게 증언하기 위해서는 성령의 임재를 경험해야 한다. 성령이 내면에서 인격적으로 변화시키는 능력을 체험해야 한다. 그러나 중요한 질문을 아직 제기하지 않았다. 중요한 것은 왜 우리는 증인이 되어야 하는가이다.

첫째 이유는 예수에게 중요한 일이기 때문에 우리가 증인이 되어야 한다. 예수는 우리를 통해서 알려지고 교회를 통해서 알려진다. 따라서 우리들이 그리스도의 증인이 되지 않는다면 예수님은 가려지고 만다. 우리들이 바르게 예수를 증언하지 않는다면 예수는 가려진다. 우리는 바른 증인이 되어야 한다. 예수가 성령을 보내시는 것은 바른 증인이 되게 하기 위함이다.

둘째 이유는 예수의 증인이 되는 것은 우리에게도 중요하다. 우리가 예수의 바른 증인이 되면 사람들은 우리가 예수의 제자라는 사실을 인정하게 된다. 우리가 예수의 제자라고 자처한다고 해서 그분의 제자로 인정되는 것이 아니다. 예수가 인정해야 한다. 또한 사람들이 인정해야 한다. 그리스도인은 스스로 칭하는 존재가 아니다. 타자가 그리스도인이라고 칭할 때 그리스도인이다. 우리가 증인이 되는 것은 중요하다. 그래야 우리가 예수의 제자인 것이 드러나기 때문이다.

셋째 이유는 증인 됨은 예수가 거절당하는 곳에서부터 시작된다.

예루살렘은 예수를 거절한 도시이다. 제자들은 예루살렘에서 기다린다. 예루살렘에서 성령이 제자에게 임한다. 예수의 증인으로 사는 첫걸음이 시작된 것이다. 멀리 가야만 증인이 되는 것이 아니다. 멀리 떠나도 예수가 거절당한 곳이 아니면 증인으로 서 있는 것이 아니다. 지금 이곳에 있다고 해서 증인의 삶이 부정되는 것이 아니다. 예수를 거절하는 곳이면 그곳이 증인으로 서 있을 곳이다. 증인의 삶은 있어야 할 곳에 있는 것이다. 온 유대와 사마리아와 땅 끝은 예수가 있어야 할 곳이다. 따라서 증인의 삶은 예수가 있어야 할 곳에 가는 것이다. 그것은 장소를 의미하는 것이 아니라 예수가 삶의 중심이 되지 못한 태도를 사는 인생을 의미한다. 우리는 예수가 없는 삶을 사는 사람들을 쉽게 만난다. 거기가 예수가 말씀하신 온 유대이며 사마리아이며, 땅끝이다. 증인 된 우리가 가야 할 곳은 장소가 아니라 예수의 정신과 존재가 미치지 못한 삶을 사는 인간의 중심인 것이다. 거기까지 가자. 거기서 예수를 증언하자. 예수가 보여준 삶의 진실을 경험하게 하자.

생|각|하|기|

1. 그리스도의 증인 됨의 의미를 생각해봅시다
2. 당신은 예수님을 알리기 위해서 어느 장소로 가야하는지 생각해봅시다.

쉐마

> 이스라엘아 들으라 우리 하나님 여호와는 오직 유일한 여호와이시니 너는 마음을 다하고 뜻을 다하고 힘을 다하여 네 하나님 여호와를 사랑하라 오늘 내가 네게 명하는 이 말씀을 너는 마음에 새기고 네 자녀에게 부지런히 가르치며 집에 앉았을 때에든지 길을 갈 때에든지 누워 있을 때에든지 일어날 때에든지 이 말씀을 강론할 것이며 너는 또 그것을 네 손목에 매어 기호를 삼으며 네 미간에 붙여 표로 삼고 또 네 집 문설주와 바깥문에 기록할지니라 │ 신명기 6:4-9

신명기 6장 4-9절 말씀은 하나님을 사랑하라는 것이다. 하나님을 사랑하되 온 몸과 마음을 다하여 하나님을 사랑하라는 것이다. 어떻게 하는 것이 온 몸과 마음을 다 바쳐서 하나님을 사랑하는 것일까? 쉐마로 알려진 본문은 구체적으로 지시한다. 마음에 새기고 자녀에게 가르치고 몸에 표를 하며 문설주에 새겨 놓아라.

사람들이 사랑에 대해서 가지고 있는 관념은 감정이고 느낌이다. 행복한 순간에 대한 경험이다. 그러나 쉐마는 하나님을 사랑하는 것은 감정이 아니라고 가르친다. 하나님을 사랑하는 것은 하나님에 대한 감정에 젖어드는 것이 아니다. 사랑의 느낌을 갖는 것도 아니다. 사랑받는다는 것을 느낄 때 경험하는 행복한 감정도 아니다. 하나님을 사랑한다는 것은 사랑받을 때 발생하는 감동과 느낌이 절대로 아니다.

쉐마는 하나님이 우리를 사랑한다는 것을 말하는 것이 아니다. 쉐마는 우리가 하나님을 사랑하는 것을 말한다. 우리는 언제나 하나님을 사랑의 주체라고 생각한다. 그리고 우리를 그 사랑의 대상으로 생각한다. 그래서 하나님을 아무런 조건 없이 우리를 사랑하는 분으로 해석하는 것이다. 쉐마는 다르게 말한다. 사랑의 주체가 우리며 우리 사랑의 대상이 하나님이라는 것이다. 하나님으로 하여금 사랑의 감정을 느끼게 하라. 하나님께서 사랑 받는 것을 알게 될 때 느껴지는 행복감에 젖어들게 하라. 하나님을 감동시키는 사랑의 수고를 하라. 사람들이 생각하는 사랑에 대한 것은 하나님에게만 해당되는 것이다. 어떻게 하는 것이 하나님을 감동시키는 것일까? 무엇을 하는 것이 사랑의 수고일까?

첫째, 쉐마는 마음에 새기라고 말한다. 마음에 새긴다는 말은 여호와의 말씀을 암송하고 외우는 것이다. 성경을 암송하는 것은 단순히 기억하는 것을 말하는 것이 아니다. 성경을 생각하고 관조하며 성경의 내용을 사고의 근원으로 삼으라는 말이다. 사람의 말에는 사고가 들어 있다. 사람의 생각은 말을 통해서 실체를 드러낸다. 말씀 묵상이 나의 사고의 원천과 근원이 되면 하나님에 대한 깊은 사랑의 이해와 삶에 대한 경건함과 겸허함이 내 삶의 모습으로 전환되어서 나타난다.

둘째, 자녀에게 가르쳐야 한다. 여호와의 말씀을 언제 어디서나 가르쳐야 하고, 끊임없이 가르쳐야 한다. 삶에서 획득한 진실을 자녀에게 전수해야 한다. 사람들은 자녀에게 많은 재산을 물려주고 싶어한다. 재산이 많고 적음에 따라서 세상에서의 삶의 모습이 달라지기 때문이다. 부모의 재산을 자녀에게 물려주고 싶은 것은 자녀를 사랑하기 때문이다. 많은 재물을 소유하면 자녀의 인생이 한결 여유롭고 쉬워진다고 믿기 때문이다. 맞는 말이다. 그러나 자녀의 바른 정신과 가치관과 인생관은 재물을 통해서 확립되지 않는다.

하나님께서 말씀하시는 바른 인생관과 가치관은 부모의 가르침을 통해서 확립되는 것이다. 자녀는 부모를 보고 배운다. 부모가 자녀에게 하나님을 사랑하는 수고와 의지를 가르치면 자녀는 하나님을 사랑하는 법을 배우며 삶을 경건함과 겸허함을 가지고 대하게 된다. 부모가 자녀에게 전달해야 하는 것은 재물만이 아니다. 부모의 고귀한 정신과 가치관, 삶의 철학도 있다. 부모가 살아가는 삶의 고귀성과 성결함의 근원이 하나님을 사랑하는 방식에서 기인한다는 것을 가르쳐야 한다.

셋째, 하나님이 확인할 수 있도록 해야 한다. 말씀을 손목에 매고 기호를 삼고 미간에 붙여 표를 삼고 집 문설주와 바깥문에 기록하라 함은 하나님이 자신을 사랑하는 것을 확인할 수 있게 하라는 말이다. 느껴지지 않는 사랑은 사랑이 아닌 것처럼 확인되지 않는 사랑은 사랑이 아니다. 사랑받고자 하는 욕구가 많을수록 확인하고자 하는 욕구도 많아진다. 하나님은 우리가 하나님을 사랑하는지 확인하고 싶어하신다. 하나님은 우리가 말씀에 순종하는지 확인하고 싶어하신다. 유월절 문설주에 양의 피를 바른 집을 넘어가신 것은 그분의 말씀에 순종한 것을 확인했기 때문이다. 사랑은 사랑하는 자에게는 수고를 요구하고 사랑받는 자에게는 확인을 요구한다. 하나님은 우리에게 사랑을 요구하고 정말로 자신을 사랑하는지를 확인하신다. 하나님을 사랑하는 것은 추상적인 것이 아니라 구체적이다. 하나님은 말씀을 외우고 가르치고 붙이는 행위를 통해서 우리가 하나님을 사랑한다는 것을 확인하신다.

생|각|하|기|

1. 당신은 하나님을 사랑하는 행위를 어떻게 표현하는지 생각해봅시다.
2. 하나님을 감동시키기 위해 우리가 해야 할 일들을 생각해봅시다.
3. 말씀을 외우고 가르치고 붙이는 행위가 우리에게 왜 중요한지 서로 나누어봅시다.

바울의 권면

나의 교훈과 행실과 의향과 믿음과 오래 참음과 사랑과 인내와 박해를 받음과
고난과 또한 안디옥과 이고니온과 루스드라에서 당한 일과 어떠한 박해를 받
은 것을 네가 과연 보고 알았거니와 주께서 이 모든 것 가운데서 나를 건지셨느
니라 무릇 그리스도 예수 안에서 경건하게 살고자 하는 자는 박해를 받으리라
악한 사람들과 속이는 자들은 더욱 악하여져서 속이기도 하고 속기도 하나니
그러나 너는 배우고 확신한 일에 거하라 | 디모데후서 3:10-14A

바울은 디모데에게 너는 배우고 확신한 일에 거하라고 권면했다.
바울이 권면하는 배움과 확신은 예수에 대한 바울의 헌신과 확신일
것이다. 바울은 디모데가 자신을 따라서 예수에 대한 헌신의 삶을 이
어갈 것을 확신했을 것이다.

지금 이 시점에서 바울이 디모데에게 권면한 배우고 확신한 일에
거하는 것은 무엇일까? 이번처럼 삼일절, 사순절의 첫 번째 주간, 풀
빛교회가 시작된 날이 겹쳐진 주간에서 바라보는 '배우고 확신한
일'은 무엇일까?

첫째, 역사 속의 삼일절을 통해 우리가 배워야 할 것은 교회는 역사
적 삶의 현실과 함께 걸어가야 한다는 것이다. 우리의 근대사는 고난
과 역경으로 점철되어 있는 수난의 역사이다. 삼일만세운동에 교회가

주축이 되었던 것은 교회는 하나님의 나라를 지향하는 성도의 모임이지만 동시에 현실에서 사람들을 이끄는 희망의 기관차 역할을 짊어진 기관이기 때문이다. 교회는 이집트를 떠나 가나안으로 향하는 이스라엘 백성을 이끄는 모세와 아론 같은 존재이다. 이스라엘 민족에게 있어서 이집트는 과거이고 가나안은 미래이다. 광야는 그들의 현재이다. 과거를 잊고 미래를 향해서 사람들을 이끄는 분은 하나님이다. 하나님은 모세와 아론을 통해서 사람들을 미래로 이끌어간다.

21세기 우리 역사에서 하나님은 교회를 통해서 사람들을 미래로 인도하신다. 현실의 삶에 깊은 영향을 미치는 것은 정치와 경제와 같은 복잡한 것들의 얽혀짐이지만 그 너머에는 하나님의 인도하심이 있다고 우리는 고백한다. 하나님은 역사의 현장에서 교회의 역할을 주문하신다. 교회는 역사적 책임을 지고 이 땅에 한시적으로 존재한다. 역사적 책임을 외면하는 교회는 하나님의 교회가 아니다. 하나님의 교회는 광야에 서 있어야 한다. 거기서 사람들을 지탱하고 희망을 주며 미래로 나아가게 하는 역사적인 책임을 져야 한다.

둘째, 사순절 기간에는 예수님의 고통의 시간이 있다. 사람들은 예수님의 고통에 대해서 성급하게 십자가를 생각하는 경향이 있다. 물론 십자가만큼 예수가 겪은 고통과 수난은 없다. 사람들이 예수의 수난과 고통을 생각할 때 십자가를 떠올리는 것은 너무나 당연하다. 십자가 이전에 성찬의 밤이 있었다는 것을 기억해야 한다. 성경은 예수가 마지막 식사를 제자들과 함께하기 위해서 손수 준비했다고 기록한다. 마지막 식사는 예수에게 중요한 의미가 있다. 마지막 식사는 제자들에게 자신의 몸과 피를 주는 예수의 죽음의 의식이다. 사람들은 십자가에서 예수의 죽음을 모든 인간을 사죄하기 위한 대속의 죽음으로 기억하겠지만 제자들에게는 자신들을 위해서 몸을 주시는 주님의 죽음으로 기억할 것이다.

그날 밤에 제자들은 그것을 이해했을까? 그날 밤은 어떤 밤이었는가. 그날 밤은 예수가 제자들과 새로운 언약을 맺으신 밤이었다. 그날 밤은 제자를 사랑하되 끝까지 사랑하시는 예수의 사랑이 구체적으로 싹튼 밤이었다. 그러나 그날 밤에 예수는 제자에게 배반을 당하신다. 그날 밤은 음모가 있었던 밤이었다. 그날 이후 예수는 배반당하신다. 백성들과 제자들로부터 배반을 당하신다. 예수는 외로웠을 것이다.

사람들의 마음에는 죄가 있었을 것이다. 사람들 심연 깊은 곳에는 죄가 있었다. 이 죄는 도덕적, 윤리적인 것이 아니라 인간의 본질 속에 있는 깊은 어두움이다. 이 어두움은 하나님을 배반하고 하나님을 처형해나가는 인간의 정신이 담겨있다. 예수님을 못 박으라고 할 때 그들은 기쁨과 환호성이 아니라 절망 가운데 있었을 것이다. 예수님이 당하신 고난의 사건 속에는 절망과 음모와 배반에도 불구하고 자신을 주시는 예수님의 사랑이 담겨 있다. 이처럼 예수님은 사람들이 깊은 절망 속에 있었을 때 자신을 진정으로 내주었다. 우리는 이런 예수님의 내어줌에 대해 배워야 한다. 우리도 내어주는 삶을 살아야 한다.

셋째, 풀빛교회가 시작될 때 구현하고자 했던 것은 초대 그리스도

공동체가 보존하고 나누었던 성만찬과 17세기의 경건주의 교회에서 성경을 나누고 토론하고 내면화 하는 작업이었다. 성만찬은 식사를 나누고 친교하는 의미가 있다. 지나온 1년 동안 우리는 두 가지의 의미를 얼마만큼 숙지하고 구현했는지 돌아보아야 한다. 바울이 배우고 확신한 것에 거하라고 했는데 그리스도인의 친교는 하나님과 나와의 만남이고 연합이다. 설교는 말씀에 대한 이해이며 해석이고 목사의 묵상의 결과이다. 목사의 해석은 해석되어야 한다. 목사의 분석과 이해는 새롭게 교인들에 의해서 묵상되어야 한다. 목사가 내면화한 말씀의 내용은 교인에 의해서 분석되고 비판되고 새롭게 이해되어서 그들의 내면에 자리해야 한다. 설교의 내용에 대한 토론을 통해서 목사의 묵상에서 교인의 묵상으로 나아가며 말씀에 대한 이해와 해석으로 전이되고 교인의 이해와 해석이 목사에게로 전이되어야 한다. 우리는 얼마만큼 해석과 이해의 나눔과 공유를 이루어냈을까? 우리 안에 이런 정신을 얼마만큼 담았을까? 우리는 얼마만큼 배웠을까?

생|각|하|기|

1. 예수님의 마지막 식사는 어떤 의미가 있으며 그리스도인에게 왜 중요한지 생각해봅시다.
2. 배우고 확실한 일에 거하라는 바울의 권면은 당신에게 어떤 의미를 주는지 서로 이야기해봅시다.

하나님이 우리를 대하는 방식

여호와는 나의 목자시니 내게 부족함이 없으리로다 그가 나를 푸른 풀밭에 누이시며 쉴 만한 물 가로 인도하시는도다 내 영혼을 소생시키시고 자기 이름을 위하여 의의 길로 인도하시는도다 내가 사망의 음침한 골짜기로 다닐지라도 해를 두려워하지 않을 것은 주께서 나와 함께 하심이라 주의 지팡이와 막대기가 나를 안위하시나이다 주께서 내 원수의 목전에서 내게 상을 차려 주시고 기름을 내 머리에 부으셨으니 내 잔이 넘치나이다 내 평생에 선하심과 인자하심이 반드시 나를 따르리니 내가 여호와의 집에 영원히 살리로다 | 시편 23편

시편은 독특하다. 시편에는 말씀을 선포하시는 하나님이 없다. 하나님을 경험한 사람들의 고백이 담겨져 있을 뿐이다. 시편은 하나님에 대한 신앙을 고백한다. 시편에서 고백하는 하나님에 대한 경험은 삶의 과정을 고찰하고 반성하며 깊이 탐구해서 획득한 것이다. 다시 말해서 삶이 주는 경험과 교훈을 하나님의 행위와 인도하심으로 끌어 올린 것이 시편에 담겨진 시이기 때문에 시편의 모든 시에는 나를 향해서 행동하시는 하나님이 그려져 있다. 목가적인 풍경을 담고 있는 아름다운 이 시를 통해서 다윗이 경험한 하나님의 돌보심은 무엇일까?

다윗의 고백에 담겨진 하나님은 첫째, 우리에게 쉼은 주시지만 쉼을 영구히 소유하게 하시지 않는다는 것이다. 사람은 누구나 행복을 꿈꾼다. 꿈꾸는 행복을 현실로 만들기 위해서 노력한다. 그러나 노력한다고 해서 행복해지는 것이 아니다. 행복은 획득되어지는 것도 아니고 소유할 수 있는 것도 아니다. 행복은 나에게 허락되고 주어질 때 경험되는 것이다. 다윗이 고백한 잔잔한 물가와 푸른 초장은 그가 경험한 행복한 순간이다. 하나님은 다윗의 삶에서 그것들을 허락하셨지만 소유는 허락하지 않으셨다. 하나님은 우리의 인생에서 행복을 경험하게 하신다. 그러나 우리가 행복을 소유하도록 허락하지는 않으신다.

둘째, 하나님은 삶에서 겪는 여러 가지 위험에 대해서 보호해주시지만 피할 수 있게는 하지 않으신다. 다윗의 삶이 그러했다. 다윗은 온갖 위험과 어려움에 직면했었다. 다윗의 삶은 잔잔한 물가와 푸른 초장에서 쉬는 것보다 험한 바위산과 골짜기를 넘는 일이 더 많았다. 우리 인생도 그러하다. 안전하고 쉬는 것보다 어려움을 만나고 힘든 일을 겪는 일이 훨씬 많다. 인생은 그런 것이다. 웃는 날보다 근심하는 날이 많고, 편안함보다 괴로움이 많다. 하나님은 이 모든 위험에서 나를 건지셨다고 다윗은 고백한다. 하나님은 다윗을 위험에서 건지셨지만 위험을 전혀 만나지 않게 하신 것은 아니다. 다윗의 고백처럼 하나님은 우리를 온갖 위험에서 건지시고 보호해주신다. 그러나 위험 자체를 제거해주시지는 않으신다.

셋째, 다윗의 고백은 하나님께서 보상은 해주시지만 시간이 걸린다는 것이다. 다윗이 사울의 위험에서 벗어난 것은 거의 20여 년이 걸렸다. 이스라엘 백성이 하나님께 토로한지 400년이 지나서야 가나안으로 향하는 길이 열렸다. 우리 민족이 일제에 강점된 지 36년이 지나서야 광복이 왔다. 조국이 남북으로 나누어진지 50년이 넘었지만 아직도 통일의 길은 멀다. 하나님은 바르게 삶을 살아가는 사람들이 흘린 눈물과 고통의 땀을 잊지 않으신다. 언젠가는 바른 삶을 산 사람들에게 눈물을 거두시고 고통의 짐을 벗게 하신다. 그러나 당장은 아니다. 고통스러운 시간이 다 지나간 후에야 허락하신다. 이스라엘은 광야를 지나가야 했다. 예수는 십자가에서 죽으시고 무덤에 안장되셔야만 했다.

넷째, 하나님이 우리에게 하시는 보상은 우리가 받고 싶은 것을 주시는 것이 아니라 하나님이 주시고 싶어하는 좋은 것을 주신다. 하나님이 다윗에게 주신 좋은 것은 왕권의 확립이 아니었다. 다윗의 자손으로부터 세상을 구원할 메시아였다. 하나님이 아브라함에게 허락한 수많은 자손은 이스라엘 민족이 아니었다. 믿음의 자손이었다. 온 세상에 퍼져있는 모든 민족의 믿음의 조상으로 아브라함을 세우신 것이다.

하나님이 예수에게 허락한 십자가는 좋은 것이다. 하나님이 바울에게 허락한 순교는 좋은 것이다. 인간의 입장에서 바라보면 결코 좋은 것이 아니다. 그러나 하나님의 입장에서 바라보면 좋은 것이다. 십자가를 지셨기에 아들은 인류를 구원하는 메시아로서 임무를 완수하셨다. 순교했기에 바울은 예수를 따르는 참된 제자의 모습을 구현했다. 이처럼 하나님이 주시는 좋은 것은 우리가 바라는 것과 일치하지 않는다. 하나님은 우리가 원하는 것을 주시지 않는다. 하나님은 자신이 주고 싶은 좋은 것을 우리에게 주신다.

생|각|하|기|

1. 우리가 기대하는 하나님의 방식과 우리를 대하시는 하나님의 방식에는 어떤 차이가 있는지 생각해봅시다.
2. 하나님이 주시는 좋은 것은 왜 우리가 바라는 것과 일치하지 않는지 생각해보고 나누어봅시다.

보화와 진주

천국은 마치 밭에 감추인 보화와 같으니 사람이 이를 발견한 후 숨겨 두고 기뻐하며 돌아가서 자기의 소유를 다 팔아 그 밭을 사느니라 또 천국은 마치 좋은 진주를 구하는 장사와 같으니 극히 값진 진주 하나를 발견하매 가서 자기의 소유를 다 팔아 그 진주를 사느니라 | 마태복음 13:44-46

밭에서 우연히 발견한 보화와 찾아 다녀서 발견한 진주의 비유는 복음에 대한 가르침을 주기 위해서 예수가 제시한 말씀이다. 따라서 예수의 뜻에 맞게 보화와 진주는 해석되어야 한다. 그러나 대다수의 목사들은 이 본문을 복음과 전혀 관련 없이 자의적으로 해석하고 있다. 대부분의 목사들은 적극적인 사고방식에 젖어 있어서 복음을 성공과 성취를 지향하는 긍정적이고 적극적인 태도를 고취시키는 자기암시와 동일시하고 있다. 그래서 그들은 복음을 설교할 때 긍정적인 멘트를 하고 적극적인 자기 암시를 효과적으로 만들기 위해서 선동적인 언어구사를 통해 감정이입을 자극한다.

복음은 적극적인 사고방식이 아니다. 복음은 할 수 있다. 하면 된다는 긍정적인 자기 암시가 이끌어내는 성취와 성공의 비결도 당연히 아니다. 예수가 전한 복음은 가치 있는 일을 위해서 자신을 희생하는 거룩한 삶을 지향하는 의지이며 결단이다. 복음은 나의 이익과 성취를 지향하지 않는다. 복음이 바라보는 것은 타인을 위해서 자신이 가진 모든 것을 버림으로써 예수의 정신과 일치하는 존재로 만드는 것이다.

예수의 정신에 맞춰서 밭에서 우연히 발견한 보화와 찾아낸 진주를 읽어보면 보화와 진주 때문에 가진 모든 것을 잃어버린 자의 모습이 드러난다. 우연히 발견한 보화를 갖기 위해서 모든 것을 팔아서 밭을 산 사람은 보화를 갖는 대신에 모든 것을 잃었다. 그는 밭을 소유할 수 없는 가난한 사람이다. 그래서 남의 밭을 소작했다. 그가 발견한 보화는 주인의 것이다. 그는 주인의 재산을 갈취했다. 그의 행위는 부도덕한 것이다. 그의 보화는 부도덕한 보화이다. 속임수로 빼앗은 남의 재산인 것이다.

예수가 속임수로 남의 재산을 빼앗는 것을 정당하게 생각하겠는가. 강남의 부동산 재벌들이 부도덕한 방법으로 재산을 축적했다면 그것을 하나님이 복주신 것이라고 생각하겠는가. 자본주의의 논리로 바라보면 성공이다. 정보에 무지한 자가 빼앗기는 것은 당연한 것이기 때문이다. 그러나 예수의 정신에서는 부도덕한 행위이다.

예수는 밭에서 발견한 보화를 갖기 위해서 모든 것을 파는 행위를 장려했다. 천국은 밭에서 우연히 발견한 보화와 같다고 말했기 때문이다. 보화는 재물이 아니다. 그런데 보화는 소유한 다음 다시 되팔아서 이익을 낼 수 있는 것이 아니다. 진주도 같다. 좋은 진주를 사기 위해서 모든 것을 팔아야 한다. 그렇게 소유한 진주를 더 많은 값을 받고 팔아서 이익을 남길 수 있다면 진주를 소유하는 것이 더 많은 부를 쌓는 길이다.

목사나 교인, 누구를 막론하고 사람들은 보화와 진주에 대한 비유를 자본주의의 사고방식에서 읽어낸다. 보화와 진주를 소유했다가 되팔아서 많은 이익을 남기는 장사의 개념에서 바라본다. 그러나 보화와 진주는 복음에 대한 이야기다. 되팔 수 있는 것이 아니다. 모든 것을 다 주고 가질 수는 있으나 다시 팔아서 이익을 남길 수는 절대로 없다. 자본주의 관점에서 보면 보화와 진주는 부자가 되게 하는 것이 아니라 확실히 가난하게 만드는 휴지조각 같은 주식을 사는 것이다. 보화와 진주는 부자로 만든다. 나를 부자로 만드는 것이 아니라 밭주인을 부자로 만들고 진주를 갖고 있던 원 주인을 부자로 만든다. 내가 가진 모든 것을 주고 바꿨기 때문에 그들은 돈을 벌었다. 다만 나는 보화와 진주만 소유했다. 나에게 남겨진 것은 보화와 진주뿐이다.

보화와 진주는 재물이 아니다. 보화와 진주는 예수를 따르는 삶이다. 보화와 진주의 비유는 우연히 예수를 따르는 삶을 선택하든가, 아니면 적극적으로 예수를 따르는 삶을 선택하든가에 상관없이 예수의 삶을 살기 위해서는 내가 가진 모든 것과 바꾸어야 한다는 가르침을 주는 복음이다.

천박한 자본주의 정신과 적극적인 사고방식으로 보화와 진주를 읽어가는 것은 예수의 삶에 대한 모욕이다. 보화와 진주를 소유한다고 해서 부자가 될 수 없다. 예수의 복음은 근본적으로 우리를 가난하게

만든다. 보화를 발견하든지 진주를 찾든지 간에 감당할 만한 자신이
있을 때 교환해야 하는 것이다.

생|각|하|기|

1. 지금까지 보화와 진주에 대한 비유를 당신은 어떻게 인식하고 있었
   는지 말해봅시다.
2. 그리스도인인 당신 안에 내재되어 있는 적극적인 사고방식은 복음
   을 이해하는데 어떤 영향을 미치고 있는지 말해봅시다.
3. 보화와 진주를 소유하기 위해 모든 것을 팔아 밭을 사들이는 행위
   뒤에 따라오는 결과는 무엇일지 서로의 생각을 나누어봅시다.

불의한 재물

또한 제자들에게 이르시되 어떤 부자에게 청지기가 있는데 그가 주인의 소유를 낭비한다는 말이 그 주인에게 들린지라 주인이 그를 불러 이르되 내가 네게 대하여 들은 이 말이 어찌 됨이냐 네가 보던 일을 셈하라 청지기 직무를 계속하지 못하리라 하니 청지기가 속으로 이르되 주인이 내 직분을 빼앗으니 내가 무엇을 할까 땅을 파자니 힘이 없고 빌어 먹자니 부끄럽구나 내가 할 일을 알았도다 이렇게 하면 직분을 빼앗긴 후에 사람들이 나를 자기 집으로 영접하리라 하고 주인에게 빚진 자를 일일이 불러다가 먼저 온 자에게 이르되 네가 내 주인에게 얼마나 빚졌느냐 말하되 기름 백 말이니이다 이르되 여기 네 증서를 가지고 빨리 앉아 오십이라 쓰라 하고 또 다른 이에게 이르되 너는 얼마나 빚졌느냐 이르되 밀 백 석이니이다 이르되 여기 네 증서를 가지고 팔십이라 쓰라 하였는지라 주인이 이 옳지 않은 청지기가 일을 지혜 있게 하였으므로 칭찬하였으니 이 세대의 아들들이 자기 시대에 있어서는 빛의 아들들보다 더 지혜로움이니라 내가 너희에게 말하노니 불의의 재물로 친구를 사귀라 그리하면 그 재물이 없어질 때에 그들이 너희를 영주할 처소로 영접하리라 | 누가복음 16:1-9

불의한 청지기가 주인의 재물을 탕진한다는 소문을 듣고 주인이 해고 하려고 하자 그는 얄팍한 생각으로 주인에게 빚진 자들의 증서를 고쳐주었는데 그 행동을 보고 주인이 칭찬했다는 이 비유는 도무지 말이 되지 않는다. 더구나 주인에게 빚진 사람들의 장부를 고치는 이유가 주인이 자기를 쫓아내면 그들이 자기 삶을 돌봐줄 것이라는 아주 몰상식하고 비윤리적인 동기에서 비롯되었다. 이것은 누가 보더라도 어불성설이다. 현실에서 그런 일이 일어났다고 가정해보자. 그런다고 해서 사람들이 불의한 청지기를 동정하고 지탱시켜주겠는가. 불의한 청지기의 얄팍한 행동은 별개로 두더라도 불의한 재물로 친구를 사귀라는 명령은 도무지 이해가 되지 않는다. 불의한 재물은 근본적으로 불의한 것인데 어떻게 그것이 영원한 처소로 우리를 인도하는가.

본문이 말이 되는 것은 불의한 청지기의 얄팍한 행동이 주인의 의도와 일치했을 경우이다. 불의한 청지기의 불의한 행위는 본문에 나타난대로 보면 두 가지이다. 하나는 주인의 재물을 허비한다는 것이며, 다른 하나는 주인에게 빚진 자의 빚을 멋대로 탕감하는 행위이다. 불의한 청지기의 행위 가운데서 주인이 칭찬한 행위는 멋대로 주인에게 진 빚을 탕감해주는 것이다. 주인은 불의한 청지기의 불의한 행위를 칭찬한다. 주인이 불의한 청지기의 행위를 칭찬한 이유는 주인의 의도와 일치했기 때문이다. 주인은 빚진 자의 빚을 탕감해주고 가볍게 해주고 싶어한다. 주인이 원하는 것은 자신의 재산이 증가되는 것이 아니다. 자신의 재산이 줄어들고 그 대신에 사람들이 가벼워지는 것이다. 불의한 청지기의 얄팍한 계산은 자신도 모르게 주인의 의도와 일치했다.

불의한 청지기의 첫 번째 행위가 주인에게 불의한 것은 주인의 재산을 청지기 자신을 위해서 낭비했기 때문이다. 불의한 재물은 불의한 방법으로 획득한 재물을 의미하는 것이 아니다. 자신의 것이 아닌 것을 의미한다. 본문에 의하면 주인의 재물이 청지기의 손에 의해서 집행되는 것이 불의한 재물인 것이다. 현실적으로 말하면 하나님에게 드려진 헌금을 목사와 장로와 교회가 사용하는 것을 말하는 것이다. 헌금은 하나님에게 드려진다. 그것을 사용하는 것은 하나님이 아니라 교회와 목사이다.

그래서 불의한 재물이다. 드린 헌금이 불의한 재물이 아니라 쓰여지는 헌금이 불의한 재물인 것이다. 하나님이 쓰셔야 할 것을 목사와 장로와 교인들이 쓰기 때문에 헌금은 불의한 재물이 될 수밖에 없다. 주인은 자신의 것이 청지기에 의해서 불의하게 쓰여질 수밖에 없다는 사실을 잘 안다. 하나님은 헌금이 목사와 장로와 교인들에 의해서 불의하게 쓰여진다는 것을 잘 아신다.

그러나 하나님의 뜻에 맞게 쓰여진다면 그것은 영원한 곳으로 우리를 인도하는 것이 된다. 하나님께 바쳐진 헌금이 목사와 장로와 교회를 위해서 쓰인다면 하나님은 용납하지 않으실 것이다. 헌금을 목사와 장로와 교회가 사람들의 삶을 가볍게 하는 일에 쓴다면 하나님은 목사와 장로와 교회를 칭찬하실 것이다. 하나님의 것을 자신을 위해서 쓰는 것은 하나님에게 죄를 짓는 것이며 악을 쌓는 것이다. 이웃을 위해서 하나님의 재물을 사용하면 하나님에게 칭찬을 받는다.

사람들의 삶을 가볍게 하기 위해서 하나님의 재물을 사용하자. 불의한 청지기의 얄팍한 생각이 하나님의 의도에 맞아 떨어졌다면 우리가 분명한 생각을 갖고 하는 행위는 얼마나 하나님의 정신에 일치

할 것인가. 불의한 재물로 친구를 사귀어라. 하나님의 명령이다. 그
것이 너희를 영원한 처소로 안내하리라. 하나님의 약속이다.

생|각|하|기|

1. 당신이 다니고 있는 교회는 헌금을 어떤 용도로 사용하며 누구를
   위해서 쓰여지고 있는지 알아봅시다.
2. 헌금을 사람들의 삶을 가볍게 하는데 쓴다는 것은 구체적으로 어떤
   것인지 생각해봅시다.
3. 불의한 재물로 친구를 사귀라는 하나님의 명령을 실행하기 위해서
   현행의 교회들이 설정해야 할 예산 집행의 항목은 어떤 것인지 구
   체적으로 이야기해봅시다.

그가 우리를 필요로 할 때

침상에 누운 중풍병자를 사람들이 데리고 오거늘 예수께서 그들의 믿음을 보시고 중풍병자에게 이르시되 작은 자야 안심하라 네 죄 사함을 받았느니라 어떤 서기관들이 속으로 이르되 … 그러나 인자가 세상에서 죄를 사하는 권능이 있는 줄을 너희로 알게 하려 하노라 하시고 중풍병자에게 말씀하시되 일어나 네 침상을 가지고 집으로 가라 하시니 | 마태복음 9:2-6

그들이 겟세마네라 하는 곳에 이르매 예수께서 제자들에게 이르시되 내가 기도할 동안에 너희는 여기 앉아 있으라 하시고 베드로와 야고보와 요한을 데리고 가실새 심히 놀라시며 슬퍼하사 … 세 번째 오사 그들에게 이르시되 이제는 자고 쉬라 그만 되었다 때가 왔도다 보라 인자가 죄인의 손에 팔리느니라 일어나라 함께 가자 보라 나를 파는 자가 가까이 왔느니라 | 마가복음 14:32-42

유대인의 대제사장들이 빌라도에게 이르되 유대인의 왕이라 쓰지 말고 자칭 유대인의 왕이라 쓰라 하니 빌라도가 대답하되 내가 쓸 것을 썼다 하니라 군인들이 예수를 십자가에 못 박고 그의 옷을 취하여 네 깃에 나눠 각각 한 깃씩 얻고 속옷도 취하니 이 속옷은 호지 아니하고 위에서부터 통으로 짠 것이라 … 그후에 예수께서 모든 일이 이미 이루어진 줄 아시고 성경을 응하게 하려 하사 이르시되 내가 목마르다 하시니 거기 신 포도주가 가득히 담긴 그릇이 있는지라 사람들이 신 포도주를 적신 해면을 우슬초에 매어 예수의 입에 대니 예수께서 신 포도주를 받으신 후에 이르시되 다 이루었다 하시고 머리를 숙이니 영혼이 떠나가시니라 | 요한복음 19:21-30

침상에 누워 있는 중풍병자를 데리고 나온 사람의 이야기, 겟세마네 동산에서의 예수의 절박한 모습, 십자가에서 죽으시는 장면이 있는 위의 세 본문은 상호연관이 없다. 물론 엄밀히 말해서 연관이 없는 것은 아니다. 예수의 생애에서 일어난 일이라는 것에 공통점이 있고 겟세마네와 십자가의 사건은 분명히 연속적으로 일어난 사실이라는 데에 연관성이 있다. 그러나 그것들을 제외한다면 세 본문이 상호간의 내적인 연속성은 현저하게 떨어진다.

위의 세 본문의 내적 연관성은 사건의 연속성에 있는 것이 아니다. 세 본문의 내적인 연관성은 그분이 우리를 필요로 한다는 사실에 있다. 사람들은 하나님은 언제나 사랑의 주체이며 모든 것을 아낌없이 주는 분으로 생각한다. 하나님의 사랑을 부모의 사랑에 빗대어서 생각하기 때문에 그렇다. 부모는 자식을 위해서 모든 것을 희생하고 아낌없이 준다. 부모는 자식으로부터 아무것도 되돌려 받고자 하지 않는다. 자식의 미래가 행복하고 밝으면 그것으로 부모는 사랑의 보답을 받았다고 생각한다. 하나님의 사랑을 부모의 사랑과 빗대어서 생각하면 하나님은 우리 미래의 안정과 행복을 자신의 사랑에 대한 보상으로 생각하게 된다. 자식이 어려울 때 외로워할 때 언제든지 달려가서 위로해주고 달래주는 분으로 하나님을 바라보면 하나님은 부모와 같은 존재가 된다.

하나님의 사랑은 부모의 사랑과 같은 것일까? 자식에게 무조건적인 헌신을 하는 부모와 같은 존재가 우리의 하나님일까? 하나님을 부모와 동일시하면 하나님은 우리를 위한 분이 되신다. 우리를 위해서 존재하시며 우리에게 사랑을 주기만 하실 뿐 받지 않으시는 분이 되신다.

하나님은 부모와 같은 존재가 아니다. 하나님의 사랑은 부모의 사랑과 같지 않다. 하나님의 사랑은 연인이 나누는 사랑과 같은 것이다. 연인의 사랑은 부모의 사랑처럼 일방적이지 않다. 무조건적이지도 않다. 사랑하는 만큼 사랑 받고자 하는 욕구가 강렬한 사랑이다. 사랑하는 만큼 사랑받지 못하면 상처받는 사랑이다. 사랑의 대상이 다른 사람을 사랑하면 질투하는 사랑이다. 우리에 대한 하나님의 사랑은 연인을 사랑하는 것과 같은 사랑이다. 그래서 우리가 하나님이 아닌 다른 것을 사랑하면 하나님은 질투하신다. 하나님의 사랑은 질투의 사랑이다. 전적으로 우리의 사랑을 받고 싶어하는 질투의 화신이 하나님이다.

하나님은 우리를 필요로 하신다. 우리가 그분을 필요로 하는 것만큼 그분도 우리를 필요로 하신다. 하나님이 우리와 함께 있어주기를 간구하는 것만큼 그분도 우리가 함께 있어주기를 원하신다. 침상을 들고 나간 중풍병자가 그렇다. 예수는 중풍병자의 병만을 치료하신 것이 아니다. 예수는 죄를 사하시는 능력이 있는 하나님임을 보이셨다. 예수가 죄를 사하시는 하나님인 것을 드러내기 위해서는 누군가 예수께 죄인을 데리고 가야 한다. 중풍병자가 누워있는 침상을 사람들이 들고 간 것처럼 예수 앞으로 누군가가 죄인을 데리고 가야 한다. 그분은 우리를 필요로 하신다. 우리가 누군가를 그분에게로 데리고 나가야 죄를 사하시는 능력의 주님인 것을 드러내실 수 있는 것이다.

겟세마네에서 예수는 제자들과 동행하셨다. 십자가에서 예수는 사랑하는 제자가 있는 것을 바라보았다. 외롭고 두려운 순간에 누군가가 함께 있어준다는 것은 힘이 된다. 비록 옆에 있는 자가 졸고 **나태**하게 있을지라도 외로움은 덜어지는 것이다. 예수는 외로운 순간에 우리가 옆에 있어주길 바라신다. 그분이 결정을 내리고 결단하는 순간에 함께 있어주길 바라는 것이다. 인류를 구원하시고 아픈 사람을 고치시는 능력의 순간에 우리가 증인되기를 바라시는 것이다.

예수는 우리를 필요로 하신다. 예수님을 증언하는 증인으로서 필요로 하신다. 십자가에서 예수는 사랑하는 제자를 바라보셨다. 그에게 마리아를 돌보라고 부탁하셨다. 예수는 십자가에 묶여있는 시간에 제자를 발견한다. 예수는 육신으로 우리와 함께하지 못하는 시간에 우리를 발견한다. 그리고 우리에게 부탁한다. 자신이 돌보아야 할 사람들을 돌보라고……. 우리만 그분이 필요한 것이 아니다. 그분도 우리를 필요로 하신다.

생|각|하|기|

1. 질투하시는 하나님의 속성을 성경 안에서 찾아봅시다.
2. 하나님이 우리를 필요로 하신다는 사실은 당신에게 어떤 의미가 있는지 생각해봅시다.

마땅히 가르칠 것

마땅히 행할 길을 아이에게 가르치라 그리하면 늙어도 그것을 떠나지 아니하
리라
| 잠언 22:6

    자녀에게 무엇을 가르칠 것인가는 부모만의 고민이 아니라 사회적
인 문제이다. 자녀교육은 부모에 의해서 전적으로 이루어지는 것이
아니기 때문이다. 가정과 학교, 사회 전반에 걸친 가르침에 대한 분
명한 의식을 가지고 있어야 자녀 교육은 바르게 이루어질 수 있다.
따라서 어떻게 가르칠 것인가 보다는 무엇을 가르칠 것인가에 대해
서 더 많은 고민을 해야 한다. '어떻게' 는 방법에 대한 것이지만 '무
엇' 은 내용에 대한 것이기 때문이다. 내용이 없는 방법은 문제이지만
방법만 있고 가르칠 내용이 없는 것은 더 큰 문제를 안고 있다. 가르
쳐야 할 무엇에 대한 인식은 매우 중요하다. 그러나 우리 사회가 가
르치는 무엇은 매우 물질적인 가치관에 근거를 둔 성공 지향적인 내
용을 담고 있다. 물질을 최우선으로 하는 가치관이 우리 사회의 도덕
적인 기준이 되어 있기 때문에 가정도 학교도 사회도 물질의 소유 여
부를 성공한 삶으로 부각시키고 있다.

자녀에게 가르쳐야 할 가치는 분명 물질도 포함된다. 그러나 정신이 동반되지 않은 물질에 대한 가르침은 자녀의 인생을 황폐하게 이끌 가능성이 크다. 물질이 동반되지 않은 정신적 가치가 자녀의 인생을 힘들게 하는 것보다 더 큰 부작용을 초래할 수 있다. 무엇을 가르쳐야 하는가.

물질에 대한 바른 인식을 가르쳐야 한다. 인간은 물질을 필요로 한다. 물질이 없으면 인간의 삶은 근본적으로 존재할 수가 없다. 부모가 좋은 교육을 자녀에게 시키는 것은 교육을 받은 유무에 따라서 물질을 획득할 수 있는 기회가 달라지기 때문이다. 우리 사회의 문제는 물질 획득만 가르친다는 것이다. 물질을 획득하는 과정의 정당성과 획득된 물질의 분배와 소유의 원칙과 정신에 대해서 가르침이 전무하다. 물질의 소유와 나눔에 대한 정신을 가르쳐야 한다. 물질의 노예가 되지 않고 물질을 사용해서 더불어 함께 살아가는 사회를 구현하는 정신적인 가치관을 가르쳐야 한다.

종교에 대한 깊은 성찰을 할 수 있는 능력을 가르쳐야 한다. 규칙적으로 교회에 가고 성경을 읽으며 기도하는 것을 가르치는 것을 말하는 것이 아니다. 종교를 이해하고 종교가 제시하는 세계관과 가치관을 따라서 삶을 관조하고 물질을 바르게 사용할 줄 아는 성숙한 인간이 되는 길을 가르치는 것이다. 종교를 갖고 살아가는데 있어서 감정만이 아니라 이성적 판단과 이해의 중요성을 가르치고 계명과 명령을 준행하기 위해서 의지의 중요성을 바르게 가르치는 것이 필요하다. 인간의 정신은 감성과 이성과 의지의 조화를 통해서 건강해진다. 지나친 감성 위주의 종교적인 삶은 인간의 정신과 삶을 파괴시킨다. 종교는 감정의 움직임이 이성의 판단과 이해를 통해서 깊어지고 의지의 결단을 통해서 실행에 옮겨질 때 인격을 성숙하게 하고 삶을 경건하게 조망할 수 있게 한다.

명예를 존중하고 수치를 부끄러워하는 마음을 가르쳐야 한다. 지켜야 하는 것과 피해야 하는 것을 분별하는 것은 생각보다 쉽지 않다. 성공과 소유의 가치관을 갖고 살아가는 사람들은 지켜야 할 명예와 부끄러워해야 할 수치를 알지 못한다. 대다수 그리스도인의 가치관도 크게 다르시 않다. 성공과 소유에 대한 집착과 추구를 복이라는 이름으로 정당화 하는 가치관에 사로잡혀 있기 때문에 근본석으로 예수를 따라서 삶을 초월적으로 사는 정신이 부족하다. 또한 물질적으로 사회적으로 성공한 삶을 향유한다는 것이 배타적인 개념이라는 생각을 가진 그리스도인의 모습을 보기란 좀처럼 힘들다.

성공을 부인하는 것이 아니다. 그리스도의 삶을 반복적으로 살아가는 운명을 지닌 존재로 부름 받은 그리스도인이 지켜야 할 명예와 피해야 할 것에 대한 기준을 명백하게 갖고 있어야 한다는 것을 분명히 자각해야 한다는 것이다. 명예를 존중하고 수치를 부끄러워하는 마음을 가진 그리스도인이 사회 전반에 걸쳐서 활동해야 한다. 그래야 건강한 사회를 만들 수 있다.

그리스도인은 사회의 빛과 소금이다. 맛을 잃은 소금과 밝음을 잃어버린 빛은 버려진다. 밝음을 가진 빛과 맛이 있는 소금이 되려면 명예와 수치를 분별할 줄 알아야 한다. 명예와 수치를 가르쳐야 한다. 그래야 빛과 소금을 세상에 공급할 수 있다.

생|각|하|기|

1. 그리스도인으로 당신의 자녀에게 가정에서 가르쳐야 할 내용은 무엇인지 서로 이야기해봅시다.

2. 교회학교에서 성장하고 있는 자녀들에게 마땅히 가르쳐야 할 그리스도인의 자세에 대해서 생각해보고 서로 나누어봅시다.

환난받기 때문에 위로한다

찬송하리로다 그는 우리 주 예수 그리스도의 하나님이시요 자비의 아버지시요
모든 위로의 하나님이시며 우리의 모든 환난 중에서 우리를 위로하사 우리로
하여금 하나님께 받는 위로로써 모든 환난 중에 있는 자들을 능히 위로하게 하
시는 이시로다

| 고린도후서 1:3-4

사람들은 위로 받기를 좋아한다. 삶이 슬퍼서 만은 아니다. 슬픈
일이 없고 활기에 넘쳐도 누군가 나를 위로한다는 것은 기분 좋은 일
이다. 위로받는 것은 누군가 돌보는 분이 있다는 것을 의미한다. 또
한 위로 받는다는 것은 누군가로부터 내 삶의 모습에 대해서 인정 받
는다는 것을 의미하기도 한다.

바울은 하나님을 위로하시는 분이라고 선언했다. 사람들이 하나님
을 믿는 가장 큰 이유 중 하나는 위로하시는 분이라는 것이다. 위로
의 하나님은 나를 돌보며, 나를 보호하며, 나를 인도하며, 나를 위해
서 내일을 준비하시는 분이라는 것이 사람들의 잠재의식에 내재되어
있다. 만약에 하나님은 나를 위로하시는 분이 아니며, 나를 돌보시는
분이 아니며, 나를 인도하시는 분이 아니며, 나를 위해서 내일을 준
비하시는 분이 아니라고 가정해보자. 그런 하나님을 누가 믿고 의지

하겠는가. 하나님은 돌보시는 분이며 위로하시는 분이시다. 하나님의 사랑을 부모의 사랑에 빗대어서 생각하는 것은 무조건적으로 한없이 돌보시는 분이라는 우리의 생각을 투영한 모습에 기인한다. 우리가 하나님을 어떻게 생각하던 하나님은 돌보시고 위로하시는 분이다. 하나님은 어떻게 우리를 돌보고 위로하시는 분이실까?

첫째, 그분이 우리를 위로하고 돌보는 것은 우리보다 많은 고통과 고난을 받았기 때문이다. 우리는 하나님과 고난과 고통은 상관없다고 생각한다. 그러나 우리보다 하나님은 훨씬 많은 고통과 고난을 받으셨다. 하나님의 고통과 고난은 사랑에 기인한다. 이스라엘을 사랑한 하나님은 많은 사랑의 배신과 고통을 받았다. 신실한 하나님의 사랑에 비해서 신실하지 못한 이스라엘의 사랑 때문에 받은 하나님의 상처는 크고 아픔은 깊다.

둘째, 위로의 하나님은 아들이신 예수가 겪은 고통과 고난에 기인한다. 고난받은 사람만이 고난받은 사람을 위로할 수 있다. 사랑 때문에 아파했던 사람만이 사랑 때문에 아파하는 사람을 위로할 수 있다. 우리를 위해서 아들 하나님이 겪으신 것은 상상을 초월한다. 그분은 우리를 위해서 하나님이 되심을 포기하고 인간이 되시는 엄청난 변화를 겪으셨다. 뿐만 아니라 그분은 제자를 위해 자신의 살과 피를 주셨지만 제자는 그분을 부인하고 팔아넘기며 그분을 떠나갔다. 예루살렘에 들어갈 때 환호했던 수많은 사람들은 예수를 죽이라고 했다. 그분은 모든 것을 주셨지만 돌아온 것은 고통과 고난뿐이었다. 그분이 위로의 주님인 것은 우리보다 많은 고통과 고난을 받았기 때문이다.

셋째, 성령 하나님이 우리 안에서 깊은 탄식을 하시기 때문에 우리를 위로한다. 하나님은 우리 안에 계신다. 우리 안에서 우리의 생각을 읽으시며, 우리의 한숨을 들으시며, 우리의 절망과 실패를 안타까워 하신다. 성령 하나님이 우리를 위로하시는 것은 우리의 모든 고통에 동참하고 있기 때문이다. 하나님은 우리의 몸에 내주하셔서 삶을 함께 나누신다. 우리 밖에서 바라보시는 분이 아니라 우리의 내면에서 바라보시며 삶의 여정에 동반자가 되신다. 우리 안에서 삶을 나누고 계시기 때문에 우리가 고통받는 만큼 그분도 고통받으며 그래서 우리의 영을 위로하시며 탄식하시는 것이다.

생|각|하|기|

1. 하나님의 위로를 경험했던 사례를 서로 말해봅시다.
2. 우리를 위로하시는 하나님의 상처와 아픔의 깊이에 대해서 생각해 봅시다.
3. 위로하시는 하나님은 우리들의 고통을 어떻게 감당하고 계신지 서로 이야기해봅시다.

생각과 생각 사이에서

> 그러나 너희 생각에는 어떠하냐 어떤 사람에게 두 아들이 있는데 맏아들에게 가서 이르되 얘 오늘 포도원에 가서 일하라 하니 대답하여 이르되 아버지 가겠나이다 하더니 가지 아니하고 둘째 아들에게 가서 또 그와 같이 말하니 대답하여 이르되 싫소이다 하였다가 그 후에 뉘우치고 갔으니 그 둘 중의 누가 아버지의 뜻대로 하였느냐 이르되 둘째 아들이니이다 예수께서 그들에게 이르시되 내가 진실로 너희에게 이르노니 세리들과 창녀들이 너희보다 먼저 하나님의 나라에 들어가리라
>
> | 마태복음 21:28-31

포도원에 가서 일하라고 말씀하신 아버지에 대해서 '예'라고 대답했으나 가지 않은 맏아들과 '싫다'고 대답했으나 포도원에 가서 일한 둘째 아들의 이야기는 세 개의 생각이 겹쳐져 있다. 첫째는 비유에 나오는 아버지와 두 아들의 생각이 있고, 둘째는 비유를 듣고 예수의 질문에 대답하는 너희의 생각이 있고, 셋째는 비유를 말씀하시는 예수의 생각이 있다. 이 속에서 우리가 읽어야 할 메시지가 있다.

첫째, '예'를 '예'가 되게 하라는 메시지를 읽어야 한다. 아버지의 말에 대한 맏아들은 '예'라고 대답했지만 그의 행동은 '아니요'였다. 둘째 아들의 대답은 '아니요'였지만 그의 행동은 '예'였다. 비유

를 들려준 다음에 예수의 질문에 대해서 바리새인들과 제사장들은 둘째 아들의 행동이 '예'라고 대답했다. 그러나 그들이 실제 삶에서 행동하는 것은 노(no)이다. 따라서 '예'라고 대답한 것이 실제로 '예'가 되게 하는 것이 중요하다. 예수는 비유를 마칠 때마다 너희는 가서 그렇게 하라고 말씀하셨다. '예'를 '예' 되게 해야 한다. 말과 행동이 일치해야 한다.

둘째, 그분은 우리에게 의미 없는 일을 시키신다. 그럼으로써 우리에게 그것이 의미가 되게 하신다. 포도원은 아버지에게 의미가 있다. 그래서 아들에게 가서 일하라고 명령한 것이다. 맏아들은 예라고 대답했지만 가지 않았다. 그에게 포도원은 의미가 없었기 때문이다. 둘째 아들은 싫다고 대답했지만 뉘우치고 가서 일했다. 포도원이 의미가 있어서 일하러 간 것이 아니다. 포도원에서 일하는 것은 의미 없는 일이다. 그러나 아버지에게는 포도원이 의미있는 곳이라는 것을 깨닫고 가서 일한 것이다. 세리와 거리의 여자들을 받아들이는 것은 바리새인과 제사장들에게는 의미가 없다. 그러나 예수에게는 의미가 있다. 하나님은 우리에게 의미가 없는 일을 시키신다. 우리는 하나님이 명령하신 일을 온 힘을 다해서 해야 한다. 우리에게 의미가 있는 일이라서가 아니다. 하나님에게 의미가 있는 일이기 때문이다. 나아가 하나님께 의미있는 일은 우리에게도 의미가 되게 하신다.

셋째, 우리에게 의미 있는 것을 찾지 말고 하나님에게 의미가 있는 것을 찾자. 우리는 언제나 미래에 대한 불안 속에서 하나님의 안내를 구한다. 하나님의 뜻을 구할 때 우리를 위한 하나님의 뜻에서 벗어나지 못하고 있다. 우리 중심의 사고에서 벗어나야 한다. 하나님의 뜻을 찾아야 한다. 우리를 위한 하나님의 뜻이 아니라 하나님을 위한 그분의 뜻을 구해야 한다. 의미가 있는 행위를 찾아야 한다. 우리에게 의미가 있는 행위가 아니라 하나님에게 의미가 있는 행위를 하기 위해서 우리는 찾아야 한다.

그동안 한국교회는 자신의 뜻을 하나님의 뜻이라는 말로 포장해서 너무나 많은 헌금을 낭비했다. 한국교회가 비난과 조롱과 비판의 대상이 된 것은 목회자를 비롯해서 많은 신앙인들이 자신들을 위해서 하나님의 재물을 사용한 것에 기인한다. 하나님의 뜻은 사람이 소유할 수 있는 것이 아니다. 하나님의 뜻이라고 말하는 사람을 경계하자. 그리고 참된 하나님 중심의 사고를 갖자.

생|각|하|기|

1. 본문의 '예'를 '예' 되게 하기 위해서 자신이 바꿔야 할 태도와 생각은 무엇입니까?
2. 하나님에게 의미 있는 일들은 무엇인지 생각해봅시다.
3. 하나님에게 의미 있는 일이지만 자신에게는 의미 없는 일들은 무엇입니까?

경험해야 할 경험

청년이 무엇으로 그의 행실을 깨끗하게 하리이까 주의 말씀만 지킬 따름이니이다

| 시편 119:9

예수는 청결한 마음을 가진 자가 하나님을 본다고 말씀하셨다. 그러나 하나님을 본 사람은 없다. 청결한 마음을 가진 사람이 없기 때문에 하나님을 본 사람이 없는 것이다. 남루한 이웃의 모습으로 우리 곁에 있는 사람들을 예수는 자신과 동일시 하셨다. 그럼에도 불구하고 우리는 남루한 이웃의 모습에서 예수를 만나지 못하고 있다. 남루한 자를 피하고 꺼려하기 때문에 예수를 만날 수 없는 것이다.

청결한 마음을 가져야 한다. 어떻게 해야 청결한 마음을 가질 수 있을까? 무엇이 깨끗해야 하나님을 보고 예수를 만날 수 있을까? 시편에서 말하는 청년의 깨끗함에 대한 이야기는 청년에만 해당되는 것이 아니다. 믿는 사람 모두에게 해당되는 말이다. 주의 말씀을 따라 삼가해야 한다고 했다. 말씀을 따른다는 것은 무엇인가? 단순히 말씀을 듣고 행하는 것만을 의미하지 않는다. 무엇보다 말씀하시는 분을 만나는 경험이 우선되어야 한다. 말씀하시는 분을 만나는 경험

을 통해서 청결해지는 경험을 해야 한다. 그런 다음에 말씀을 따라서 행동하는 삶이 이어진다.

말씀하시는 분을 만나서 우리가 청결해져야 할 경험은 첫째, 이사야의 경험이다. 이사야는 말씀하시는 분을 만나서 입술의 부정이 사라지는 것을 경험했다(이사야 6:6). 모든 분쟁과 다툼과 갈등이 입술에서부터 시작된다는 것은 모두가 아는 평범한 진리이다. 따라서 입술이 정화되지 않고서는 평화와 사랑과 하나님에 대한 찬양과 찬미도 올바르지 않다. 청결해지고 성결한 삶을 살기 위해서는 입술이 정화되는 경험을 해야 한다.

둘째, 눈이 새롭게 떠지는 경험을 해야 한다. 바울은 눈이 새롭게 떠지는 경험을 했다. 율법에 멀었던 눈이 예수를 만나면서 복음에 새로운 인식의 눈이 뜨여졌다. 이 경험을 한 바울은 이름도 개명하고 다른 인생을 살아갔다. 눈이 새롭게 뜨여지는 경험은 세상을 바라보는 시각이 달라지는 것을 의미한다. 엘리사의 사환의 눈이 뜨여져서 보이지 않던 하나님의 군대를 본 것처럼 세상 너머에서 인도하시는 하나님의 선한 손길을 보는 것을 의미한다. 세상을 새롭게 바라보는 인생관, 세계관, 가치관에 대한 인식의 눈이 뜨여지는 경험을 해야 한다.

셋째, 발이 청결하게 씻기는 경험을 해야 한다. 예수께서 제자들과 마지막 식사를 나누실 때 제자들의 발을 씻기셨다. 오늘날 교회는 예수께서 제자들의 발을 씻어주신 것을 세족식이라는 이름으로 의식처럼 행한다. 교회의 세족식에는 겸손의 의식이 들어가 있다. 그러나 예수께서 제자들의 발을 씻으신 것은 겸손의 본보기를 보이기 위해서가 아니다. 겸손과는 전혀 상관이 없는 성결이다. 예수께서 베드로의 발을 씻기신 것은 베드로를 성결하게 하신 것이다. 예수에 의해서 성결함을 받은 제자들이 예수의 살과 피를 받은 것이다. 발이 성결한 것은 예수께서 제자들의 남아 있는 더러움을 씻어 내신 것을 의미한다. 우리도 발의 청결함을 경험해야 한다. 우리 몸이 성령이 거하시는 성전이 되고 예수의 생명이 깃드는 거룩한 몸이 되려면 예수로부터 발의 청결함을 받는 경험을 해야 한다. 마음이 청결한 사람이 하나님을 본다. 이것은 예수의 약속이다. 입술과 눈과 발의 청결함을 경험하자. 그럼으로써 예수가 하신 약속이 실현되는 것을 경험하자.

생|각|하|기|

1. 말씀을 따른다는 것의 의미에 대해서 생각해보고 입술의 정결함은 무엇을 의미하는지 말해봅시다.
2. 눈이 새롭게 떠진다는 것의 의미에 대해서 이야기해봅시다.
3. 발이 청결하게 씻긴다는 것은 어떤 의미가 있는지 말해봅시다.

여호와에 대한 악

이스라엘 자손이 또 여호와의 목전에 악을 행하였으므로 여호와께서 칠 년 동
안 그들을 미디안의 손에 넘겨 주시니 | 사사기 6:1

    악에 대한 그리스도인의 개념은 비그리스도인의 악에 대한 개념과
크게 다르지 않다. 그리스도인과 비그리스도인은 악을 도덕적인 근
거에서 이해하기 때문이다. 악은 도덕적인 관점에서 인식된다. 만약
에 어떤 사람이 도덕적인 관점에서 악이 악으로 인식되지 않는다면
도덕성에 큰 문제를 갖고 있는 사람일 것이다. 악은 도덕적인 측면에
서 파악된다. 따라서 그리스도인과 비그리스도인이 악에 대해서 공
통적인 관점을 갖고 있는 것은 타당하다.

    악은 도덕적인 관점에서 파악되는 것인가. 만약에 악이 도덕적인
관점에서만 파악된다면 그리스도인이 가진 신앙의 관점과 비그리스
도인이 가진 비신앙의 관점 사이에 근본적인 차이는 존재하지 않는
다. 따라서 신앙의 관점에서 악을 바라본다면 도덕적인 근거를 넘어
선 무엇이 존재하게 되는 것이다. 신앙은 도덕적인 기반을 근거로 하
지만 도덕을 넘어서 있는 절대적인 근거에 기반을 두고 있다. 신앙인

이 악에 대해 인식하는 절대 근거는 하나님에게 있다. 하나님은 도덕적인 기준에 의해서 판단되지 않는다. 도덕적인 근거는 인간의 내면에 존재하는 것이기 때문이다. 하나님은 인간의 도덕성을 넘어서 계신 분이다. 구체적으로 말하면 하나님은 인간의 도덕성을 판단한다. 따라서 그리스도인의 악에 대한 인식은 하나님의 인식에 근거한다. 하나님이 악으로 여기시는 것이 신앙인의 인식에도 악이 된다. 하나님은 무엇을 악으로 여기시는가.

첫째, 과거를 잊어버리는 것이다. 과거를 기억하지 않는 것이 하나님에게 왜 악인가? 그 이유는 하나님께서 과거에 무엇을 하셨는지 어떤 존재인지를 반드시 기억하시기 때문이다. 구약성서가 칠지히게 그 사실을 증언한다. 하나님은 이집트에서 종 되었던 이스라엘을 가나안으로 인도하셨다. 그러나 가나안에 정착한 이후 시간이 흐름에 따라서 이스라엘은 과거에 하나님이 인도하신 것을 잊어버렸다. 하나님은 예언자를 보내서 이스라엘 백성들이 과거를 잊음에 대해서 경고하신다. 너희는 이집트에서 종이었던 것을 기억하라. 가난한 자와 약자와 과부와 객을 돌보라고 예언자는 하나님의 말씀을 대언한다. 동시에 하나님은 이스라엘을 구원하신 분이라고 선언한다. 하나님은 과거를 잊지 않으신다. 그러나 인간은 과거를 잊어버린다. 과거를 기억하지 않는 것, 과거에 받은 하나님의 은혜를 잊어버리는 것, 그것이 하나님에게는 악인 것이다.

둘째, 하나님을 질투하게 만드는 것이 악이다. 하나님은 우리에게 무조건적으로 사랑만 주시는 분이 아니시다. 사랑을 주시는 만큼 우리의 사랑과 관심을 받기 원하신다. 하나님은 자신의 모든 것을 주셨기 때문에 우리의 모든 것을 받기 원하신다. 그래서 하나님 외에 다른 것에 관심을 갖거나 사랑을 쏟는 것을 견디지 못하시는 것이다. 하나님의 사랑은 자식에 대한 부모의 사랑 같은 것이 아니다. 남녀간의 사랑과 같은 것이다. 남녀의 사랑은 다른 사람과 나누는 사랑이 아니다. 하나님이 질투의 하나님인 것은 모든 사랑을 주셨기 때문에 우리의 사랑을 독점하고 싶으신 것이다. 따라서 하나님을 질투하게 만드는 것이 악이다.

셋째, 하나님에게 구해야 할 것을 구하지 않고 구하지 않아야 할 것을 구하는 것이 악이다. 신앙인의 기도 내용이 하나님에게 악이라는 말이다. 예수는 하나님의 나라와 의를 구하라고 구체적으로 말씀해주셨다. 그러나 신앙인의 기도 내용은 행복과 안정을 추구하려는 인간의 본능적인 욕구를 따르는 것에서 벗어나지 못하고 있다. 하나님의 나라와 의를 구하는 말을 한다고 해도 내면의 깊은 곳에서는 여전히 복을 간구하고 있다. 신앙인의 기도가 하나님에게 악인 것이 아이러니하다. 기도를 많이 하면 할수록 악을 더 쌓는 것도 아이러니하다. 기도하지 않는 것이 하나님에게 악을 쌓지 않는 것이 되는 것도 아이러니하다. 예수의 정신으로 돌아가야 한다. 말로만 하나님의 나라와 의를 구하는 것이 아니라 행동으로 하나님의 나라와 의를 구해야 한다. 예수처럼 살아야 하나님의 나라와 의를 구하는 것이다. 예수처럼 살지 않으면서 하나님의 나라와 의를 말하는 것은 하나님에게 악을 쌓는 것이다.

생|각|하|기|

1. 당신이 과거에 받았던 하나님의 은혜는 무엇입니까? 서로 나누어 봅시다.
2. 그리스도인인 당신 안에 하나님을 질투하도록 만드는 요인이 있다면 무엇인지 생각해봅시다.
3. 당신이 현재 하나님께 구하고 있는 내용은 무엇입니까? 그것은 하나님께 마땅히 구해야 할 것인지 구하지 않아야 할 것인지 생각해봅시다.

예수의 마지막 부탁

> 열한 제자가 갈릴리에 가서 예수께서 지시하신 산에 이르러 예수를 뵈옵고 경배하나 아직도 의심하는 사람들이 있더라 예수께서 나아와 말씀하여 이르시되 하늘과 땅의 모든 권세를 내게 주셨으니 그러므로 너희는 가서 모든 민족을 제자로 삼아 아버지와 아들과 성령의 이름으로 세례를 베풀고 내가 너희에게 분부한 모든 것을 가르쳐 지키게 하라 볼지어다 내가 세상 끝날까지 너희와 항상 함께 있으리라 하시니라
>
> | 마태복음 28:16-20

언제부터인가 한국교회는 선교가 만능처럼 되어버렸다. 70년대 한국교회의 화두는 승리였다. 70년대 우리 사회는 경제 성장 위주의 정책을 펼쳤다. 승리의 메시지가 사람들에게 어필한 것은 성공하고 싶고 잘살고 싶은 마음을 표현했기 때문이다. 80년대는 교회건축이었다. 교회건축을 위해서 수많은 헌금을 거둬들였다. 부동산 투기, 아파트 투기를 해서 부당한 돈을 많이 벌 수 있었기 때문에 헌금을 많이 할 수 있었다. 90년대 한국교회의 화두는 선교였다. 선교를 한다는 명제 하에 교회는 헌금에 대한 강조를 이어갔고 교회의 재산을 축적했다.

2000년대 와서 한국교회를 바라보는 사회의 시선이 변했다. 교회

에 대한 사회적인 책임이 증가했다. 그러나 교회는 여전히 선교 중심의 구조에서 벗어나지 못했다. 선교 한국을 지향하는 모토 속에서 여전히 교회만을 위해 헌금을 사용하는 습관에 젖어 있다. 한국교회가 사회적인 책임에 소홀한 근본적인 것은 교회가 선교를 해야 한다는 명제에서 벗어나지 못했기 때문이다. 세계선교가 한국교회에 내려진 예수의 지상명령인 것처럼 목사와 교인들은 생각한다. 그래서 예수의 지상명령인 선교를 수행하기 위해서 교회가 사회에 대한 책임을 회피하는 것을 정당하게 생각한다.

그러나 선교에 대한 강조의 내면에는 교회의 양적 성장을 추구하고자 하는 숨겨진 욕구가 있다. 예수의 말씀대로 참된 선교를 한다면, 즉 교회가 가진 모든 것을 다 내어준다면 교회의 재산 증식은 처음부터 불가능했을 것이다. 한국교회의 선교지향은 교회의 양적 성장의 숨겨진 욕구를 충족시키는 합리적이며 합법적인 수단이다. 최근에 일어난 아랍권에 대한 해외선교를 바라보는 사회의 비판적인 시선에도 교회가 아랑곳하지 않는 것은 해외선교가 한국교회에서 모든 것을 치료하는 만능의 묘약이라고 생각하기 때문이다.

'제자 삼으라'는 말을 남긴 예수의 명령의 본질은 무엇일까? 해외에 선교사를 파송하고 수많은 단기 선교팀을 보내는 것이 예수의 명령의 본질은 아니다. 예수의 명령의 본질은 첫째, 제자를 만들라는 것이다. 예수의 가르침에 따라서 살아가는 제자를 만들라는 것이다. 둘째, 제자를 통해서 재연된 예수의 삶을 세상에 알려서 예수가 보여준 사랑이 지금도 존재하는 것을 알게 하라는 것이다. 셋째, 예수가 하나님의 나라를 대면하고 사신 것처럼 살아가라는 것이다. 예수의 사랑은 성경에 기록되어 있다. 기록된 예수의 사랑이 기록으로만 끝나지 않기 위해서는 누군가 예수의 사랑을 재연해야 한다. 그러기 위해서는 예수처럼 하나님 나라를 대면하면서 살아가야 한다. 예수는 그것을 명령하신 것이다. 자신의 삶을 재연하라고 예수께서는 마지막 부탁을 하신 것이다.

생|각|하|기|

1. 예수님의 마지막 부탁이 현 교회에서는 어떻게 받아들여지고 있는지 말해봅시다.
2. 가서 제자를 삼으라는 예수님의 명령은 무슨 뜻인지 말해봅시다.
3. 제자를 향한 예수님의 마지막 부탁은 궁극적으로 어떤 의미를 가지고 있는지 생각해봅시다.

부르심의 이유

너희는 내게 배우고 받고 듣고 본 바를 행하라 그리하면 평강의 하나님이 너희
와 함께 계시리라 | 빌립보서 4:9
이를 위하여 내가 전파하는 자와 사도로 세움을 입은 것은 참말이요 거짓말이
아니니 믿음과 진리 안에서 내가 이방인의 스승이 되었노라 | 디모데전서 2:7

바울이 보낸 두 개의 서신 가운데 각각 한 구절씩을 추려서 우리가
생각하려는 것은 바울이 부르심을 받은 이유에 대한 것이다. 물론 바
울의 부르심은 성경 여러 곳에서 나오기 때문에 새삼스러운 것은 아
니다. 그러나 빌립보서 4장 9절과 디모데전서 2장 7절을 함께 묶어
서 생각해보면 바울의 소명에 대한 다른 단상이 드러난다. 바울이 두
본문을 통해서 말하는 부르심의 이유는 평강의 하나님이 우리와 함
께하시는 것을 전하기 위해서 사도로 선지자로 부르심을 받았다는
것이다.

바울이 부르심을 받은 이유가 '평강의 하나님이 우리와 함께하는
것을 전하기 위해서'라고 말하는 것에 주목해야 한다. 하나님의 평강
이 우리와 함께하기 위해서 부르심을 받았다고 바울은 말하고 있지
않다. 사람들은 하나님의 평강이 함께하길 바란다. 사람들은 평화를

간구한다. 사람들은 쉬고 싶어하고 안정된 삶을 살고 싶어한다. 삶이 반드시 고단하고 힘들어서가 아니다. 삶이 치열하고 괴로움의 연속이어서만도 아니다. 인간은 외부적인 환경과 상관없이 안락한 삶을 추구하는 본능적인 욕구가 있기 때문이다.

신앙인의 삶이 고난과 고통, 괴로움의 연속에서 결코 벗어날 수 없다는 것을 처음부터 강조했다면 교회에 사람들이 넘쳐 났을까? 한국교회가 예수 믿으면 복을 받는다는 메시지에서 벗어나서 예수를 믿는 실질적인 삶의 모습을 선포했다면 한국교회와 신앙인을 향한 사회의 비판과 조롱은 없었을 것이다. 한국교회와 신앙인은 하나님의 평강을 간구한다. 참된 신앙인의 삶을 살아가기보다는 교회에 충성하고 그 대가로 복과 평강을 구한다. 그리스도인이 된다는 것과 사회적으로 성공한 삶을 산다는 것은 결코 동일한 것이 아니다. 그리스도인이 된다는 것은 일반인이 겪는 것보다 더 험한 삶을 살아간다는 것이다.

예수를 믿으면 어떻게 부자가 된다는 것인가. 예수를 따라 살면서 어떻게 부를 축적할 수 있단 말인가. 우리 사회처럼 부정과 부패가 넘쳐나는 곳에서 어떻게 예수를 믿는 사람들이 성공할 수 있다는 말인가. 예수가 주는 복이 부와 결합된 것은 자본주의의 영향이다. 자본주의는 돈을 최우선의 가치로 생각한다. 예수를 따르는 삶이 돈으로 보상된 경우는 없다. 만약 돈으로 보상이 되었다면 그것은 예수를 따르는 삶을 사는 것이 아니라 성공을 위해서 수단과 방법을 가리지 않은 결과이다. 부정직한 곳에서 바르게 산다는 것은 고난과 고통의 삶을 이어갈 수밖에 없다.

　바울은 하나님의 평강을 전하기 위해 부르심을 받지 않았다. 평강의 하나님을 전하기 위해서 부르심을 받은 것이다. 평강의 하나님은 우리와 함께하신다. 바울이 살아간 삶을 우리가 살아간다면 평강의 하나님은 우리와 함께하신다. 바울이 가르친 것을 따라 산다면 평강의 하나님은 우리와 함께하신다. 평강의 하나님이 함께한다고 해서 우리에게 평강이 오는 것은 아니다. 바울의 삶은 고통과 고난의 연속이었다. 사람들이 바라는 하나님의 평강이 바울에게는 존재하지 않았다. 그러나 바울에게는 평강의 하나님이 언제나 함께하셨다. 평강의 하나님이 우리와 함께한다. 하나님의 평강이 아니다. 하나님은 삶을 편안하고 평화롭게 해주시는 분이 아니다. 단지 그분이 우리와 함께 해주실 뿐이다.

생|각|하|기|

1. 평강의 하나님과 하나님의 평강은 어떻게 다른지 구분해봅시다.
2. 당신이 교회에 다니는 목적이 무엇인지 생각해봅시다.
3. 하나님이 당신을 그리스도인으로 부르신 이유는 무엇이라고 생각합니까?

믿음의 시련

> 내 형제들아 너희가 여러 가지 시험을 당하거든 온전히 기쁘게 여기라 이는 너
> 희 믿음의 시련이 인내를 만들어 내는 줄 너희가 앎이라 인내를 온전히 이루라
> 이는 너희로 온전하고 구비하여 조금도 부족함이 없게 하려 함이라
>
> | 야고보서 1:2-4

그리스도인이 된다는 것과 성공한 삶을 산다는 것이 결합된 오늘
날의 가치관에서 시련은 그리스도인과 관련 없는 것으로 인식하지만
초대교회 때부터 지금까지 그리스도를 진심으로 따르는 자에게 시련
은 일상이었다. 예수의 삶을 따라간 바울을 비롯한 그리스도의 제자
들은 시련이 자신들의 일상이라는 것을 깊이 체험한 사람들이다. 그
렇다. 그리스도인은 시련을 피할 수는 없다. 그리스도의 참된 제자가
된 사람에게 시련은 삶의 동반자이기 때문이다.

그리스도인이 만나는 시련은 두 가지이다. 하나는 믿는 자의 시련
이며, 다른 하나는 믿음의 시련이다. 믿는 자의 시련은 하나님이 던
지는 시험이며, 믿음의 시련은 세상이 던지는 시험이다. 믿는 자는
반드시 시련을 겪는다. 믿음의 창시자이며 온전케 하시는 예수도 시
련을 겪었다. 사탄이 준 시련도 세상이 준 시련도 아니다. 바로 하나

님이 주신 시련이다. 믿음이 없어서도 확신이 없어서도 아니다. 성자 예수님이 인류의 구세주로 걸어가는 길에 동참하기 위해서 하신 것이다. 믿는 자에게 던지는 하나님의 시련은 믿는 자를 바로 세우시는 하나님의 손길인 것이다.

믿음의 시련은 그렇지 않다. 믿음의 시련은 세상이 던지는 것이기 때문에 믿는 자를 쓰러뜨리려는 교활한 흉계이다. 세상은 믿음이 존재하는 것을 견디지 못한다. 참된 믿음은 세상의 어둠을 몰아내고 하나님의 나라를 비춰주기 때문에 어둠인 세상은 믿음을 지우려고 하는 것이다. 사람들이 던지는 시련은 믿음의 시련이다. 믿음을 타락시키고 변질시키기 위해서 세상이 그리스도인을 힘들게 하는 것이다. 야고보는 믿음의 시련에 직면한 성도에게 인내를 통해서 온전한 믿음의 모습을 확립하라고 권면했다.

믿는 자에게 주시는 하나님의 시련과 세상이 주는 믿음의 시련에서 우리에게 필요한 것은 인내와 기다림이다. 시련을 견디면서 하나님의 인도하심과 구원하심을 기다리는 기다림이 믿는 자에게 필요하다. 그러나 무엇보다도 필요한 것은 용기이다. 우리에게 시련에 맞서는 용기가 절실하게 필요하다.

예수는 십자가를 단순히 기다린 것이 아니다. 그분은 운명에 맞서서 십자가로 향해 나아갔다. 바울도 자기의 운명에 맞섰다. 베드로도 자신의 운명에 맞서서 순교했다. 수많은 초대교회의 순교자들은 운명에 맞서는 용기를 보여주었다.

하나님이 주시는 믿는 자에 대한 시련과 세상이 시험하는 믿음의

시련에서 이기기 위해서는 기다림과 인내만으로는 부족하다. 시련에
맞서는 적극적인 용기가 있어야 한다.

생|각|하|기|

1. 하나님이 당신에게 주시는 시련은 무엇인지 생각해봅시다.
2. 당신에게 세상이 주는 시련은 무엇인지 생각해봅시다.
3. 시련에 맞서는 당신의 자세는 어떠한지 생각해봅시다.

기독교의 정체성 1 _ 죄와 회개

요한이 잡힌 후 예수께서 갈릴리에 오셔서 하나님의 복음을 전파하여 이르시되
때가 찼고 하나님의 나라가 가까이 왔으니 회개하고 복음을 믿으라 하시더라

| 마가복음 1:14-15

죄와 회개에 대한 그리스도인의 생각은 대부분 윤리적인 관점을 넘어서지 못한다. 그러나 그리스도인의 죄와 회개에 대한 단상은 윤리적인 관점이 적용될 수 없는 범주에 있다. 죄와 회개가 비윤리적인 것을 말하는 것이 아니다. 죄와 회개는 하나님에 대한 것이기 때문에 윤리적인 척도가 모든 것을 결정짓는 규범이 되지 못한다는 것을 말한다.

성경은 죄와 회개를 어떻게 설명하는가. 첫째, 죄는 비난의 대상을 전가하는 것으로 설명한다. 죄의 개념은 아담과 함께 시작되었다. 아담은 하나님께 죄를 지었다. 아담이 지은 죄는 하나님의 명령을 거역한 것만이 아니다. 명령을 지키지 않은 것에서 죄의 개념을 바라보면 법적인 개념이 도입된다. 아담이 지은 죄는 하나님을 비난한 것이다. "당신이 내게 준 여자가 나에게 선악과를 먹게 했나이다." 가인도 비

난의 대상을 전가했다. 가인에게는 하나님이 미움의 대상이다. 그러나 가인은 아벨에게 미움을 전가했다. 그리고 하나님을 비난했다. "내가 아벨을 지키는 자이니까." 처음으로 세상에 들어온 죄의 개념은 비난의 대상을 전가함으로 자신을 합리화 하는 것이었다.

둘째, 회개는 비난의 대상을 정확하게 지칭하는데 있다. 삼손의 마지막이 그것을 가르쳐준다. 삼손은 마지막 순간에 하나님께 자신을 비참한 모습으로 만든 바벨론에게 복수할 수 있는 힘을 달라고 기도했다. 도덕적 관점에서 보면 사람을 죽이는 행위는 죄이다. 적일지라도 사람을 죽이는 것은 절대적인 도덕적 관점에서 보면 죄다. 그러나 성경은 삼손이 바벨론 사람들을 죽인 것을 죄라고 하지 않았다. 이스라엘 사람이 가나안에 들어가는 동안 무수히 많은 가나안 사람들을 죽였다. 하나님의 명령에 따라서 사람을 죽인 것이다. 성경은 그것을 죄라고 하지 않는다. 삼손이 분노와 적대감을 하나님과 들릴라에게 전가하지 않고 바벨론에게 전가한 것은 회개를 의미한다. 도덕적 관점에서는 회개가 아니지만 죄의 반대 관점에서는 회개를 의미한다. 하나님은 삼손의 회개를 받아들이셨고 그에게 힘을 주셨다. 생전에 있었던 힘보다 더 큰 힘을 주신 것이다. 하나님이 그와 함께하신 것이다.

셋째, 믿음이 작은 것은 죄가 아니다. 믿지 못하는 것도 죄가 아니다. 믿어지지 않기에 믿지 못하는 것이다. 이해되지 않기에 믿어지지 않는 것이다. 이해되지 않는 것은 믿어지지 않는 것이다. 반대로 이해된 것은 믿어진 것이다. 믿음은 회의와 의심을 동반한다. 그것은 죄가 아니다. 100퍼센트의 확신과 신뢰는 하나님에게만 속한 것이다. 우리에게는 그러한 것이 주어지지 않았다. 우리에 대한 하나님의 확신과 신뢰는 100퍼센트이다. 하나님에 대한 우리의 믿음과 신뢰는 100퍼센트가 될 수 없다. 하나님은 그것을 아신다. 그렇기 때문에 기다리신다. 우리가 회의와 의문의 시간을 지나서 확신과 신뢰로 나올 때까지 기다리시는 것이다.

생|각|하|기|

1. 당신이 평소 생각했던 죄의 개념에 대해서 말해봅시다.
2. 비난의 대상을 전가하고 당신을 합리화 했던 경험이 있다면 비난의 대상을 정확하게 지칭해봅시다.
3. 당신이 이전에 하나님께 고백했던 회개의 내용은 무엇이었는지 이야기해보고 그것은 어떤 점에서 잘못되었는지 생각해봅시다.

기독교의 정체성 2 _ 믿음의 종교, 깨달음의 종교, 배움의 종교

> 그러나 너는 배우고 확신한 일에 거하라 너는 네가 누구에게서 배운 것을 알며
> 또 어려서부터 성경을 알았나니 성경은 능히 너로 하여금 그리스도 예수 안에
> 있는 믿음으로 말미암아 구원에 이르는 지혜가 있게 하느니라
>
> | 디모데후서 3:14-15

사람들은 기독교를 믿음의 종교라고 생각한다. 틀린 말이 아니다. 성경에 기록된 수많은 이적과 기사는 믿음을 요구한다. 그러나 어떤 종교를 막론하고 기본적으로 종교는 믿음을 바탕으로 한다. 따라서 기독교만 믿음의 종교가 아니라 모든 종교가 기본적으로 믿음의 종교이다.

기독교는 깨달음의 종교인가? 성경은 깨달음의 책인가? 성경은 불경과 달리 인생과 삶을 고찰한 심오한 내용을 담고 있지 않다. 성경은 사람들이 명찰하고 숙고해서 얻은 가르침을 기록한 책이 아니기 때문이다. 성경은 근본적으로 경험의 책이다. 하나님을 경험한 사람들의 삶이 단편적으로 기록된 책이다. 성경에 기록된 사람들의 경험을 보면서 그리스도인은 자신의 삶에서 하나님을 경험한다. 기독교는 깨달음의 종교가 아니다. 성경은 하나님을 깨달은 사람들의 지식

이 기록되어 있지 않다. 성경은 하나님을 만나고 하나님을 배운 사람들의 이야기가 기록되어 있다.

그리스도인은 성령의 인도하심을 경험하면서 하나님에 대해서 배워간다. 우리 안에 계신 성령은 우리의 영을 인도하며 생각을 바르게 하며 인생에서 바른 선택을 하도록 도와주며 하나님의 부르심에 응답하도록 이끄신다. 성령의 인도하심은 우리가 살아가는 일상의 여정에서 그 너머에 계시는 하나님의 부르심을 바라보는 시야를 열어준다. 성령은 우리가 일상에서 우연히 경험하는 일을 하나님이 가르치는 필연으로 받아들여 깊고 높은 차원을 향하도록 한다.

그리스도인은 구체적인 모델을 통해서 배운다. 그리스도인이 배우는 삶의 모델은 예수이다. 예수는 제자들을 선택해서 3년이라는 시간을 함께 보냈다. 예수가 만난 사람들은 예수의 가르침을 듣는 것에 멈추었지만 제자는 가르침뿐만 아니라 예수의 삶과 정신을 배웠다.

바울은 예수와 삶을 나누지 못한 제자이다. 그러나 바울은 누구보다 열심히 예수를 배웠다. 바울이 배운 것은 예수의 십자가였다. 바울은 율법과 복음, 바리새인의 삶과 예수의 십자가를 비교하면서 예수에 대해서 배웠다. 인간은 문화 속에서 태어나서 문화를 통해 성장하며 인간의 삶을 배운다. 그리스도인 또한 문화적 존재이기 때문에 문화를 통해서 삶을 배운다. 그리스도인은 한편 하나님의 사람이기 때문에 하나님으로부터 배운다. 바울이 복음과 율법, 십자가와 바리새인의 삶을 대조하며 예수를 배운 것처럼 그리스도인은 예수의 삶과 문화의 삶을 비교 대조하면서 하나님을 배워가야 한다.

그리스도인은 교회에 대한 비판을 통해서 배운다. 교회의 본질이신 예수는 완전하다. 그러나 현실적인 교회는 완전하지 않다. 교회는 예수의 몸이다. 그러나 현실적인 교회는 신앙인의 모임이다. 따라서 교회의 본질과 현실의 교회 사이에는 괴리감이 존재한다. 한국교회가 비판의 대상이 되는 것은 교회의 본질인 예수의 모습을 보여주지 못하고 사람들의 모습이 드러나기 때문이다. 교회에 대한 비판을 통해서 그리스도인이 배우는 것은 교회의 본질에서 어긋난 교회를 개혁하는 것이 그리스도인을 통한 하나님의 구원의 역사라는 것이다. 구원받아야 할 것은 믿지 않는 사람만이 아니다. 믿는 사람도 하나님의 구원의 역사를 경험해야 한다. 교회도 하나님의 구원의 역사를 경험해야 한다. 그리스도인은 교회를 구원하시는 하나님을 배워야 한다. 교회는 구원받은 성도의 모임이지만 하나님의 구원의 대상이기도 하기 때문이다.

생|각|하|기|

1. 그리스도인인 우리가 배워 나가야 할 대상과 자세에 대해서 서로 이야기해봅시다.
2. 현행 교회의 비판적인 요소를 찾아 교회의 본질과 비교하여 보고 어떤 점이 잘못되었는지 서로 말해봅시다.

솔로몬 vs 우리

> 솔로몬이 애굽의 왕 바로와 더불어 혼인 관계를 맺어 그의 딸을 맞이하고 다윗 성에 데려다가 두고 자기의 왕궁과 여호와의 성전과 예루살렘 주위의 성의 공사가 끝나기를 기다리니라 … 솔로몬이 깨어 보니 꿈이더라 이에 예루살렘에 이르러 여호와의 언약궤 앞에 서서 번제와 감사의 제물을 드리고 모든 신하들을 위하여 잔치하였더라
>
> | 열왕기상 3:1-15

많은 목회자와 그리스도인은 솔로몬을 그리스도인이 따라야 할 모델로 생각한다. 그러나 솔로몬은 신앙의 모델이 아니다. 솔로몬은 그리스도인이 아니다. 야웨 하나님을 믿은 이스라엘의 3대 왕일 뿐이다. 따라서 솔로몬의 삶의 지침은 율법이다. 하지만 그리스도인의 삶의 지침은 복음이다. 그리스도인이 경계해야 할 대상인 것이다. 솔로몬만이 아니다. 구약에 나오는 사람들은 그리스도인이 경계해야 할 대상이다. '경계한다'는 것은 그들의 모습을 복음의 관점에서 비판적으로 본다는 것이다. 그리스도인은 구약을 비판적으로 읽어야 한다. 복음의 관점에서 구약을 해석해야 한다. 구약에 등장하는 사람들의 신앙을 그리스도인의 신앙의 본질에서 판단해야 한다. 판단한다는 것은 그들의 실패를 거울 삼아서 신앙의 바른 모습을 찾아가는

지표로 삼는다는 것이다. 솔로몬의 경우가 그러하다.

솔로몬은 문제해결의 능력은 탁월하지만 하나님에 대한 신앙을 바로 세우는 데는 실패했다. 솔로몬이 유명한 것은 현명함과 지혜에 있다. 그의 탁월한 지혜는 하나님께 간구한 것에서 나왔다. 그러나 솔로몬은 이스라엘에 수많은 우상을 들어오게 한 장본인이다. 이스라엘로 하여금 하나님을 믿는 신앙에서 떠나 우상을 믿게 만든 사람이다. 지금도 한국교회는 솔로몬을 신앙의 모델로 설교한다. 목사와 그리스도인은 솔로몬의 지혜 구함과 비상한 문제해결의 능력만 바라보고 그의 전체를 보지 못하기 때문이다.

솔로몬은 성전과 왕궁 건축을 통해서 힘을 보여주었으나 민중의 삶을 무겁게 한 왕이다. 솔로몬은 독재자이다. 독재자는 자신의 위엄을 나타내기 위해서 대규모 건축을 한다. 독재자가 지배하는 땅에 사는 사람들은 강제 노동에 동원된다. 삶은 피폐해지고 고통과 슬픔은 증대된다. 사람들은 영웅을 칭송한다. 땅을 정복한 힘을 가진 영웅에 대한 찬양 뒤에는 수많은 민중의 눈물과 한숨과 아픔과 고통이 있다. 솔로몬은 힘을 보여주었다. 절대 왕권의 힘을 과시했다. 그 대신에 민중의 삶은 피폐했고 괴로웠다.

솔로몬은 삶에 대한 깊은 통찰력은 있었으나 참회와 회개의 온전함은 몰랐다. 솔로몬은 구약에서 매우 탁월한 문장과 깊은 사고를 지닌 전도서를 쓴 저자로 알려져 있다. 전도서에는 삶에 대한 깊은 성찰이 들어있다. 삶은 자기 성찰의 기반이다. 인간은 인생을 성찰하고 삶을 성찰해서 의미와 가치를 찾는다. 가치와 의미를 찾지 못한 인간이 참된 인간됨을 획득할 수 없음은 자명하다. 솔로몬은 삶을 성찰했다. 그러나 그는 하나님 앞에서의 회개와 참회를 하지 않았다. 그가 들여온 우상에 의해서 이스라엘이 하나님으로부터 멀어졌음에도 불구하고 솔로몬은 삶에 대한 회의와 성찰을 했을 뿐 하나님 앞에서 참회와 회개를 하지 않았다.

솔로몬은 그리스도인의 바른 모델이 아니다. 대부분의 그리스도인은 솔로몬 같은 지혜도 힘도 삶에 대한 깊은 철학적 이해도 겸비할 수 없다. 그러나 대다수의 그리스도인은 솔로몬이 가지지 못한 하나님에 대한 바른 신앙을 세우는 것을 할 수 있고, 힘이 없는 대신에 사람들의 무거운 짐을 가볍게 해주는 일을 할 수 있고, 철학적 깊이가 없는 대신에 하나님 앞에서 참회하고 회개할 수 있다. 솔로몬은 그리스도인이 경계해야 할 모델이다. 솔로몬은 그리스도인이 진정으로 추구해야 할 것이 무엇인지 가르쳐주는 모델이다.

생|각|하|기|

1. 구약에 나오는 인물은 왜 그리스도인이 아닌지 생각해봅시다.
2. 그리스도인들이 솔로몬을 경계의 대상으로 삼아야 하는 이유를 말해봅시다.
3. 위의 글을 통해 당신은 솔로몬에 대한 생각이 어떻게 바뀌었는지 말해봅시다.

다윗 vs 우리

다윗이 블레셋 사람에게 이르되 너는 칼과 창과 단창으로 내게 나아 오거니와 나는 만군의 여호와의 이름 곧 네가 모욕하는 이스라엘 군대의 하나님의 이름으로 네게 나아가노라 오늘 여호와께서 너를 내 손에 넘기시리니 내가 너를 쳐서 네 목을 베고 블레셋 군대의 시체를 오늘 공중의 새와 땅의 들짐승에게 주어 온 땅으로 이스라엘에 하나님이 계신 줄 알게 하겠고 또 여호와의 구원하심이 칼과 창에 있지 아니함을 이 무리에게 알게 하리라 전쟁은 여호와께 속한 것인즉 그가 너희를 우리 손에 넘기시리라 | 사무엘상 17:45-47

다윗은 그리스도인에게 바른 신앙의 모습을 찾아가는 지표이다. 솔로몬과 다르게 다윗의 신앙의 모습은 그리스도인의 비신앙적인 모습을 비판하는 기준을 제시한다. 다윗이 바르게 살았다는 것을 말하는 것이 아니다. 다윗의 삶이 그리스도인의 비신앙적인 모습을 비판하는 기준이 된다는 것도 아니다. 인간 다윗의 삶 전체를 보면 그는 존경할 수 없는 인물이다. 물론 현대인의 성취욕에 비춰서 다윗을 보면 그는 성공의 모델이다. 그러나 예수의 삶을 재연하는 제자의 시각으로 보면 다윗은 그리스도인의 모델이 아니다. 다윗의 인격이나 살아온 삶이 그리스도인의 비신앙적인 모습을 비판하는 기준이 되는 것이 아니라 골리앗과 맞섰던 태도가 그리스도인의 비신앙적인 태도를 비판한다.

골리앗과 맞선 다윗의 무엇이 그리스도인의 신앙을 비판하는가. 첫째, 이스라엘에 대한 골리앗의 모욕을 다윗은 하나님을 모욕하는 것으로 듣는데 비해서 우리는 그리스도에 대한 비판을 다른 사람에 대한 비판으로 회피한다. 최근 한국사회는 인터넷을 중심으로 개신교에 대한 엄청난 비판을 하고 있다. 그들의 비판은 교회에 대한 비판이나, 특정한 그리스도인에 대한 비판을 넘어서 예수 그리스도에 대한 상스러운 욕설을 퍼붓는다. 다윗은 골리앗이 퍼붓는 이스라엘에 대한 모욕을 이스라엘을 지칭한 것으로 듣지 않았다. 그는 하나님을 모욕하는 소리로 들었다. 한국교회는 그리스도에 대한 모욕을 보면서도 모르는 것처럼 행동한다. 사회와 싸우라는 것이 아니다. 교회와 목사와 장로와 교인의 위선과 거짓을 고발하는 사회의 목소리로 듣고 자성하라는 것이다. 그러나 교회는 반성이나 회개할 줄을 모른다.

둘째, 다윗은 과거에 경험한 하나님의 구원에 대한 확신과 현재와 미래의 자신감으로 맞서는데 비해서 우리는 미래에 대한 불안감에 젖어서 하나님을 의미 없이 부르며 거짓 확신을 가지려 한다. 골리앗과 맞선 다윗은 불안감이 없었다. 그의 내면에는 거룩한 분노와 하나님의 구원하심에 대한 확신이 있었다. 한국교회에는 거룩한 분노가 없으며 하나님의 구원하심에 대한 확신의 경험 또한 미약하다. 미래를 대면한 다윗과 한국의 그리스도인의 모습은 동일하지 않다. 그리스도인은 근본적으로 불안하다. 기도 소리가 크게 울리는 것은 불안하기 때문이다. 동일한 기도를 계속해서 반복하는 것은 불안하기 때문이다. 다윗의 신앙은 그리스도인의 비신앙을 드러내준다.

셋째, 다윗은 이길 수 있는 싸움에 나가서 이기는데 비해서 그리스도인은 예수가 이겨 놓은 싸움에 나가서 이기지 못하는 나약함이 있다. 다윗은 골리앗과 싸워서 이겼다. 그리스도인은 예수가 이미 승리하신 세상과의 싸움에서 늘 패배하고 있다. 세상을 변화시키지도 못하고 세상에 동화되어서 언제나 실패했다고 고백한다. 다윗은 이긴 싸움에 나가서 승리한 것이 아니다. 그리스도인은 예수가 이겨놓은 싸움에 나가서 지고 돌아온다. 세상을 이겼다고 말하는 그리스도인은 어디에 있는가. 세상과 이기는 싸움을 하는 중에 있다고 말하는 그리스도의 교회는 어디에 있는가. 그리스도인은 신앙인의 참된 모습을 갖추라고 골리앗과 맞선 다윗이 무언중에 말하는 소리를 들어야 한다.

생|각|하|기|

1. 교회와 그리스도인을 비판하는 소리에 당신은 어떤 태도를 보이고 있는지 말해봅시다.
2. 당신을 불안하게 만드는 요소는 무엇이며 그것을 대하는 자세는 어떠한지 말해봅시다.
3. 그리스도인이 세상을 이겨야 하는 이유는 무엇인지 말해봅시다.

사울 vs 우리

> 여호와의 말씀이 사무엘에게 임하니라 이르시되 내가 사울을 왕으로 세운 것을 후회하노니 그가 돌이켜서 나를 따르지 아니하며 내 명령을 행하지 아니하였음이니라 하신지라 사무엘이 근심하여 온 밤을 여호와께 부르짖으니라
>
> | 사무엘상 15:10-11

사울은 실패한 사람이다. 하나님은 사울을 이스라엘의 왕으로 세운 것을 후회하셨다. 사울의 실패는 그리스도인에게 귀감이 된다. 그리스도인에게 신앙의 본질이 무엇인지를 고찰하는 지표가 되기 때문이다.

사울의 실패는 첫째, 제사장이 아니면서 제사장만이 할 수 있는 제사를 드렸다는 데 있다(삼상 13:8-13). 즉 사울은 거룩한 것을 침해한 것이다. 다윗도 거룩한 것을 침해했다. 지성소에 들어가서 제사장만 먹을 수 있는 떡을 먹은 것이다. 하나님은 다윗의 행위는 용납하셨지만 사울의 행위는 용납하지 않으셨다. 다윗은 타인을 위해서 거룩한 것을 침해했지만 사울은 자신을 위해 거룩한 것을 침해했다. 신앙인의 행위는 타인을 위한 것이다. 교회의 헌금은 세상을 위해 드린 것이다. 그리스도인은 타인을 위해서 세상에 존재하는 것이다.

둘째, 사울은 예언자가 아니면서 예언한다고 조롱받았다. 사울이 받은 영은 귀신의 영이다(삼상 19:9-13, 16:14). 그리스도인이 받은 영은 진리의 영이며, 자유의 영이고, 예수를 자발적으로 따르는 삶을 사는 생명의 영이다. 사울의 실패는 예언의 영을 받으려고 한데 있다. 그리스도인도 예언의 영을 받으려고 한다. 예언의 영을 받으려는 것은 미래를 엿보려는 마음에 기인한다. 미래는 인간에게 속한 것이 아니다. 하나님에게 속한 것이다. 따라서 예언의 영을 추구하는 것은 하나님과 같아지려는 인간의 교만이 만들어내는 우상이다.

셋째, 사울의 실패는 다윗에 대한 미움과 두려움에 기인한다(삼상 13:6-9, 29). 미움과 두려움은 인간을 황폐화 시킨다. 그리스도인의 마음에 담겨진 것은 사랑과 희망이다. 사랑과 희망은 인간을 아름답게 만든다. 사울이 다윗에 대한 사랑과 다윗을 통한 이스라엘의 부흥에 대한 희망을 내다 봤다면 사울의 마음은 아름다웠을 것이다. 그의 마음이 질투와 미움과 두려움으로 덮여 있었기에 악령이 들어왔다.

그리스도인의 마음도 미움과 질투와 두려움이 덮을 때가 있다. 그러나 그리스도인의 마음에 근본적으로 들어와 있는 것은 사랑과 희망이다. 사울의 실패는 그리스도인의 지표이다. 황폐화 된 사울의 모습을 바라보면 그리스도인이 어떻게 살아야 하는지에 대한 안내를 받게 될 것이다.

생|각|하|기|

1. 교회가 타인을 위해 사는 삶이 왜 중요한지 말해봅시다.
2. 미래를 알고 싶어하는 마음은 어떤 점에서 잘못된 신앙인지 서로 이야기해봅시다.
3. 당신 안에 내재되어 있는 미움과 질투와 두려움은 어디에서 기인한 것인지 생각해봅시다.

사무엘 vs 우리

서무엘이 이르되 온 이스라엘은 미스바로 모이라 내가 너희를 위하여 여호와
께 기도하리라 하매 그들이 미스바에 모여 물을 길어 여호와 앞에 붓고 그 날
종일 금식하고 거기에서 이르되 우리가 여호와께 범죄하였나이다 하니라 사무
엘이 미스바에서 이스라엘 자손을 다스리니라 | 사무엘상 7:5–6
나는 너희를 위하여 기도하기를 쉬는 죄를 여호와 앞에 결단코 범하지 아니하
고 선하고 의로운 길을 너희에게 가르칠 것인즉 너희는 여호와께서 너희를 위
하여 행하신 그 큰 일을 생각하여 오직 그를 경외하며 너희의 마음을 다하여 진
실히 섬기라 | 12:23–24

사무엘은 선지자, 사사, 제사장의 직분을 수행한 마지막 사람으로
그리스도인이 신앙의 모습을 찾아가는 지표가 된다. 그리스도인은
하나님이 사무엘을 부르시는 사건에서 감동을 받는다. 사무엘을 신
앙인의 모델로 보는 것이다. 사무엘은 그리스도인이 신앙의 모습을
찾아가는 지표이지 모델은 아니다. 그리스도인은 사무엘을 자신과
비교해 보면서 신앙의 본질을 바라보는 지표로만 삼아야 한다.
　　첫째, 기억해야 할 장소에 대한 인식이다. 80년대 민주화의 요구
가 한국사회의 화두였을 때 한사랑 선교회를 중심으로 대규모의 신
앙집회가 있었다. 그때 내건 슬로건이 '미스바에 모여서 회개하자'

는 것이었다. 미스바는 사무엘이 이스라엘인에게 모여서 회개하자고
외친 장소이다. 그리스도인이 기억해야 할 장소는 미스바가 아니다.
갈릴리이다. 갈릴리는 예수가 가난한 사람과 아픈 사람들과 율법에
매여 있는 사람들에게 복음을 선포하시고 일하셨던 곳이다. 예수는
갈릴리 민중에게 회개를 요구하신 적이 없다. 갈릴리 민중의 삶의 질
고를 대신 짊어지시고 가볍게 해주셨을 뿐이다. 그리스도인은 갈릴
리를 기억해야 한다. 민중의 고통을 짊어져야 한다. 미스바를 기억하
는 것은 예수께서 하신 일을 외면하고 종교적인 만족감을 얻고자 하
는 종교적 이기주의에 지나지 않는다.

둘째, 누가 하나님과 나 사이에 서 있는가를 보게 한다. 사무엘은
제사장이다. 제사장으로서 하나님과 이스라엘 사람들의 중보자로 사
무엘이 서 있다. 그리스도인에게는 예수가 중보자이시다. 나와 하나
님 사이에 예수가 서 계신다. 그러나 많은 그리스도인은 목사가 나와
하나님 사이에 서 있는 것으로 생각한다. 중보자는 예수 밖에 없다.
교회도 나와 하나님 사이에 서 있을 수 없다. 나와 하나님 사이에 예
수가 아닌 다른 것이 서 있으면 신앙의 본질에서 어긋난 것이다.

셋째, 사무엘은 야웨 하나님이 이스라엘을 위해서 하신 일을 생각
하라고 말했다. 그리스도인이 생각할 것은 하나님이 나를 위해서 하
신 일을 생각하기 이전에 삼위일체 하나님이 겪으신 것을 생각해야
한다. 인간을 구원하시기 위해서 인간이 되시고 나를 온전히 하나님
나라로 인도하기 위해 내 몸에 거주하시는 경험을 기억해야 한다. 그
리고 나의 삶속에서 베풀어주신 은총을 기억해야 한다.

그분이 나에게 무엇을 해주었는가를 먼저 기억하는 것은 그리스도인에게 바람직하지 않다. 왜냐하면 나 중심의 사고를 하기가 쉽기 때문이다. 그리스도인은 하나님 중심의 사고를 해야 한다. 하나님이 겪으신 일의 바탕에서 나에게 베푼 은총을 기억하면 하나님을 위해서 할 일이 구체적으로 나타날 것이다. 하나님 중심에서 벗어나지 말자.

생|각|하|기|

1. 그리스도인이 갈릴리를 기억해야 하는 이유는 무엇입니까?
2. 하나님과 당신 사이에 어떤 존재를 세워놓고 있는지 말해봅시다.
3. 하나님 중심의 사고를 해야 한다는 것의 의미를 다시 한 번 생각해봅시다.

이런 기적을 꿈꿉시다

> 유대인은 표적을 구하고 헬라인은 지혜를 찾으나 우리는 십자가에 못 박힌 그리스도를 전하니 유대인에게는 거리끼는 것이요 이방인에게는 미련한 것으로 되 오직 부르심을 받은 자들에게는 유대인이나 헬라인이나 그리스도는 하나님의 능력이요 하나님의 지혜니라
>
> | 고린도전서 1:22-24

사람은 기적을 꿈꾼다. 삶이 팍팍하고 절망적일수록 더욱 그렇다. 성경에는 많은 기적이 기록되어 있다. 그러나 현실에서 기적을 보기란 하늘에서 별따기 만큼 어렵다. 왜 현실에서는 기적이 일어나지 않는가? 예수가 지금 이곳에 없기 때문일까? 아니면 그리스도인이 기적을 꿈꾸지 않아서 일까? 그리스도인들이 기적을 꿈꾸기는 하는 것일까? 그리스도인이 꿈꾸는 기적은 무엇일까? 아니 꿈꿔야 할 기적은 무엇일까?

그리스도인은 오병이어의 기적을 꿈꿔야 한다. 오병이어의 기적은 제자들이 갖고 있는 보리떡 다섯 덩어리와 물고기 두 마리를(요한복음은 어린아이로 나옴) 예수에게 주고 예수는 그것을 사람들에게 다 주었다. 그랬더니 수천 명이 먹고도 남은 것이 마태복음은 열두 바구니(14:13-21), 마가복음은 일곱 광주리나 되었다(8:1-10)고 기록한다.

그리스도인은 교회에 헌금한다. 사회에 기부하는 것보다, 국가에 내는 세금보다도 많은 돈을 교회에 헌금한다. 교회는 헌금한 돈을 세상에 다 내놓아야 한다. 그러면 교회는 더 많은 헌금으로 가득할 것이다. 오병이어의 기적을 꿈꾸자. 교회가 갖고 있는 모든 것을 세상과 사람들을 위해서 다 주자. 더 많은 것이 돌아올 것이다.

초대교회의 기적을 꿈꾸자(행 2:42-47). 초대교회에는 모두가 행복한 삶을 살았다. 모두가 필요한 것을 나누면서 공평하고 균등한 삶을 추구했다. 교회에 열심히 모이는 것이 기적이 아니다. 날마다 교인이 늘어가는 것이 기적이 아니다. 기적은 많이 가진 사람도 없고 적게 가진 사람도 없는 공평한 삶이다.

한국의 교회는 사회처럼 빈익빈 부익부에 시달린다. 대형교회는 점점 부자가 되고 가난한 교회는 생존의 위협을 받는다. 사회 전체에 걸쳐서 균등하고 공평한 삶을 기대할 수는 없다. 그러나 교회는 크고 작음을 막론하고 균등하고 동일한 삶을 살아야 한다. 교회는 예수의 몸이며 지체이기 때문이다. 교회의 규모를 공평하게 할 수 없지만 목회자의 생활은 공평하고 균등해야 하지 않겠는가. 교회에 열심히 모이는 것을 꿈꾸지 말자. 모두가 필요한 것을 나눠서 균등한 삶을 살았다는 기적을 꿈꾸자.

물이 포도주가 된 기적을 꿈꾸자(요 2:1-16). 물로 포도주를 만들자는 이야기가 아니다. 예수께서 계시지 않는 이상 물이 포도주가 되는 것은 불가능하다. 그러나 물이 포도주가 된 기적의 의미를 경험하는 것은 얼마든지 현실적으로 가능하다. 예수의 첫 번째 기적의 의미는 예수께서 결혼식에 초대받은 사람들을 기쁘게 하셨다는 것이다. 예수가 계신 곳에는 기쁨이 넘친다. 예수가 계신 곳에 초대 받은 사람은 기쁨의 기적을 경험한다. 갈릴리에서 제자들과 걸으면서 복음을 전파하는 예수를 지금 여기에서 만날 수는 없지만 교회로서 현존하시는 예수는 우리와 항상 함께 계신다. 교회로서 현존하시는 예수와 함께 있는 사람에게 예수께서 기쁨의 기적을 베푸신다. 예수와 함께 있음으로 인해서 모두가 기뻐하는 세상이 되는 기적을 꿈꾸자.

생|각|하|기|

1. 그리스도인들이 오병이어의 기적을 꿈꿔야 하는 이유에 대해서 설명해봅시다.
2. 초대교회에 일어났던 기적은 어떤 것들이었는지 말해봅시다.
3. 물이 포도주가 된 기적을 꿈꿔야 하는 이유에 대해서 설명해봅시다.

삶이 주는 시험

> 그 때에 예수께서 성령에게 이끌리어 마귀에게 시험을 받으러 광야로 가사 사
> 십 일을 밤낮으로 금식하신 후에 주리신지라 시험하는 자가 예수께 나아와서
> 이르되 네가 만일 하나님의 아들이어든 명하여 이 돌들로 떡덩이가 되게 하라
> … 이에 예수께서 말씀하시되 사탄아 물러가라 기록되었으되 주 너의 하나님
> 께 경배하고 다만 그를 섬기라 하였느니라 이에 마귀는 예수를 떠나고 천사들
> 이 나아와서 수종드니라 | 마태복음 4:1-11

위의 성경말씀은 예수께서 세례 요한에게 세례를 받고 광야에서
사십 일을 홀로 지내신 후에 마귀에게 시험 받으신 일을 기록한 것이
다. 예수의 시험이 기록된 이 본문을 어떻게 이해해야 할까? 예수에
게 국한된 시험으로 인식해야 하는 것일까? 대다수의 목사와 교인들
은 예수의 시험을 기록한 본문을 그리스도인에게 적용되는 관점에서
읽어가지 않는다. 그리스도인은 예수가 받은 시험을 받지 않는다. 그
렇다고 시험에서 면제되는 것도 아니다. 예수는 광야에서 시험을 받
았다. 그리스도인은 삶에서 시험을 받는다. 예수가 받은 시험은 고유
한 것이다. 그러나 그리스도인이 받는 시험은 모든 사람에게 해당되
는 것이다. 예수를 시험한 것은 마귀이다. 그리스도인을 시험하는 것

은 삶이다. 삶이 그리스도인을 시험한다. 예수처럼 광야에서 사십 일 동안 금식하지 않았어도 그리스도인은 시험을 받는다. 그리스도인은 삶에서 어떤 시험을 받을까?

그리스도인이 받는 시험은 첫째, 낮은 가치를 위한 삶을 살아가라는 유혹이다. 낮은 가치는 물질적인 가치를 추구하는 삶이다. 자본주의와 결탁한 한국교회의 축복사상이 낮은 가치를 지향하도록 우리를 유혹한다. 우리는 자신에게 이런 질문을 해야 한다. 정말 우리는 보다 높은 가치를 지향하는 삶을 살아가는 것일까? 예수가 선언한 하나님 나라를 바라보면서 초월하는 삶을 지향할까?

둘째, 인정받고 싶은 욕구이다. 높은 곳에서 뛰어내리라는 마귀의 요구는 다른 말로 하면 사람들의 주목과 환호성을 받게끔 만들라는 것이다. 사람은 인정받고 싶은 욕구가 있다. 그리스도인은 하나님으로부터 인정받아야 한다. 그러나 하나님의 인정은 보이지도 들리지도 않는다. 사람들로부터 인정받고 싶은 욕구를 과연 초월할 수 있을까?

셋째, 권위에 대한 복종이다. 우리는 과연 낮은 권위에 굴복하려는 속성을 초월할 수 있을까? 참된 권위는 진리에 대한 것이다. 그러나 현실은 그렇지 않다. 진리가 아니라, 거짓과 설득이 아니라, 부당한 힘의 사용 앞에 굴복하고 있다. 우리는 과연 진리를 따라서 부당한 권력과 낮은 권위에 대해서 저항하고 참된 권위에만 복종할까? 예수는 마귀의 시험을 이기셨다. 하나님의 말씀으로 사탄을 물리치셨다. 우리는 하나님의 말씀을 가지고 삶이 주는 시험을 이길 수 있을까?

생|각|하|기|

1. 그리스도인이 삶에서 받는 시험은 어떤 것들이 있는지 말해봅시다.

2. 높은 가치를 추구하는 삶이란 어떤 삶인지 생각해봅시다.

3. 사람들에게 인정받고 싶은 욕구를 우리는 어떻게 극복할 수 있을지 말해봅시다.

복음에 나타난 의

복음에는 하나님의 의가 나타나서 믿음으로 믿음에 이르게 하나니 기록된 바
오직 의인은 믿음으로 말미암아 살리라 함과 같으니라 | 로마서 1:17

바울은 복음에는 하나님의 의가 나타나서 믿음으로 믿음에 이르게
한다고 했다. 복음에 나타난 하나님의 의는 무엇인가?

첫째, 복음에 나타난 의는 우리를 바꾸는 대신에 하나님 자신을 바
꾸셨다는 것이다. 우리가 변화된 것이 복음이 아니다. 하나님이 변화
되신 것이 복음이다. 인간 중심으로 생각하면 내가 변화된 것이 가장
큰 것이다. 하나님 중심으로 생각하면 하나님이 변하신 것이 가장 큰
것이다. 하나님이 변했다. 인간 예수가 되신 것이다. 창조주가 피조
물이 되었다. 이것보다 더 큰 변화가 어디에 있었는가.

둘째, 특별한 사람을 세워서 말씀하시기보다는 직접 말씀하신 것
이다. 하나님은 예언자, 즉 말씀의 대변자를 통해서 말씀하셨다. 그
러나 복음은 직접 말씀하셨다. 예수가 하신 말씀이 하나님의 말씀이
다. 복음은 하나님이 예수 안에서 직접 말씀하셨기 때문에 말씀의 대
변자가 없다는 것이다. 더 이상의 말씀의 대변자는 없다. 말씀을 듣
고 따라서 살아가는 사람만 있을 뿐이다.

셋째, 사람들이 찾아오기를 기다리기보다는 직접 찾아가셨다. 사

람들이 하나님을 만나러 찾아간 것이 아니다. 하나님이신 예수가 사람들을 찾아 나섰다. 잃어버린 양을 찾아 나선 목자처럼 하나님인 예수가 잃어버린 자를 찾아 나섰다. 성령을 찾아서 우리가 나선 것이 아니다. 성령이 우리를 찾아 온 것이다. 복음은 찾아나서는 하나님의 모습을 보여준다. 그것이 복음에 나타난 하나님의 의다.

넷째, 복음에 나타나는 의는 하나님의 믿음을 우리에게 전가하는 것이다. 사람들은 우리가 믿어야 한다고 생각한다. 복음은 우리의 믿음을 말하는 것이 아니다. 복음은 우리에 대한 하나님의 믿음을 말한다. 하나님은 우리를 의롭다고 믿는다. 우리 자신이 의롭다고 믿는 것이 아니라 하나님이 우리를 의롭다고 믿는 것이다. 그것을 우리가 받아들여야 한다. 우리에 대한 하나님의 믿음을 우리가 믿어야 한다. 복음에 나타난 의는 우리를 의롭게 여기시는 하나님의 믿음에 대한 것이기 때문이다. 우리가 그것을 받아들이면 우리의 믿음이 되는 것이다. 믿음은 하나님에 대한 나의 확신이 아니다. 나에 대한 하나님의 확신이다.

생|각|하|기|

1. 하나님의 변하심은 당신에게 어떤 의미가 있는지 생각해봅시다.
2. 하나님의 찾아오심을 온전히 믿는다면 신앙인의 삶의 태도와 기도와 전도하는 자세는 어떻게 변화되어야 할지 생각해봅시다.
3. 복음에 나타난 하나님의 의를 통해서 믿음에 대한 정의를 새롭게 내려봅시다.

믿음의 독소 조항

어리석도다 갈라디아 사람들아 예수 그리스도께서 십자가에 못 박히신 것이
너희 눈 앞에 밝히 보이거늘 누가 너희를 꾀더냐 내가 너희에게서 다만 이것을
알려 하노니 너희가 성령을 받은 것이 율법의 행위로냐 혹은 듣고 믿음으로냐
너희가 이같이 어리석으냐 성령으로 시작하였다가 이제는 육체로 마치겠느냐

| 갈라디아서 3:1-3

비교적 초기 글인 갈라디아서에는 바울의 분노와 한탄이 들어 있
다. 복음을 듣고 믿음을 가진 갈라디아 교인들이 율법으로 돌아섰기
때문이다. 갈라디아인만 믿음에서 돌아섰을까? 한국의 교회와 교인
의 믿는 모습은 율법에 빠진 것은 아닐까? 복음은 자유를 주는 하나
님의 능력이다. 자유는 율법으로부터의 해방을 의미한다. 율법에 얽
매여 있던 자만이 복음이 주는 자유를 안다. 한국교회는 복음이 주는
자유를 알까? 아니 한국교회는 율법의 얽매임을 경험해본 적이 있을
까? 복음이 주는 자유는 율법의 얽매임을 계속적으로 저항하는 한
경험할 수 있다. 율법 없이는 복음의 자유를 알 수 없다는 것이다.

바울이 사역하던 시대에 율법은 누구나 경험하는 보편적인 규범이
었다. 구약의 계명이고 장로들의 유전이 율법이었다. 기독교가 들어
오던 시대에 율법은 유교였다. 유교는 개화기까지 사회 전반에 걸쳐

서 행동과 가치와 규범을 이끌어오는 원칙이다. 지금은 무엇이 율법일까? 교회에서 하나님의 말씀이라고 외쳐지는 많은 말들이 율법은 아닐까? 교회의 선포가 사람들에게 참 자유의 기쁨을 재확인한다면 복음이다. 그러나 사람들을 매이게 하고 억압하고, 지치고 힘들게 한다면 복음이라고 선포하는 것은 율법이다. 한국교회에서 율법은 교회 중심이 근원에 놓여있다.

성경에는 교회 중심이란 관점은 없다. 한국교회의 교회중심주의는 예수도 모르고 바울도 모르고 성서의 기록자들도 모르는 괴이한 것이다. 교회중심주의 주일성수주의가 한국교회의 율법이다. 교회중심주의 주일성수주의 이념에 빠져서 그리스도인은 서서히 정신과 힘이 고갈되어 가고 있다. 교회에서 그리스도인이 된 기쁨과 자유를 새롭게 확인해야 함에도 불구하고 점점 지쳐만 가고 있다. 한국교회는 교회지상주의의 율법에 빠져있다.

예수의 복음이 주는 자유를 완전하게 누리는 것은 성숙한 사람만이 할 수 있다. 성숙한 사람만이 율법이 없어도 자유를 경험할 수 있다. 완전히 성숙한 사람이 존재하는가. 바울도 완전히 성숙한 사람이 아니다. 따라서 바울도 율법이 없는 자유를 경험할 수 없었다. 바울은 율법을 인식했다. 율법이 얽어매는 문제를 철저하게 인식했다. 그래서 그는 복음의 자유를 누구보다 분명히 인식했다. 율법은 바울에게 복음의 자유를 경험하게 하는 절대적인 요소인 것이다. 그러나 한국교회가 빠져있는 교회지상주의 율법은 복음의 자유를 인식하지 못하게 하는 독소이다. 복음을 믿는다는 사람들이 빠져든 율법이기 때문이다. 교회지상주의는 사회적으로도 지탄을 받는 한국교회의 독소 조항이다. 교회의 분열과 분쟁이 복음을 흐리게 만든다. 교회를 예수의 몸이라고 고백하면서 목사와 교인은 몸을 찢어발기고 있다. 교회는 하나라고 말하면서 부자교회는 가난한 교회를 외면하고 있다. 바울에게는 분열하는 교회가 복음을 흐리게 만든다고 보았으나 우리에게는 분열한 교회가 복음을 흐리게 만들고 있다.

복음이 주는 자유는 관념이 아니라 현실이다. 그리스도인의 몸과 생활에서 드러나는 현실이다. 그러나 그리스도인의 생활이 복음이 주는 자유를 흐리게 한다. 그리스도인의 몸이 요구하는 욕망에서부터 초탈하지 못하고 물질적인 욕망과 욕구를 믿음의 이름으로 정당화하기 때문에 복음이 주는 자유는 현실에서 실제성을 상실한다. 믿는 사람이 믿음의 독소조항이다. 믿는 사람 때문에 복음은 복음이 되지 못하고 있다. 인자가 올 때에 믿음을 볼 수 있겠느냐고 예수께서 말씀하신 것처럼 믿는 사람이 믿음을 흐리게 한다.

생|각|하|기|

1. 그리스도인인 당신을 얽어매고 있는 율법은 무엇인지 서로 이야기해 봅시다.
2. 한국교회의 교회중심주의는 어떤 점에서 그리스도인들에게 복음의 자유를 누리지 못하게 하는지 생각해봅시다.
3. 믿는 사람들 때문에 복음이 복음 되지 못하는 사례를 주위에서 찾아봅시다.

선진들의 증거, 믿음에 대한 논증

믿음은 바라는 것들의 실상이요 보이지 않는 것들의 증거니 선진들이 이로써
증거를 얻었느니라 믿음으로 모든 세계가 하나님의 말씀으로 지어진 줄을 우
리가 아나니 보이는 것은 나타난 것으로 말미암아 된 것이 아니니라

| 히브리서 11:1-3

교회에서 가장 많이 들으면서도 정작 무엇인지 모르는 단어가 믿음일 것이다. 믿음은 무엇일까? 사람들은 믿음을 어떻게 이해할까? 사람들이 갖고 있는 믿음에 대한 인식은 확신이다. 확신에 찬 태도, 확신을 갖고 있는 긍정적인 태도를 사람들은 믿음으로 인식한다. 그것이 성경에서 말하는 믿음일까? 성경은 확신과 믿음을 동의어로 설명할까? 성경은 믿음에 대해서 무엇을 어떻게 말하는 것일까?

히브리서 11장에는 믿음이라는 단어가 가장 많이 나온다. 그래서 히브리서 11장을 믿음장이라고 말한다. 히브리서 11장은 믿음에 대해서 추상적으로 말하지 않는다. 사람들에 대해 구체적으로 말하며 그들의 생활은 믿음을 따라서 살았다고 주석을 달아 설명한다. 믿음이 무엇이라고 설명한 것이 아니라 그들의 생활이 믿음을 따라서 살았다는 것이다. 그들의 무엇이 믿음에 대해서 말하는 것인가.

첫째, 강요된 믿음은 믿음이 아니라 자발적인 믿음이 믿음이라고 설명한다. 성경에 나오는 믿음의 사람들은 믿음을 강요받은 적이 없었다. 그러나 그리스도인은 교회에서 믿음을 강요받고 있다. 목사의 설교 속에서 믿음을 강요받고 있다. 믿어야 한다고 강요한다. 믿으면 '아멘' 하라고 강요한다.

둘째, 이해된 믿음만이 믿음이다. 이해되지 않는 것은 믿어지지 않는다. 믿어진 것은 이해된 것이다. 믿음의 조상 아브라함이 그러했다. 새롭게 인류를 시작하는 하나님의 계획에 동참한 노아가 그랬다. 그들은 하나님의 말씀을 이해했다. 그래서 그들은 하나님의 말씀대로 행동했다. 하나님이 무엇을 하실 것인지 이해하지 못했다면 말씀에 따른 행동은 존재하지 않았을 것이다. 믿음이 행동으로 나아가는 것은 이해의 과정이 있기 때문이다. 이해되지 않으면 믿어지지 않는다. 믿어진 것은 이해된 것이다. 따라서 믿는다고 하면서 믿어지지 않는 것은 이해되지 않았기 때문이다. 믿음은 이해의 논리를 동반하는 것이다.

셋째, 신념과 확신은 믿음이 아니다. 허락된 믿음만이 믿음이다. 가인은 하나님이 자신의 제사를 받으실 것이라고 확신했다. 아벨의 제사와 마찬가지로 가인의 제사도 최선을 다한 것이기 때문이다. 하지만 하나님은 가인의 제사를 받지 않으셨다. 확신을 갖는 것은 믿음이 아니다. 받아들여진 것이 믿음이다. 아벨의 제사를 받으신 것이 믿음이다. 사람들은 믿음을 확신으로 생각한다. 그러나 하나님이 나의 확신을 받아들이지 않으면 확신은 믿음이 아니다. 베드로는 예수를 버리지 않겠다는 확신이 있었다. 바울도 확신이 있었다. 율법에 대한 확고한 신념과 믿음이 있었다. 그러나 그것은 믿음이 아니다. 믿음은 확신이나 신념이 아니다. 믿음은 허락되는 것이다. 베드로에게 믿음이 허락되었다. 바울에게 믿음이 허락되었다. 믿음의 삶을 살아간 선진들이 믿음에 대해서 증언한다. 믿음은 사람들이 생각하는 것과는 다른 것이라고 증언한다.

생|각|하|기|

1. 믿음과 확신의 차이점에 대해서 서로 나누어봅시다.
2. 성경에 나오는 선진들의 행동은 어떤 점에서 믿음이 있다고 하는지 말해봅시다.
3. 아벨과 가인의 제사를 통해 믿음은 무엇인지 정의해봅시다.

기억합시다

이러므로 우리에게 구름 같이 둘러싼 허다한 증인들이 있으니 모든 무거운 것과 얽매이기 쉬운 죄를 벗어 버리고 인내로써 우리 앞에 당한 경주를 하며 믿음의 주요 또 온전하게 하시는 이인 예수를 바라보자 그는 그 앞에 있는 기쁨을 위하여 십자가를 참으사 부끄러움을 개의치 아니하시더니 하나님 보좌 우편에 앉으셨느니라

| 히브리서 12:1-2

6월은(6일, 10일, 25일, 29일) 한국 근대사에서 유달리 많은 일들이 일어난 달이다. 6월은 기억하는 달이다. 지난 세기에 있었던 일들의 상처가 아직도 아물지 못하고 있다는 것을 기억하는 달이다. 뒤에 남겨진 상처와 흔적을 보지 않으면 미래는 부도덕할 뿐이라는 것을 기억하는 달이다. 미래는 과거를 기억하는데 있다. 과거를 잊어버린 민족과 국가의 미래는 부도덕하고 천박한 물질주의 가치관이 지배하는 사회가 될 것이다. 과거에 도도히 흘렀던 정신을 미래로 흘려보내야 한다. 그리고 현재는 과거와 미래가 소통하는 통로가 되어야 한다.

히브리서 기자도 믿음은 과거와 미래의 만남에 있다는 것을 분명히 자각한다. 믿음의 선진을 기억하라는 것이다. 히브리서 기자를 따라서 우리도 세 가지를 기억해야 한다.

첫째, 믿음의 선진들이 많이 있었다는 것과 그들은 예수를 바라봤으나 보지 못했다는 것이다. 히브리서 기자는 선언한다. 지금 여러분이 바라보는 예수는 믿음의 선진들이 가졌던 희망입니다. 그렇다. 과거의 희망이 현재에서 실현된 것이 믿음의 모습이다. 따라서 지금 여기에서 희망하는 것은 미래에서 실현되어질 모습이다. 믿음은 과거의 희망이 현재를 통해서 미래와 만나 실현되는 것으로 존재한다.

둘째, 역사에서 일어난 것을 기억해야 한다. 인간은 미래를 바라볼 수 없다. 그러나 과거를 조명할 수는 있다. 과거는 시간의 뒤안길에 있고 미래는 하나님의 내면에 있다. 과거는 인간이 지나온 길이고 미래는 지나갈 길이다. 지나온 길을 고찰하는 것은 인간의 일이고 지나갈 길을 만드는 것은 하나님의 일이다.

과거에 폴리캅이 있었다. "예수가 나를 떠난 적이 없었는데 어찌 내가 그분을 떠나리오." 과거에 루터가 있었다. "내가 여기 있나이다. 나를 도우소서." 시간의 뒤안길에 칼뱅이 있었다. 화렐은 칼뱅에게 말했다. "하나님은 도망가는 요나를 끝까지 쫓아가신다." 폴리캅의 말은 예수와 함께 생을 마치는 결단의 고백이다. 루터의 말은 진리를 위해서 혼자 거대한 권력과 맞선 한 무명의 수도사요 교수의 고백이다. 화렐의 말은 칼뱅이라는 한 청년을 종교개혁자로 부르는 소명이 되었다. 과거에는 그리스도인으로 살아간 사람들의 결단의 목소리가 있다. 과거에서 그리스도인의 정신과 만나고 그들의 소리를 듣지 못하면 천박한 물질주의에 근거를 둔 축복사상에서 벗어나지 못한다.

셋째, 예수의 부름을 받았던 사람을 기억해야 한다. 가룟 유다를 기억해야 한다. 유다는 부름을 받고 따라 나섰으나 부름에 합당한 삶을 살지 않았다. 그의 실패는 예수를 팔았다는 것에만 국한되지 않는다. 가룟 유다의 실패는 회개하지 못하고 죽었다는 데 있다. 유다는 후회했다. 예수를 배반한 것에 그는 깊은 후회를 했다. 그러나 그는 참회의 시간을 갖지 못했다. 세상에는 유다처럼 후회하지만 참회하지 못하고 생을 마감하는 사람들이 많이 있다. 그리스도인도 예외는 아니다. 최근에 자살한 사람들 가운데 그리스도인도 적지 않게 포함되어 있다. 후회와 참회는 함께 이루어져야 한다. 후회만으로는 부족하다.

바울은 데마가 세상을 사랑해서 떠나갔다고 기록했다. 바울과 함께 예수를 따르는 삶을 나섰다가 힘에 겨워서 바울을 떠나고 예수를 따르는 삶에서 떠난 것이다. 데마만이 아니다. 세상에는 예수를 따르는 삶을 시작했다가 떠나간 사람들이 많이 있다. 데마처럼 세상을 사랑해서 떠난 사람도 있을 것이다. 예수를 찾아온 부자 청년처럼 가진 것이 많아서 예수를 떠나간 사람들도 있을 것이다. 세상을 사랑해서 예수를 떠났든 예수를 따르는 삶이 힘겨워서 떠났든, 아니면 예수를 따르는 사람에게 실망해서 떠났든 간에 지나간 시간에는 떠나간 사람들이 있다. 떠나간 사람들을 기억해야 한다. 떠나기는 쉬우나 돌아오기는 어렵다. 떠난 사람들은 돌아오지 않았다.

우리는 선진들을 통해서 배워야 한다. 그들의 성공과 실패를 통해서 배워야 한다. 그들을 통해서 배우지 못하면 지금처럼 천박한 물질만능주의와 교회지상주의에서 벗어나지 못하기 때문에 우리의 미래는 없다.

생|각|하|기|

1. 믿음의 선진들을 통해 우리가 기억해야 할 것들은 무엇인지 말해봅시다.
2. 역사 속에서 기억해야 할 믿음의 사람들의 삶에 대해서 서로 이야기해봅시다.
3. 현행의 교회를 떠나는 사람들은 어떤 이유에서 떠나는 지 생각해봅시다.

품어야 할 것

> 너희 안에 이 마음을 품으라 곧 그리스도 예수의 마음이니 그는 근본 하나님의
> 본체시나 하나님과 동등됨을 취할 것으로 여기지 아니하시고 오히려 자기를
> 비워 종의 형체를 가지사 사람들과 같이 되셨고 사람의 모양으로 나타나사 자
> 기를 낮추시고 죽기까지 복종하셨으니 곧 십자가에 죽으심이라 이러므로 하나
> 님이 그를 지극히 높여 모든 이름 위에 뛰어난 이름을 주사 하늘에 있는 자들과
> 땅에 있는 자들과 땅 아래에 있는 자들로 모든 무릎을 예수의 이름에 꿇게 하시
> 고 모든 입으로 예수 그리스도를 주라 시인하여 하나님 아버지께 영광을 돌리
> 게 하셨느니라
> | 빌립보서 2:5-11

아들의 낮아짐을 통해서 우리가 고백하고 결단해야 할 것은 무엇
일까? 아들이 겸손하게 낮아진 것처럼 본문은 인격적인 겸손을 가르
치는 것일까? 한국교회의 설교는 예수의 낮아짐에서 겸손의 가르침
을 가져온다. 인격적인 겸손을 아들의 낮아짐에서 배워야 할 것이라
면 아들의 낮아짐은 인격적인 모범이며 범례가 된다. 아들의 낮아짐
이 인격적인 겸손의 범례일까? 아들의 낮아짐은 결단과 의지, 그리고
숭고한 희생이 어우러진 장엄한 서사시 같은 것이다. 그것이 어떻게
인격적인 겸손의 지표가 될 수 있단 말인가. 예수에 대한 믿음과 윤리
가 혼합되어 버린 한국교회의 설교는 복음을 윤리로 전환하고 있다.

예수의 낮아짐은 겸손의 모습이 아니다. 예수의 낮아짐은 인격적

인 겸손을 가르치는 말씀이 아니다. 바울은 겸손을 가르치기 위해서 본문을 기록한 것이 아니다. 본문은 그리스도인의 결단과 의지를 촉구하는 명령인 것이다. 예수의 결단을 통해서 그리스도인이 읽어야 할 것은 첫째, 있지 말아야 할 곳에 있어야 있을 곳에 있게 된다. 아들은 인간이 되었다. 아들은 있지 말아야 할 곳에 있기로 결단했다. 그래서 성부 하나님이 그를 지극히 높여서 만유의 주가 되게 하셨다. 그리스도인도 있지 말아야 할 곳에 있어야 있을 곳에 있게 된다.

둘째, 운명을 피하지 않아야 운명을 만난다. 예수의 운명은 십자가의 죽음이다. 예수가 자신의 운명과 대면하기까지 허락된 시간은 33년이었다. 33년 동안 지상의 모든 삶은 예수가 운명을 준비하고 나아가는 시간이다. 예수는 십자가에서 자신의 운명을 만났다. 예수가 만난 운명은 죽음을 의미하지 않는다. 십자가에서 예수는 아들로서 아버지를 대면한 것이다. 그리스도인도 대면하는 운명이 있다. 예수처럼 그리스도인은 하나님에 의해서 세상에 보내졌다. 따라서 모든 그리스도인은 각자에게 주어진 운명과 대면하도록 하나님은 촉구한다. 그리스도인은 자신이 반드시 성취해야 할 운명이 있다는 것을 인식할까? 그리스도 교회는 반드시 바라봐야 할 자신의 운명이 있다는 것을 인식할까?

셋째, 모든 것과 만나야 모든 것을 품는다. 예수는 모든 현실과 만났다. 사람들의 현실과 만났다. 민중들의 현실만이 아니다. 종교적 독선과 아집으로 살아가는 종교지도자들의 현실과도 만났다. 모든 사람들로부터 쫓겨난 한센병 환자들의 현실과도 만났다. 같은 이스라엘 민족이면서도 이스라엘 사람들로부터 멸시를 받는 사마리아 사람들도 만났다. 예수는 모든 현실의 사람들을 만나고 그들을 품었다. 그들의 삶을 다 긍정했다는 것이 아니다. 무거운 짐을 지고 살아가는 그들의 현실을 예수가 품었다는 것이다. 그리스도인과 그리스도 교회는 예수처럼 모든 현실을 만나는가. 그리스도 교회는 사람들이 살아가는 정치적인 현실, 경제적인 현실, 분단의 현실, 범세계적인 가난의 현실, 환경 파괴에 의한 생태계의 위기 현실을 만나고 품는가. 모든 것을 만나야 모든 것을 품을 수 있다. 예수가 모든 현실을 만났기 때문에 모든 것을 통일하는 만유의 주가 되신 것이다.

모든 것을 만나고 품어야 그리스도인과 교회는 세상의 빛과 소금이 될 수 있다. 현실을 외면하거나 왜곡된 현실(특정한 현실)에만 안주하면 어둠이 되어버린 촛불이며 맛을 잃어버린 소금이기 때문에 반드시 모든 것을 품으신 분에 의해서 바깥으로 내쳐져 슬피 울며 이를 갈게 될 것이다.

생│각│하│기│

1. 그리스도인인 당신이 있어야 할 곳은 어디인지 말해봅시다.
2. 당신이 그리스도인으로써 성취해야 할 운명은 무엇인지 생각해봅시다.
3. 그리스도 교회가 만나야 할 현실은 무엇인지 서로 나눠봅시다.

그리스도인의 정치 참여

날이 새매 백성의 장로들 곧 대제사장들과 서기관들이 모여서 예수를 그 공회로 끌어들여 이르되 네가 그리스도이거든 우리에게 말하라 대답하시되 내가 말할지라도 너희가 믿지 아니할 것이요 … 그들이 이르되 어찌 더 증거를 요구하리요 우리가 친히 그 입에서 들었노라 하더라　　　　　| 누가복음 22:66-71

빌라도가 예수께 물어 이르되 네가 유대인의 왕이냐 대답하여 이르시되 네 말이 옳도다 빌라도가 대제사장들과 무리에게 이르되 내가 보니 이 사람에게 죄가 없도다 하니 무리가 더욱 강하게 말하되 그가 온 유대에서 가르치고 갈릴리에서부터 시작하여 여기까지 와서 백성을 소동하게 하나이다 | 누가복음 23:3-5

그들이 예수를 맡으매 예수께서 자기의 십자가를 지시고 해골(히브리 말로 골고다)이라 하는 곳에 나가시니 … 빌라도가 대답하되 내가 쓸 것을 썼다 하니라
　　　　　| 요한복음 19:17-22

각 사람은 위에 있는 권세들에게 복종하라 권세는 하나님으로부터 나지 않음이 없나니 모든 권세는 다 하나님께서 정하신 바라 그러므로 권세를 거스르는 자는 하나님의 명을 거스름이니 거스르는 자들은 심판을 자취하리라

　　　　　| 로마서 13:1-2

　한국의 개신교는 유난히도 반사회적이다. 특히 복음주의라고 부르는 교회일수록 사회 참여의식, 역사의식, 사회 윤리의식이 희박하고 그들이 부르짖는 복음은 개인의 참회를 주장하지만 참회한 개인이 살아갈 새로운 사회, 건강한 사회, 민주적인 사회를 만들 생각을 조

금도 하지 않는다. 어쩌면 한국교회에서 건강한 시민의식을 깨우치는 것을 기대하기란 불가능할지도 모른다. 왜냐하면 한국교회는 민주적으로 운영되지 않고 전제주의 또는 독재주의에서 벗어나지 못하고 있기 때문이다. 기독교 정신이 시민정신을 잉태하고 민주사회를 건설하는 근거였다는 것은 한국인에게는 해당되지 않는 먼 나라 이야기일 뿐이다.

한국교회는 유교적 가부장적 윤리의식과 목사를 절대자로 인식하는 전제주의 의식을 기반으로 반사회적, 반정치적, 반역사적인 의식을 신앙과 복음으로 주장한다. 그들이 말하는 복음은 역사의식도 윤리의식도 실종된 개인의 물질적 풍요를 보장하는 표이다. 루터가 이 시대에 살았다면 개신교의 기복사상을 면죄부를 파는 행위로 해석했을 것이다.

한국교회가 정치의식이 결여 된 이유는 예수의 행위와 죽음을 정치적인 것으로 인식하지 않는 것에 기인하기도 한다. 그러나 밑바닥에는 유교적 가치관이 자리잡고 있으며 시민의 권리와 자유를 획득해보지 못한 역사적 경험이 아직도 유유히 흐르고 있기 때문이다.

예수의 죽음은 정치적인 의미가 있다. 성경은 그것을 분명히 명시한다. 예수는 처형된 왕이다. 로마는 예수를 유대인의 왕이라고 분명히 명시하고 처형했다. 제사장은 빌라도에게 예수를 처형하지 않으면 로마의 신하가 아니라고 분명히 선언했다. 로마에 의해서 처형된 유대인 왕의 죽음이 정치적인 의미가 없다는 것은 상식 이하의 해석이다.

모든 권위는 하나님으로부터 위임된 것이다. 따라서 정치적인 권력 역시 청지기 직분에 속한다. 청지기 직분을 맡은 자가 직분을 위임한 하나님의 뜻에 어긋난 행위를 하거나, 불의하게 자신에게 위임된 직분을 남용하면 직분을 빼앗기고 쫓겨나는 것이 예수께서 말씀하신 내용이다. 청지기 직분 가운데 가장 영향력을 크게 미치는 직분은 크게는 국가 권력을 사용하는 것이며, 작게는 교회 권력을 사용하는 것이다. 국가 수장이나 교회의 목사가 청지기 직분을 바르게 수행하지 않는다면 쫓겨나서 슬피 울며 이를 가는 것이 하나님의 뜻이다. 우리는 이것을 반드시 기억해야 한다.

예수의 비폭력 무저항은 그리스도인의 정치저항의 모델이다. 예수는 부당한 폭력의 희생자이다, 예수는 국가의 폭력에 의해서 희생되셨지만 폭력으로 폭력에 맞서는 것을 용납하시지 않았다. 저항하려는 베드로를 막아서신 것이 그것이다. 그렇다고 폭력을 행사하는 자들을 정당화하신 것도 아니다. 예수는 자신만의 고유한 방식으로 폭력에 대항하셨다. 비폭력 무저항은 예수께서 폭력에 저항하고 맞서신 방식이다. 예수는 세상의 한 가운데서 폭력에 의해서 생을 마치셨기 때문에 예수를 따르는 사람은 예수가 받은 세상의 폭력과 그분이 맞선 방식을 깊이 생각해야 한다.

최근에 일어난 한국사회의 촛불 저항은 그리스도인의 정치적 참여의 방식을 보여주고 있다. 촛불 저항은 시민운동의 방식으로 일어난 것이지만 근간에 깔려 있는 정신은 예수의 비폭력 무저항 의식이다. 예수는 비폭력 무저항으로 세상에 빛과 소금이 되어 폭력에 맞서서 희망과 꿈을 전하셨다. 따라서 촛불집회 같은 정치적 항의와 저항에 대한 참여는 하나님이 세상의 불의한 권력을 옮기시는 방식에 참여하는 것이다. 그리스도인은 시민 저항의식에 주체적으로 참여해야 한다. 사회의 등불이며 소금으로서 부패한 권력, 부패한 정권에 대해서 방관하는 것은 하나님을 믿지 않는 것과 같다. 하나님이 위임한 청지기로서 권력이 부패했을 때 하나님의 사람인 그리스도인은 누구보다 앞서서 부패한 권력에 경고를 보내야 한다. 그리스도인은 세상의 등불이다. 세상의 소금이다. 어둠을 몰아내고 부패를 방지하기 위해서 하나님이 사용하는 도구인 것이다. 따라서 그리스도인은 역사와 사회에 대한 책임을 깊이 자각해야 한다.

생|각|하|기|

1. 그리스도인이 정치와 사회에 참여하는 자세에 대해서 서로 이야기 해봅시다.
2. 당신은 폭력에 대해서 어떤 자세로 방어하는지 말해봅시다.
3. 예수님의 비폭력 무저항 방식은 그리스도인인 당신에게 어떤 의미를 주는지 이야기해봅시다

놀라야 할 일

인자가 자기 영광으로 모든 천사와 함께 올 때에 자기 영광의 보좌에 앉으리니
모든 민족을 그 앞에 모으고 각각 구분하기를 목자가 양과 염소를 구분하는 것
같이 하여 양은 그 오른편에 염소는 왼편에 두리라 … 이에 임금이 대답하여 이
르시되 내가 진실로 너희에게 이르노니 이 지극히 작은 자 하나에게 하지 아니
한 것이 곧 내게 하지 아니한 것이니라 하시리니 그들은 영벌에, 의인들은 영생
에 들어가리라 하시니라 | 마태복음 25:31~46

　　마지막 때에 양과 염소를 구별하듯이 의인과 불의한 자를 구별하
신다는 예수의 비유는 우리를 놀라게 한다. 그러나 비유에 근거해서
설교하는 사람이나 설교를 듣는 청중이나 이 비유를 읽는 사람, 그
누구를 막론하고 실제로는 전혀 놀라지 않는다. 이 비유를 너무 많
이 들었기 때문이기도 하지만 근본적인 것은 언제나 도덕적인 관념
에서 읽어가기 때문이다. 비유는 너무 쉽다. 이웃을 돌아보라는 것
이다. 얼마나 쉬운가. 이웃만 돌보면 양의 무리에 들어간다. 이렇게
쉬운 것에 놀라야 한다는 것은 억지처럼 보인다. 그러나 양과 염소
를 가르는 예수의 비유는 놀라움이다. 내용을 다시 생각하면 놀랄
수밖에 없다.

첫째, 형제 중에 작은 자와 지극히 작은 자는 누구인가? 그들은 어떻게 되는가를 질문하면 대답이 없다는 것이 놀라게 한다. 행위를 해야 하는 자는 확정해놓고 행위의 대상에 대해서 침묵하는 것은 이상하지 않은가. 그들은 어디에 속하게 되는가. 양인가 염소인가. 나는 형제 중의 작은 자에 속하는가. 아니면 돌보아야 할 형제에 속하는가. 형제는 누구인가. 개인인가. 아니면 교회인가. 다수의 사람인가. 어떻게 구분해야 하는가. 경제적인 규모로 구분해야 하는가. 심리적인 관점에서 구분해야 하는가. 가르는 분의 기준은 무엇인가. 침묵하고 있다는 것이 놀랍지 않은가.

둘째, 아무도 일어날 결과를 예측하지 못했다는 것이 놀라게 하는 이유이다. 결과에 대해서는 아무도 아는 자가 없다. 결과는 하나님만이 아신다. 미래는 아무도 모른다. 그러나 사람들은 미래를 알고 있다고 믿는다. 하나님이 보여줬기 때문에 안다고 생각한다. 그러나 그렇게 생각하는 것이 놀라움의 이유이다. 미래에 일어날 일은 전적으로 하나님에게 속한 것이다. 비밀이다. 그것을 우리가 안다는 것은 하나님의 영역이 축소된다는 것을 의미한다. 미래는 아들도 모르고 아버지에게만 속했다고 성경은 분명히 기록했다. 따라서 우리는 비유를 듣고 보기 때문에 결과를 안다고 생각하면 그것은 또 다른 놀라움의 이유가 된다.

셋째, 자신이 한 일이 하나님의 말씀을 지키는 것인지 모르기 때문에 선택되는 것과 자신이 한 일이 하나님의 말씀을 지키는 것임을 알기 때문에 배격되는 것이 놀라야 할 일이다. 비유가 말하는 선택과 배척의 이유는 말씀에 관계된 것이다. 말씀을 지키는 것이 지키지 않은 것이 되고 말씀을 지키지 않은 것이 말씀을 지키는 것이 되었다는 비유가 놀라야 할 이유이다. 예수가 관심을 두는 것은 말이나 종교적인 행위가 아니다. 예수가 관심이 있는 것은 마음이다. 그분은 자신의 마음과 일치하는 것을 원하신다. 그리스도인은 교회와 일치하려고 한다. 교회와 일치하는 것이 예수와 일치하는 것으로 생각한다. 그러나 예수는 그렇게 생각하지 않으신다. 자신의 마음과 일치하는 것이 자신의 행위와 일치하는 것으로 여기신다. 교회에 일치하는 행위를 하는 것이 예수와 일치하는 삶을 사는 것인가. 분명히 아니다. 만약 그렇다면 가장 열심히 교회생활을 하는 사람이 가장 예수다운 삶을 사는 사람이 되기 때문이다.

넷째, 놀라야 할 일은 믿는 사람과 믿지 않는 사람의 구분이 아니라 선택과 배척은 오직 믿는 사람들에게서만 일어나는 것이라는데 있다. 사람들은 믿는 자는 구원받고 믿지 않는 자는 영원한 형벌을 받는다고 믿는다. 예수는 그런 구분을 모르신다. 예수가 강조한 선택과 배척은 믿는 사람들에게만 해당되는 것이다. 양으로 선택된 사람이나 염소로 선택된 사람이다. 본질적으로 믿는 사람들이다. 믿는 사람들이 분리된다. 믿지 않는 자와 믿는 자로 분리하는 것이 아니다. 그것이 놀라야 할 이유이다.

다섯째, 체험을 하고 기적을 행하는 자는 배척되고 체험을 하지 못하고 기적을 행해보지 않은 자가 선택된다는 것이 놀라야 할 이유이다. 다시 말하면 확신을 가진 자는 배척당하고 확신을 갖지 못한 자가 선택되었다는 것이 놀라야 할 이유이다. 많은 그리스도인은 확신을 갖고 있다. 믿음의 확신이 없는 사람들은 확신을 추구한다. 그러나 내 믿음의 확신이 양의 무리에 속하게 만드는 것이 아닌 것을 모른다. 나의 믿음과 확신이 아니다. 그분의 믿음과 확신이다. 확신을 가진 자는 배척되었다. 확신이 없는 자는 선택되었다. 이 사실을 모르는 것이 놀라울 따름이다.

생|각|하|기|

1. 본문을 통해서 그리스도인들이 놀라야 할 사실에 대해서 말해봅시다.
2. 교회와 일치하는 삶과 예수와 일치하는 삶은 어떻게 다른지 서로 말해봅시다.
3. 확신을 가진 자는 배척당하고 확신을 가지지 못한 자가 선택되는 이유에 대해서 생각해봅시다.

바울의 사랑 고백

내가 주 안에서 크게 기뻐함은 너희가 나를 생각하던 것이 이제 다시 싹이 남이니 너희가 또한 이를 위하여 생각은 하였으나 기회가 없었느니라 내가 궁핍하므로 말하는 것이 아니니라 어떠한 형편에든지 나는 자족하기를 배웠노니 나는 비천에 처할 줄도 알고 풍부에 처할 줄도 알아 모든 일 곧 배부름과 배고픔과 풍부와 궁핍에도 처할 줄 아는 일체의 비결을 배웠노라 내게 능력 주시는 자 안에서 내가 모든 것을 할 수 있느니라 | 빌립보서 4:10-13

목사들과 그리스도인이 생각하는 것처럼 내게 능력 주시는 분 안에서 모든 것을 할 수 있다는 바울의 고백은 긍정적인 사고를 말하는 것이 아니다. 할 수 있다는 적극적인 성취동기를 유발시키는 심리적인 자기 암시도 아니다.

바울의 진술은 단지 사랑 고백일 뿐이다. 그분을 위해서 나는 끝까지 참아내고 견디겠다는 사랑을 고백한 것이다. 적극적인 사고방식의 마인드로 읽으면 바울의 고백을 왜곡하는 것이다. 바울은 무엇인가 성취했다고 말하지 않았다. 바울은 성공의 신념을 표현하지 않았다. 나는 끝까지 참겠습니다. 나는 끝까지 예수에 대한 사랑과 헌신을 포기하지 않겠습니다. 나는 끝까지 예수의 길을 따르겠습니다. 바울이 말한 것은 그의 결단의 표현이다.

바울의 고백을 기쁨으로 읽어야 한다. 바울은 미래를 향한 고백을 한 것이 아니다. 현재 상황에서 고백한 것이다. 성취동기나 적극적인 마인드라면 미래를 향한 신념을 표현한 것이다. 그러나 바울은 미래를 향한 신념을 표현한 것이 아니라 지금 당하는 고통에 굴복하지 않겠다는 결심을 말한 것이다. 지금 당하는 고통이 바울에게는 예수에 대한 사랑이기 때문에 기쁘다는 것을 말하는 것이다. 사랑하는 사람을 위해서 당하는 고통은 기쁨이다. 사랑하는 사람을 위해서 인내하는 것은 기쁨이다. 그가 나와 함께하는 것을 알고 겪는 아픔은 고통으로 느껴지는 것이 아니라 기쁨으로 승화되기 때문이다. 바울은 기쁨과 사랑을 고백하고 있다. 바울의 고백은 결심을 표현한다.

'당신이 나를 사랑하는 한 나는 이보다 더한 것도 참아내겠습니다, 당신이 나를 붙잡고 있는 한 나는 내가 버린 것에 대해서 아무런 미련을 두지 않겠습니다, 당신의 사랑이 나를 향하고 있는 한 나는 내가 떠난 그 시점에 언제나 머물러 있겠습니다, 당신의 사랑이 나를 기다리고 있는 한 나는 사랑의 여정에서 결코 쉬지 않겠습니다, 당신의 사랑이 생생한 한 나는 언제나 당신의 사랑에 머물겠습니다.'

바울의 사랑 고백을 적극적인 사고방식으로 읽어내는 것은 복음에 대한 왜곡이다. 믿음은 신념과 확신이 아니다. 할 수 있다. 하면 된다는 성취동기를 자극하는 심리적인 자기 암시도 아니다. 믿음은 사랑이다. 사랑의 인내와 사랑의 수고를 동반하는 사랑의 과정이다. 사랑은 성취하는 것이 아니다. 사랑은 사랑한 사람을 위해서 현실을 참고 견디는 것이다. 사랑은 근본적으로 기다림이기 때문이다. 바울은 예수의 사랑을 경험했다. 바울은 예수를 사랑했다. 그래서 예수에게 사랑을 고백하는 것이다. 본문은 바울의 사랑 고백이다.

생|각|하|기|

1. "내게 능력 주시는 자 안에서 내가 모든 것을 할 수 있다"는 바울의 고백을 당신은 어떻게 이해하고 있었는지 말해봅시다.
2. 적극적인 사고방식은 바울의 고백을 해석해 나가는데 어떤 오류를 범하게 되는지 이야기해봅시다.
3. 바울이 예수님에게 했던 사랑 고백을 통해 새롭게 인식하게 된 그리스도인의 삶의 자세에 대해서 말해봅시다.

능력과 증인

오직 성령이 너희에게 임하시면 너희가 권능을 받고 예루살렘과 온 유대와 사마리아와 땅 끝까지 이르러 내 증인이 되리라 하시니라 | 사도행전 1:8

사도행전 1장 8절만큼 그리스도인에게 좌절감을 주는 본문은 많지 않다. 대다수의 그리스도인은 본문이 말하는 것처럼 성령의 능력과 권능을 경험하고 있지 않기 때문이다. 반대로 목사들에게는 이 본문은 매우 유익하다. 교인들에게 성령의 능력과 권능을 받기 위해서 노력하라고(사모하라고) 목소리를 높이기 좋은 본문이며 나아가 선교지상주의를 표방하고 교회의 사회적인 책임, 역사적인 책임을 외면하는 것에 대해서 아무런 죄책감을 느끼지 않아도 무방하기 때문이다.

그러나 성령의 권능을 느끼려고 한다면 대다수의 그리스도인은 아직 증인이 아니다. 더구나 여기를 떠나는 것을 증인이 되는 것으로 생각하면 거의 모든 그리스도인은 증인이 아니다. 선교사를 보내고 교회를 세우는 것을 증인되는 것으로 생각하면 대형교회를 제외한 대다수의 작은 교회는 예수의 교회가 아니다.

예수의 복음은 대부분의 그리스도인과 교회를 부정하고 좌절시키는 말씀인가? 예수의 복음은 가난한 사람, 사회적, 도덕적으로 내세울 것이 없는 사람들에게 희망을 주는 말씀이 아닌가? 예수의 복음은 많이 가진 자, 도덕적으로 우월감을 느끼는 자, 사람들 위에 군림해서 지배하는 자들에게 분노를 일으키는 말씀이 아닌가?

능력은 생각과 가치관을 바꾸는 것을 의미한다. 사람을 신비하게 사로잡는 힘이 아니다. 인격의 변화와 세상을 대하는 삶의 태도를 바꾸는 것이 능력이다. 또한 내가 서 있는 곳이 예루살렘이고 유다고 사마리아고 땅의 끝이다. 예수는 우리에게 먼 곳으로 가라고 하는 것이 아니다. 내가 서 있는 그 자리에서 자신의 증인이 되라는 것이다.

증인은 자기의 경험을 말하는 것이 아니라 자기가 목격한 것을 말하는 것이다. 그리스도인은 예수를 증언해야 한다. 그러나 대다수의 그리스도인은 자신의 경험을 증언한다. 자신이 체험한 것을 증언한다. 자신의 경험을 증언하는 것은 자기를 증언하는 것이다. 자기가 자기의 증인이 되는 것이다.

간증집회를 의심해야 한다. 기도해서 병이 나았다는 기적의 증언을 의심해야 한다. 예수 믿으면 축복 받는다는 축복성회를 의심해야 한다. 능력 있는 종이라는 선전을 의심해야 한다. 능력있는 교회라는 선전을 의심해야 한다. 예수를 증언하는 증인이 아니라 자기를 증언하는 증인이기 때문이다.

예수가 주는 능력은 자기를 증언하는 것에만 관계된 것이다. 예수는 자기를 믿으면 행복하고 성공한다고 약속한 적이 없다. 예수가 약속한 것은 행복과 성공이 아니라 고난과 어려움이다. 예수는 고난을 약속하셨다. 예수는 십자가를 옮겨줌으로 말미암아 자기의 증인이 살아갈 삶의 모습을 설정하셨다. 타인을 위해서 대신 지는 십자가의 고난의 행진과 길이 예수가 제자에게 보장한 삶이다. 예수는 능력을 주신다. 예수가 주시는 능력은 제자를 만드는 능력이다. 예수는 제자를 만들라고 하신다. 자기의 삶을 재연하는 제자를 만들라고 능력을 주시는 것이다. 교회지상주의와 선교제일주의를 정당화하기 위해서 증인이 되라고 말씀하시는 것이 아닌 것이다.

생|각|하|기|

1. 그리스도의 증인으로써 증언해야 할 일들은 무엇인지 말해봅시다.
2. 예수님이 제자들에게 능력을 주시는 진정한 이유는 무엇인지 말해 봅시다.

임금과 나

예수께서 다시 비유로 대답하여 이르시되 천국은 마치 자기 아들을 위하여 혼인 잔치를 베푼 어떤 임금과 같으니 그 종들을 보내어 그 청한 사람들을 혼인 잔치에 오라 하였더니 오기를 싫어하거늘 … 임금이 사환들에게 말하되 그 손발을 묶어 바깥 어두운 데에 내던지라 거기서 슬피 울며 이를 갈게 되리라 하니라 청함을 받은 자는 많되 택함을 입은 자는 적으니라 | 마태복음 22:1-14

자신은 의식하지 않지만 소위 신앙이 좋다는 사람일수록 하나님을 통제하려고 한다. 열심히 기도하고 교회에서 많은 일을 하고 헌금을 많이 하면 하나님의 복을 받는다고 생각하는 것은 하나님을 통제하는 것이다. 즉 기도와 봉사와 헌금이 하나님을 제한하는 것이다. 기도하고 봉사하고 헌금을 열심히 하는데 하나님이 인생을 힘들게 하고 좌절시키며 나아질 기미를 전혀 주지 않는다면 어느 누가 하나님을 믿으면 복 받는다는 말에 선동되겠는가. 현재는 어려워도 미래는 하나님이 복 주신다는 축복사상에 대한 맹목적인 믿음을 갖고 있기에 사람들은 오늘도 열심히 교회생활을 한다.

신앙인은 하나님을 통제한다. 우리가 원하는 대로 하나님이 행동하기를 기대한다. 그러나 성경은 정반대를 말한다. 하나님의 행동은 예측되지 않는다는 것이다. 하나님은 우리의 기대를 충족시키는 분이 아니라고 말씀한다. 예수의 비유가 그것을 가르친다.

첫째, 임금의 행동은 예측되지 않는다. 누가 나가서 아무나 다 데리고 오라고 말할줄 알았겠는가. 아무도 임금이 그렇게 할 것을 예측하지 못했다.

둘째, 그렇게 데리고 온 사람들 가운데 예복을 입지 않았다고 쫓아낼 줄은 또 어찌 알았겠는가. 대다수의 목사와 교인들은 예복을 믿음으로 해석한다. 믿음이 없이 임금의 잔치에 왔기 때문에 쫓겨나게 되었다는 것이다. 따라서 믿음의 예복을 준비하자고 말한다. 그러나 본문에서 주목할 것은 내가 준비하는 것이 아니라 임금의 시선이다. 아무도 예복 없이 들어온 사람에 대해서 특별한 생각이 없음에도 불구하고 임금만이 그에게 시선을 두었다는 것이다. 즉 임금만이 그를 알아봤다는 사실이다. 아들의 혼인잔치 자리에 슬그머니 들어온 자를 정확히 아는 분은 임금인 하나님이다. 아무도 모르지만 임금만이 알아본 예복 없는 자는 누구인가. 그는 사탄이다. 에덴동산에서 뱀을 정확하게 알아내는 분은 하나님이다. 유다에게 사탄이 들어가는 것을 정확히 아시는 분은 예수님이다. 빛의 천사로 가장하고 슬그머니 들어오는 것은 사탄이다. 예복을 갖추지 않은 자는 사탄이다. 사탄이 슬그머니 아들의 혼인잔치 자리에 가장하고 끼어든 것이다.

셋째, 아들의 혼인잔치 비유는 근본적으로 그리스도인에게 불안을 주는 말씀이다. 왜냐하면 내가 어디에 속하는지 모르기에 그러하다. 예수의 상황에서 읽어보면 거절한 사람들은 유대인이다. 나중에 들어온 사람들은 가난한 사람, 사마리아 사람, 세리 등 경건한 유대인들이 멸시하던 사람들이다.

그러나 지금 이 성경본문을 읽는 그리스도인에게 있어서 청함을 받았으나 거절한 사람은 유대인이 아니라 바로 내가 될 수도 있다. 내가 청함을 받았으나 혼인잔치 날에 거절받을 수도 있는 것이다. 미래의 내 모습은 나도 모르기 때문이다. 나는 어디에 속하는가. 청함을 받았지만 거절한 사람에 속하는가. 아니면 길거리에서 불려나온 사람에 속하는가.

바울은 너의 구원을 두려움과 떨림으로 이루라고 말했다. 구원은 천국행 표를 손에 쥔 것과 같은 것이 아니다. 구원은 나의 확신에 달린 것이 아니다. 하나님의 은혜와 선택에 달린 것이다. 미래의 구원은 아무도 모른다. 오직 하나님만이 아시는 것이다.

생│각│하│기│

1. 본문에는 어떠한 하나님의 속성이 나타나 있는지 말해봅시다.
2. 구원을 두려움과 떨림으로 이루라는 바울의 말을 생각해보고 구원 받았다고 확신하는 그리스도인들의 신앙 태도는 어떤 점에서 잘못되었는지 말해봅시다.

엘리야를 기억합시다

> 그들이 떠나매 예수께서 무리에게 요한에 대하여 말씀하시되 너희가 무엇을 보려고 광야에 나갔더냐 바람에 흔들리는 갈대냐 그러면 너희가 무엇을 보려고 나갔더냐 부드러운 옷을 입은 사람이냐 부드러운 옷을 입은 사람들은 왕궁에 있으니라 … 세례 요한의 때부터 지금까지 천국은 침노를 당하나니 침노하는 자는 빼앗느니라 모든 선지자와 율법이 예언한 것은 요한까지니 만일 너희가 즐겨 받을진대 오리라 한 엘리야가 곧 이 사람이니라 | 마태복음 11:7-14

엘리야는 한국교회에서 자주 회자되는 인물이다. 엘리야가 경험했던 기적의 이야기는 목사들이 설교하기에 아주 좋은 범례가 되기 때문이다. 그러나 정작 한국교회의 목사와 교인들은 엘리야 선지자의 이야기를 예수 그리스도의 정신을 통해서 읽어내지 못하고 있다. 한국교회의 설교에는 예수 그리스도의 정신과 관련 없이 자신들의 이기적인 신념의 투영이 들어 있다. 기도 만능의 사상과 감정적 열광주의에 대한 경계, 진실한 신앙인이 있을거라는 믿음을 갖고 있으면서 자신은 그들에게 속한 사람일까 하는 반성과 성찰이 없는 모순된 태도, 목사를 돌보는 교인들에 대해서 감사할 줄 모르는 태도 그리고 그것을 당연시 하는 교인의 모습들이 한국교회 목사와 교인들이 갖고 있는 잠재된 인식이다.

그러나 예수 그리스도의 정신으로 엘리야를 읽으면 전혀 다른 관점이 열려진다. 첫째, 엘리야가 사르밧 과부에게 보내진 것은 엘리야를 위함이 아니라 그들을 위함이라는 것이다(왕상 17:8-16). 사르밧 과부가 엘리야를 지탱시키는 것이 아니라 하나님이 사르밧 과부의 삶을 지탱시키기 위해서 엘리야를 보냈다는 것이다. 교인이 교회를 위해서 있는 것이 아니라 교회가 교인을 위해서 있는 것이다. 교회는 사람을 위해서 있는 것이다. 사람이 교회를 위해서 있는 것이 아니다. 그렇기 때문에 교회를 위한 프로그램이나 교회를 위한 헌금의 사용은 사르밧 과부에게 엘리야를 보낸 하나님의 뜻에 맞지 않으며 예수 그리스도의 정신과 위배되는 것이다. 교회 재정의 대부분은 가난한 사람의 삶을 위해 사용되어야 한다. 교회의 재산을 확장하는 곳에 또는 선교한다는 명목으로 가난한 삶을 외면하는 것은 그리스도의 교회가 아니다.

　둘째, 호렙산에서 드린 엘리야의 기도를 기억해야 하는 것이 아니라 바알 선지자와 아세라 선지자의 기도를 비웃은 엘리야를 기억해야 한다(왕상 18:20-29). 그들의 기도는 한국교회의 기도의 모습과 유사하기 때문이다. 그들은 큰소리로 기도했다. 그들은 춤을 추면서 노래를 부르면서 기도했다. 그들이 우상에게 한 기도와 예배의 모습은 한국교회의 기도와 예배 모습과 유사하지 않은가. 바알 선지자들의 기도를 엘리야는 비웃었다. 우리 시대에 엘리야가 있다면 한국교회의 예배와 기도를 비웃을 것이다. 기도와 예배의 경건함과 엄숙함, 진지함을 회복해야 한다. 감정에 충실한 열광주의적인 예배와 자기 암시를 계속하는 것과 같은 기도를 버려야 한다.

셋째, 엘리야는 세상을 새롭게 하기 위해서 보냄을 받았음을 기억해야 한다(왕상 19:9-13). 하나님은 엘리야를 보내서 이스라엘의 새로운 왕을 세우셨다. 엘리야는 새로운 시대를 여는 하나님의 메신저였던 것이다. 그러나 더 중요한 것은 엘리야는 그리스도인에게 특별한 의미가 있다는 것이다. 엘리야는 예수의 길을 예비하러 왔다는 것을 기억해야 한다. 사람들은 예수를 엘리야로 생각했다. 예수는 세례 요한이 엘리야라고 정정해주셨다. 메시아는 오셨다. 메시아가 오심을 가리키는 지표는 교회와 교인이다. 사람들은 교회와 교인을 보면서 메시아이신 예수의 오심과 오실 것을 바라보는가. 우리는 사람들에게 엘리야로서 인식되는가. 우리 자신은 이 시대의 엘리야임을 인식하는가.

생|각|하|기|

1. 당신이 다니는 교회의 재정 중에 구제비는 몇 퍼센트를 차지하고 있는지 알아봅시다.
2. 당신이 요즘 기도하는 내용은 무엇인지 말해보고 그것은 어떤 점에서 교정되어야 하는지 서로 이야기해봅시다.
3. 세상을 새롭게 하기 위해 교회와 그리스도인이 해야 할 일들에 대해서 생각해봅시다.

종의 멍에를 벗읍시다

보라 나 바울은 너희에게 말하노니 너희가 만일 할례를 받으면 그리스도께서
너희에게 아무 유익이 없으리라 | 갈라디아서 5:1

그리스도인들은 멍에를 쓴 종이다. 결코 멍에로부터 자유롭지 않
다. 예수는 사람들이 짊어진 짐을 내려놓게 하시고 자신의 멍에를 그
리스도인들에게 옮겨 놓으셨다. 그리스도인이 자유롭다는 것은 자신
이 지고 있는 짐으로부터 자유롭다는 것이지, 예수가 옮겨 놓은 그분
의 짐과 멍에로부터 자유롭다는 것은 아니다. 그리스도인은 멍에를
메고 있는 종이다. 예수가 주는 멍에를 메지 않으면 세상이 주는 멍
에, 자신이 만든 멍에인 종의 멍에를 여전히 메고 있는 것이다. 따라
서 분별하고 선택해야 한다. 예수가 주는 멍에를 짊어질 것인가 아니
면 세상이 주는 종의 멍에를 짊어질 것인가.

첫째, 예수가 주는 멍에와 종의 멍에를 구별해야 한다. 예수가 주
는 멍에는 책으로부터의 자유하게 되는 멍에이다. 유대인들은 율법
으로부터 자유롭지 못했다. 율법은 하나님의 말씀이 기록되어 있는
책이다. 책에 기록된 문자와 책이 모든 사람을 구속했다. 예수는 책

으로부터 자유를 주신다. 유대인은 성전에서 자유롭지 못했다. 성전은 거룩한 장소이다. 성전에서 하나님을 만나고 제사를 드렸다. 예수는 성전에서부터 자유를 주셨다. 예수가 주는 멍에는 예수의 삶을 따르는 것이다. 오늘 한국의 그리스도인은 책으로부터 교회로부터 자유롭지 못하다. 예수의 정신과 삶의 멍에를 쓰는 대신에 성경이라는 거룩한 책과 교회라는 것에 얽매여 있다.

둘째, 성경이라는 책과 거기에 기록된 문자에 얽매이는 것은 율법에 얽매이는 것이다. 책에 기록되어 있기 때문에 인류가 구원된 것이 아니다. 인류의 구원이 일어난 것을 기록한 것이 책이다. 책이 먼저가 아니다. 사건이 먼저다. 유대인의 종교지도자는 사람들을 책에 복종시켰다. 그럼으로써 종교지도자는 사람들 위에 군림하였다. 책을 읽고 해석하고 책을 통해서 명령하는 것이 그들이기 때문이다. 루터는 책을 성직자들의 손에서부터 해방시켜서 모든 사람에게 주었다. 칼뱅은 목사가 성경을 해석하는 독점적 지위를 부정했다. 성경을 해석하는 것은 성령이 해주시는 것이기 때문에 목사의 독점적 권위는 부인된다.

셋째, 종교개혁자는 성전이라는 거룩한 장소를 부정하였다. 그리스도인의 모임의 장소로서 교회라는 세속적인 장소를 도입했다. 교회는 장소의 개념 이외에 아무것도 없다. 그러나 한국교회의 목사들은 교회를 장소의 개념이 아니라 거룩한 곳의 개념으로 바꾸어 놓았다. 교회를 성전이라고 말하면서 교회에서 하는 일만이 하나님을 향한 거룩한 신앙의 복종인 것처럼 주입시켰다. 예수는 율법이라는 성경과 성전이라는 거룩한 장소에 얽매인 짐을 내려놓게 하시고 자신의 정신과 삶에 묶어지는 멍에를 주셨다. 그러나 오늘날 한국교회는 예수의 정신과 삶의 멍에를 지는 대신에 책과 교회에 얽매이는 멍에를 지고 있다. 그리스도인을 책과 교회에 매이게 함으로써 예수의 제자가 아닌 목사의 제자로 만들고 있다.

예수가 주는 멍에와 종의 멍에를 구별하자. 예수가 주는 멍에를 쓰지 않으면 종의 멍에를 쓴다는 것을 기억하자. 대부분의 그리스도인이 쓰고 있는 멍에는 예수가 주는 멍에가 아니라 종의 멍에였다는 것을 기억해야 한다. 종의 멍에를 벗고 예수가 주는 멍에를 쓰자.

생|각|하|기|

1. 현재의 삶 속에서 당신에게 교회와 책이 주는 멍에는 무엇인지 말해봅시다.
2. 예수님이 우리에게 주신 멍에는 무엇인지 생각해봅시다.
3. 예수님께서 우리에게 주신 자유에 대해서 서로 말해봅시다.

나봇의 포도원

여호와의 말씀이 디셉 사람 엘리야에게 임하여 이르시되 너는 일어나 내려가
서 사마리아에 있는 이스라엘 아합 왕을 만나라 그가 나봇의 포도원을 차지하
러 그리로 내려갔나니 … | 열왕기상 21:17–19
아합이 이 모든 말씀을 들을 때에 그의 옷을 찢고 굵은 베로 몸을 동이고 금식
하고 굵은 베에 누우며 또 풀이 죽어 다니더라 … | 21:27–29

　나봇의 포도원을 탐하는 아합 왕의 모습에서 한국교회는 어떤 교
훈을 받을까? 사회정의와 사회윤리가 부재한 기복사상과 개인주의,
물질주의에 물든 한국교회는 나봇의 포도원을 탐하는 아합에게서 무
엇을 배웠을까? 아마도 가난한 자의 것을 탐하는 것은 죄라는 설교
는 했을지언정 나봇의 포도원을 탐하는 것과 부동산 투기를 하는 것
을 연계하는 것은 배우지 못했을 것이다. 아마도 한국교회는 나봇의
포도원으로부터 하나님이 인정하는 꿈과 죄를 분별하는 지혜를 배우
지 못했을 것이다. 한국교회와 보수적인 그리스도인은 강하게 부정
할지 모른다. 정당하게 투자하는 것과 부당하게 빼앗는 것은 분명히
다르다고…… . 부당하게 빼앗는 것과 자본주의가 용인하는 투자는
다른 개념이다. 그러나 투기를 통해서 소유를 넓히고 없는 사람의 꿈
을 좌절시키는 것은 부당하게 빼앗는 것과 방법만 다를 뿐 결과는 똑
같은 것이다. 사회정의와 윤리가 배재된 축복사상과 국가와 공동체

에 대한 주체적인 책임의식을 삭제한 성공지상주의는 예수의 복음을 변질시키는 것이다. 비그리스도인이 예수의 복음을 변질시키는 것이 아니다. 그리스도인이 예수의 복음을 변질시킨다. 본문은 가르친다.

첫째, 적게 가진 자가 많이 가지려는 것은 꿈을 꾸는 것이지만, 많이 가진 자가 더 많이 가지려는 것은 욕망이다. 하나님은 없는 자의 꿈은 인정하신다. 그러나 가진 자의 욕망은 인정하지 않으신다. 욕망과 꿈은 죄와 희망이 무관한 것처럼 관련되어 있지 않다. 한국교회에서 복을 남발하고 복을 받겠다는 수많은 그리스도인은 꿈을 꾸는 자인가, 아니면 욕망을 충족시키는 자인가는 하나님만이 아시는 것이 아니다. 사회, 경제적인 관점에서 누구나 아는 것이다. 나봇의 포도원을 탐하는 아합과 더 많이 가질 수 있는 것을 약속하는 목사나 더 많이 갖고자 하는 교인은 동일한 죄를 짓는 것이다.

둘째, 하나님은 전체를 보시며 많이 가진 자와 힘 있는 자의 사소한 죄를 결코 용서하지 않으신다. 나봇의 포도원을 빼앗은 것은 사소한 것이다. 그러나 사소한 죄를 지은 자의 사회적인 신분과 힘은 결코 작지 않다. 하나님은 가진 자와 힘 있는 자의 사회적인 책임을 중요시 여기기 때문에 그들의 사소한 죄는 결코 작은 것이 아니다. 하나님은 가난한 개인 개인을 돌보시지 않는다. 개인을 돌아볼 경우는 사렙다 과부처럼 또는 쫓겨난 아브라함의 첫 번째 아내처럼 극히 예외적인 경우만 돌보신다. 사회제도와 분배 정의를 통해서 사회적 불평등과 불균형을 해결하게 하신다. 이스라엘인 모두가 가난한 시절에 하나님은 직접 전체를 먹이셨다. 광야에서 만나와 메추리가 그것이다. 가나안에 들어선 이후 하나님은 땅이 없는 레위인을 땅 가진 지파가 공동으로 돌보라고 명령하셨다.

셋째, 아합의 회개를 받아들이신 것은 많은 사람의 고통을 덜게 하기 위해서다. 아합의 회개는 개인적인 차원이 아니다. 없는 자, 가난한 자의 회개는 개인적인 차원이다. 그러나 힘 있는 자의 회개는 개인적인 차원이 아니다. 물론 회개하는 개인으로 본다면 개인적이다. 그러나 그의 회개를 받아들이는 것은 그의 죄 때문에 수많은 사람이 고통 받는 것을 경감하기 위해서다. 다윗의 죄 때문에 수많은 이스라엘 사람들이 죽었다고 성경은 기록했다. 또한 아담의 죄 때문에 모든 인류가 죽음에 이르렀다고 성경은 기록했다. 아합의 죄 때문에 이스라엘 전역에 3년 동안 가뭄이 들었다. 아합 한 사람의 죄 때문에 모든 이스라엘 사람이 고통을 받은 것이다. 가난한 자의 죄는 그에게만 미친다. 그러나 가진 자, 힘 있는 자의 죄는 전체에 미친다. 하나님이 그들의 회개를 받아들이시는 것은 전체를 위하기 때문이다.

생|각|하|기|

1. 나봇의 포도원을 탐하는 아합의 태도는 한국교회의 어떤 모습과 닮았는지 말해봅시다.
2. 가진 자가 가난한 자를 돌봐야 하는 이유는 무엇인지 생각해봅시다.
3. 하나님께서 아합의 회개를 받아들이신 궁극적인 이유는 무엇인지 말해봅시다.

죄에 대한 단상

> 침상에 누운 중풍병자를 사람들이 데리고 오거늘 예수께서 그들의 믿음을 보
> 시고 중풍병자에게 이르시되 작은 자야 안심하라 네 죄 사함을 받았느니라
>
> | 마태복음 9:2

율법이 지배하던 시대에서 죄는 쉽게 이해되는 것이었다. 계명을 지키지 않으면 죄였다. 율법이 지배하지 않는 세상에서 죄는 쉽게 이해되지 않는다. 무엇이 죄일까? 성경은 죄에 대해서 뭐라고 말할까. 예수는 죄를 어떻게 생각했을까? 예수 앞에 나온 중풍병자가 죄를 지었다고 주장하는 것은 옳다고 볼 수 없다. 숨겨진 죄를 예수가 알고 있다고 말하는 것도 정당하지 않다. 예수는 병과 죄를 연계시키지 않기 때문이다. 죄를 말한 것은 예수가 하나님이라는 것을 말해주는 것이다. 하나님 앞에서는 누구나 죄인이며 죄를 지었기 때문이다. 따라서 죄에 대한 짧은 이해를 찾기 위해서 우리는 성경의 본문을 찾아야 한다.

사무엘상 8장 4-7절에서 우리는 첫 번째 죄에 대한 이해를 발견한다. 본문은 효율적으로 국가를 관리하고 방어하기 위해서 이스라엘

이 왕을 요청한 본문이다. 그런데 하나님은 그들의 요청을 죄라고 규정하셨다. 이스라엘의 요청 속에 하나님이 아닌 다른 것을 왕으로 만드는 우상숭배의 사상을 읽으셨기 때문이다. 하나님 대신에 다른 것을 선택하면 우상이다.

누가복음 12장 16-21절에 나오는 부자의 이야기 속에는 그리스도인이 생각해야 할 죄의 단상이 있다. 예수가 말하는 이야기의 핵심은 자신의 만족을 추구하는 인간의 본질이 죄라는 것이다. 열심히 노력했기 때문에 당연히 누릴 권리가 있다고 생각하는 것을 예수는 죄로 여기셨다. 현대인은 그렇게 생각하지 않는다. 열심히 일했기 때문에 누리고 싶어한다. 부자의 생각은 모든 그리스도인의 생각과 동일하다. 저축을 하고 투자를 하고 여행을 다니고 삶을 즐기겠다는 현대인의 모습이 예수가 지적한 부자의 모습이다. 죄는 죄책감을 동반하는 윤리의식의 발로이거나 율법 또는 법을 어기는 행위가 아니다. 만족을 추구하려는 인간 본질이 죄의 모습이다.

마태복음 18장 23-35절에 나오는 무자비한 종의 비유에서도 죄의 단상을 발견할 수 있다. 예수의 비유가 지적하는 죄는 약자를 지배하는 인간의 지배욕이다. 인간은 돈과 권력을 소유하려고 한다. 자유를 추구하기 때문이 아니다. 돈과 권력을 소유하면 타인에게 영향력을 미칠 수 있기 때문이다. 돈과 권력을 통해서 타인을 구속하고 자신의 자유를 누리려고 하는 것이 인간의 속성이다. 돈과 권력을 가진 자가 낮아진 적은 결코 없었다. 돈과 권력은 타인을 지배하게 만들기 때문이다. 타인을 지배하는 자는 하나님이 용서하지 않으신다. 용서 받은 빚쟁이가 자신에게 적은 빚을 진 자를 용서하지 않았기 때문에 하나님이 용서하지 않은 것이 아니다. 약자를 지배하지 않으시고 인격적으로 대하시는 하나님을 경험했음에도 불구하고 자기보다 약한 자를 인격적으로 대하지 않고 지배하는 자를 하나님이 용납하실 수 없었던 것이다. 타인을 지배하면 하나님이 용서하지 않으신다. 지배욕은 죄다. 하나님은 죄를 용서하지 않으신다.

생|각|하|기|

1. 하나님 외에 다른 것을 선택하고 있다면 무엇인지 말해보고 그것이 왜 죄에 속하는지 이야기해봅시다(사회, 교회, 개인적인 차원에서).
2. 만족을 추구하는 인간의 본질이 하나님 앞에서는 왜 죄가 되는지 서로 말해봅시다.
3. 우리의 주변에 약자를 지배하는 인간의 지배욕이 드러나고 있는 사례에 대해서 서로 말해봅시다.

이때에

이 때에 예수께서 기도하시러 산으로 가사 밤이 새도록 하나님께 기도하시고 밝으매 그 제자들을 부르사 그 중에서 열둘을 택하여 사도라 칭하셨으니 곧 베드로라고도 이름을 주신 시몬과 그의 동생 안드레와 야고보와 요한과 빌립과 바돌로매와 마태와 도마와 알패오의 아들 야고보와 셀롯이라는 시몬과 야고보의 아들 유다와 예수를 파는 자 될 가룟 유다라 예수께서 그들과 함께 내려오사 평지에 서시니 그 제자의 많은 무리와 예수의 말씀도 듣고 병고침을 받으려고 유대 사방과 예루살렘과 두로와 시돈의 해안으로부터 온 많은 백성도 있더라 더러운 귀신에게 고난 받은 자들도 고침을 받은지라 온 무리가 예수를 만지려고 힘쓰니 이는 능력이 예수께로부터 나와서 모든 사람을 낫게 함이러라

| 누가복음 6:12-19

안식일에 병든 사람을 고치셨던 일과 예수께서 기도하시는 모습을 누가복음은 '이때에' 라는 접속사로 연결해 놓았다. 안식일에 병을 치료한 일 때문에 바리새인들은 예수에 대한 음모를 꾸미고 예수는 기도하러 가신 다음에 열두 제자를 세우셨다고 누가복음의 기자는 기록하고 있다. 두 사건의 연관성은 누가가 전하는 '이때에' 라는 접속사에 달려있다. 이때에가 없다면 두 기록은 별개의 사건일 수 있는 것이다.

누가는 '이때에' 라는 말을 통해서 무엇을 말하려고 하는가?

첫째, 바리새인과 예수의 이분법적 시각의 차이를 전해준다. 바리새인의 이분법적 시각은 율법에 근거한 것으로서 선과 악으로 나누어진다. 율법에 맞으면 선이고 어긋나면 악이다. 예수의 이분법적 시각은 얽매인 자와 얽매임에서 벗어나기를 기대하는 사람들의 모습에 근거한 것이다. 예수는 모든 사람들이 얽매여 있다고 바라본다. 또한 예수가 얽매임에서 풀어지게 할 것을 기대하고 나아오는 사람들을 바라본다. 예수는 선과 악의 기준으로 보지 않는다. 우리는 누구의 시각을 공유해야 할까? 힘들어 하는 사람과 놓임을 받고자 나아오는 사람으로 나누어진 것을 보는가? 아니면 바리새인처럼 선과 악으로 나누어진 세상을 바라보는가.

둘째, 문제해결에 대한 두 가지 방식이 나누어지는 것을 지적한다. 바리새인들은 예수에 대한 문제를 해결하기 위해서 모였다. 모여서 의견을 모으고 나누는 것이 그들의 문제해결 방식인 것이다. 예수는 혼자 하나님과 대화하는 깊은 시간을 가지셨다. 하나님과의 대화가 예수의 문제해결의 방식인 것이다. 우리는 문제를 어떻게 해결하는가. 모여서 의논해서 문제를 해결하는가. 예수처럼 하나님과 깊이 나누는 시간을 통해서 문제를 해결하고자 하는가. 교회가 갖고 있는 수많은 문제들, 교회에서 일어나는 수많은 문제들, 교회가 일으키는 수많은 문제들을 어떤 방식으로 해결해 나가는가. 예수의 방식인가. 바리새인의 방식인가.

셋째, 누가가 보여준 것은 우리의 기도생활과 예수의 기도생활의 본질적인 다름이다. 기도의 방식과 내용의 차이를 말하는 것이 아니다. 그것을 넘어선 본질적인 차이가 있다. 예수의 기도는 결단으로 이어지고 행동으로 구체화하는데 비해서 우리의 기도는 결단과 결심이 결여되었기에 행동으로 이어지지 못하고 확신을 얻으려는 무의미한 말의 연속일 때가 얼마나 많은가. 예수께서 경책하신 이방인의 기도가 한국교회에서 얼마나 횡행하는가는 하나님만이 아실 것이다. 우리는 결단이 없는 기도를 한다. 예수의 기도는 결단이고 행동이다. 운명을 거신 행위이다. 우리가 예수와 동떨어진 삶을 사는지는 우리의 기도가 증언한다.

이 모든 것은 누가가 삽입한 '이때에'의 의미를 성찰히는 것에 기인한다. 성찰하지 않는 이때에 예수와 바리새인은 그렇게 갈라진 것을 절대로 인식하지 못할 것이다.

생│각│하│기│

1. 바리새인의 시각과 예수의 시각은 어떻게 다른지 서로 말해봅시다.
2. 자신의 문제해결 방식은 예수의 방식을 따르고 있는지 바리새인의 방식을 따르고 있는지 생각해봅시다.
3. 예수의 기도생활과 한국교회 교인들의 기도생활은 어떻게 다른지 말해보고 성숙한 그리스도인의 기도 자세에 대해서 서로 논의해봅시다.

그날 밤에 있었던 일

> 우리가 기도하는 곳에 가다가 점치는 귀신 들린 여종 하나를 만나니 점으로 그 주인들에게 큰 이익을 주는 자라 그가 바울과 우리를 따라와 소리 질러 이르되 이 사람들은 지극히 높은 하나님의 종으로써 구원의 길을 너희에게 전하는 자라 하며 … 그 밤 그 시각에 간수가 그들을 데려다가 그 맞은 자리를 씻어 주고 자기와 그 온 가족이 다 세례를 받은 후 그들을 데리고 작 집에 올라가서 음식을 차려 주고 그와 온 집안이 하나님을 믿으므로 크게 기뻐하니라

| 사도행전 16:16-34

세상 사람들이 인식하는 밤은 부정적이다. 밤에 음모가 일어나고 쾌락이 일어난다. 그리스도인이 인식하는 밤은 그렇지 않다. 기대와 희망이 싹트는 시간이다. 왜냐하면 하나님은 밤에 창조적인 일을 하시기 때문이다. 빛이 없던 어둠에서 하나님은 빛을 창조하셨다. 하나님은 밤에 아브라함을 불러서 하늘의 별보다 더 많은 자손을 주시겠다고 약속하셨다. 밤에 인류를 구원하기 위해서 예수께서 오셨다. 밤에 예수는 죽음에서 부활하셨다. 밤에 예수는 제자들에게 자신의 몸과 피를 전해주셨다. 밤에 하나님의 천사는 이스라엘의 문지방을 넘어갔다. 밤에 예수는 하나님과 온전히 만나셨다. 밤은 하나님의 역사

가 일어나는 시간이다.

그날 밤에 기적이 일어났다. 빌립보 감옥의 기적은 밤에 일어난 것이다. 무슨 기적인가?

첫 번째 기적은 문이 열리고 수갑만 풀어진 기적이다. 지진이 일어났는데 감옥문과 수갑만 풀어졌다는 것은 기적이 아니면 설명할 수 없는 일이다. 지진이 일어나면 감옥이 무너지는 것이 정상적인 현상이다. 건물이 무너질 정도가 아니라면 흔들림만 느꼈을 것이다. 두 번째 기적은 아무도 도망간 사람이 없다는 것이다. 감옥문이 열리고 수갑이 풀렸는데 모든 죄수들이 그 자리에 남아 있었다는 것은 상식적이지 않다. 기적이 아니고는 설명할 수 없다. 세 번째 기적은 간수와 그의 가족만 구원을 받고 다른 죄수들은 구원을 받지 않았다는 것이다. 바울과 실라의 기도와 찬송에 응답하듯이 하나님이 문과 수갑을 풀어 놓으셨지만 구원받은 사람은 목격자인 죄수들이 아니라 간수이다. 바리새인들도 구원을 목격했다. 그러나 구원받지 못했다. 기적을 목격한 것이 아니라 두려움과 절망을 느끼고 엎드러지는 자가 구원을 받는다. 그날 밤 일어난 기적이다.

바울과 실라의 찬송과 기도는 확신에 차 있었을까? 아니면 두려워서 큰소리로 찬송하고 기도했을까? 인간은 두려움을 갖고 있다. 예수도 두려워했다. 바울과 실라도 두렵지 않았을까? 그날 밤에 일어난 기적은 우리의 밤에도 일어날 수 있다.

우리에게 일어날 기적은 첫째, 두려움과 확신이 교차되고 엇갈림을 경험하는 것이다. 바울과 실라의 두려움과 간수의 확신이 교차되고 엇갈렸다. 두려워 했을 바울과 실라는 확신에 찼고 확신에 차 있었던 간수는 두려워 했다. 우리들의 밤에 일어날 수 있는 기적이다. 둘째, 받아들임과 거절의 엇갈림이 있다. 간수는 구원을 받아들였다. 기적을 보고 받아들인 것이 아니다. 간수가 경험한 것은 지진이 일어난 이후의 모습이다. 기적을 목격한 죄수들은 구원을 받아들이지 않았다. 셋째, 듣는 자와 듣지 못한 자의 엇갈림이 일어났다. 간수는 바울과 실라가 기도하고 찬양하는 것을 듣지 못했다. 죄수들은 들었다. 그러나 들은 자와 듣지 못한 자가 엇갈렸다. 듣는 것이 중요한 것이 아니다. 목격하는 것이 중요한 것이 아니다. 구원을 받아들이는 것이 중요하다. 기적을 찾아다니지 말자. 예수께서 말씀하셨다. 너는 보고서 믿느냐 보지 않고 믿는 자에게 더 큰 복이 임한다.

생 | 각 | 하 | 기 |

1. 본문을 통해 구원은 어떤 자에게 일어났는지 말해봅시다.
2. 주변에서 받아들임과 거절의 엇갈림에 대한 사례가 있다면 찾아봅시다.
3. 듣는 것과 목격하는 것보다 받아들이는 것의 중요성에 대해서 서로 말해봅시다.

바울의 정체성

내가 그리스도와 함께 십자가에 못 박혔나니 그런즉 이제는 내가 사는 것이 아니요 오직 내 안에 그리스도께서 사시는 것이라 이제 내가 육체 가운데 사는 것은 나를 사랑하사 나를 위하여 자기 자신을 버리신 하나님의 아들을 믿는 믿음 안에서 사는 것이라

| 갈라디아서 2:20

2008년은 깊은 고난의 시간을 지나는 해였다. 동시에 리더십의 변화를 경험하는 해이기도 했다. 미국은 최초로 흑인 대통령을 선출했다. 변화를 기대했기 때문이다. 한국은 다시 부자로 만들겠다는 기업가 출신을 대통령으로 선택했다. 부자가 되기를 기대했기 때문이다. 한국은 리더를 잘못 선택한 대가를 치르고 있다. 미국은 아직 리더십의 변화가 어떤 결과를 가져올지 분명하지 않다. 그러나 한국보다는 나을 것이다. 왜냐하면 한국의 대통령으로 선출된 사람과 미국의 대통령으로 선출된 사람은 자기의 정체성을 분명히 알고 있기 때문이다. 이명박은 부유층을 대변하는 정체성을 갖고 있다. 오바마는 서민을 대변하는 정체성을 갖고 있다.

정체성이 중요한 것은 그것에 의해서 삶이 달라지기 때문이다. 바울은 어떤 정체성을 갖고 있을까?

바울의 정체성은 첫째, 선택된 사람이라는 의식에 있다. 이명박도 선택된 사람의 의식을 갖고 있다. 부유한 소수를 위해서 선택된, 기득권자를 위해서 선택된 의식을 갖고 있다. 오바마는 서민을 위해서 선택되었다는 의식과 함께 화합과 일치를 이루기 위해서 선택된 의식을 갖고 있다. 바울은 예수에 의해서 선택된 의식을 갖고 있다. 예수의 삶을 재연하기 위해서 선택된 정체성이 바울의 정체성이다. 바울은 자신이 예수를 보여주는 사람으로 생각했을 것이다. 자기가 예수를 따르듯이 자기를 따르라고 말한 것은 예수를 보여주는 사람으로 생각했다는 증거이다.

둘째, 바울은 자기 안에는 자기가 살지 않는다고 고백한 사람이다. 인간의 중심에는 자아가 있다. 나라는 자아가 내 중심에 있다. 바울은 중심에 내가 있는 것이 아니라 예수가 있으며 성령이 있다고 고백한다. 중심에 있는 예수라는 자아가 중심에 있는 성령이 이끄는 삶을 산다고 고백했다. 중심에 있는 것이 삶을 이끈다. 우리의 중심에는 무엇이 있을까? 나라는 자아인가? 아니면 예수와 성령과 삼위일체 하나님이 나의 중심에 있는가?

셋째, 바울은 자신을 위한 삶을 살지 않는다고 말했다. 바울의 삶은 자기를 사랑하사 구속하신 예수를 위한 삶이었다. 우리는 누구를 위한 삶을 살아갈까? 자신을 위한 삶과 가족을 위한 삶을 사는 것이 평범한 우리 모습이 아닐까? 목사는 무엇을 위해서 살아갈까? 교회를 위해서 살아가지 않을까? 교회가 삶의 의미와 목표이다. 예수와 교회는 동일하지 않다. 예수 믿는 교회와 예수는 같지 않다. 교회를 위한 삶은 예수를 위한 삶이 아니다. 예수를 위하기 때문에 교회를 위하는 것이 바른 삶이다. 교회는 사람이다. 예수를 위해서 사람을 위한 삶을 사는 것이 바른 그리스도인의 삶이다.

바울은 교회를 사랑했다. 예수를 사랑했기에 교회를 사랑한 것이다. 바울처럼 우리도 그리스도인으로서의 자기 정체성을 확립해야 한다. 바울을 보면서 우리는 자기 정체성에 대해서 성찰하고 반성하고 숙고해야 한다.

생|각|하|기|

1. 당신은 어떤 정체성을 가지고 있는지 말해봅시다.
2. 당신의 중심에는 예수님이 자리잡고 있는지 나라는 자아가 자리잡고 있는지 생각해봅시다.
3. 그리스도인인 우리가 확립해야 할 정체성은 무엇인지 생각해봅시다.

크리스마스

그 지역에 목자들이 밤에 밖에서 자기 양 떼를 지키더니 주의 사자가 곁에 서고 주의 영광이 그들을 두루 비추매 크게 무서워하는지라 천사가 이르되 무서워하지 말라 보라 내가 온 백성에게 미칠 큰 기쁨의 좋은 소식을 너희에게 전하노라 오늘 다윗의 동네에 너희를 위하여 구주가 나셨으니 곧 그리스도 주시니라 너희가 가서 강보에 싸여 구유에 뉘어 있는 아기를 보리니 이것이 너희에게 표적이니라 하더니 홀연히 수많은 천군이 그 천사들과 함께 하나님을 찬송하여 이르되 지극히 높은 곳에서는 하나님께 영광이요 땅에서는 하나님이 기뻐하신 사람들 중에 평화로다 하니라

| 누가복음 2:8-14

크리스마스는 예수의 오심을 축하하는 날이다. 그러나 오늘날의 크리스마스는 선물을 들고 오는 산타를 축하하는 날로 변색되었다. 원래의 크리스마스는 지금처럼 떠들썩하고 화려하지 않았다. 예수 그리스도가 오신 그날은 세상이 알지 못했고 선택된 소수의 사람만이 예수의 오심에 동참할 수 있었다. 선택된 소수의 사람이야말로 크리스마스의 기쁨을 누리는 사람이며 주님이 오셨을 때 영원한 평화를 가질 사람이다. 그렇다면 첫 번째 크리스마스에 초대받은 사람은 누구였을까? 첫 번째 크리스마스에는 세 종류의 사람이 초대받았다.

첫 번째 초대받은 사람들은 고달픈 이들이었다. 밤에도 양을 돌봐

야 하는 고달픈 사람들이었다. 하나님은 고달픈 삶을 살아가는 목자들을 아들의 탄생한 날 초대한 것이다. 고달픈 삶의 과정을 벗어나게는 해주지 않았지만 아들의 탄생을 목격하는 경험을 통해서 마음의 평화와 희망을 주신 것이다. 삶에서 고달픔이 없는 사람은 초대받지 못한다. 고달픔이 없는 사람은 그리스도가 아니더라도 즐거움이 가득하기 때문에 초대받을 수 없는 것이다. 고달픈 사람의 마음에는 그리스도의 거하심이 있어야 쉼을 얻을 수 있다. 목자들이 초대되고 제사장, 바리새인, 사두개인, 이스라엘의 가진 자들이 초대받지 못했던 사실을 통해서 예수께서 오신 것은 세상에서 무겁고 힘든 짐을 짊어지고 가는 자를 쉬게 하시기 위함이라는 것을 알아야 한다.

두 번째로 초대받은 사람은 진리를 품은 사람이다. 마태복음에서는 마리아와 요셉이 진리를 품었다. 그들은 하나님의 오심을 위해 진리를 품고 있었다. 또한 예수님의 탄생에 참석했던 동방박사들도 진리를 품었다. 크리스마스는 단순히 예수 그리스도의 오심을 축하드리는 날이 아니다. 하나님의 말씀을 들은 사람들이 그리스도의 오심을 목격할 때까지 들은 진리를 품고 산 시간의 무게만큼 기다림의 보상이 주어진 기쁨의 사건이다. 진리를 품고 기다리는 자만이 기쁨의 시간에 초대되어 기다림의 보상이 주어진다.

세 번째로 초대받은 사람은 이스라엘의 구원, 또는 그 시대의 구원을 기다리는 사람이다. 이 본문 말씀 다음에는 시몬이라는 사람이 등장한다. 시몬은 이스라엘의 아픔을 느끼는 사람이었다. 하나님은 시몬에게 약속하셨다. 네 생전에 이스라엘의 구원을 보리라. 예수 그리스도의 오심은 세상의 구원이다. 단순하게 내 삶의 문제만을 놓고 그 가운데서 마음의 평화와 위로만 얻어간다면 예수의 오심은 반쪽의 영광이요, 반쪽의 평화일 것이다. 예수는 세상을 구원하기 위해서 오셨다. 시몬이 예수의 탄생에 초대된 것은 구원이 임했음을 선언한 것이다. 우리는 예수의 탄생을 기억할 때마다 구원을 목마르게 기다렸던 사람이 있었다는 것을 기억해야 한다. 시몬이 늙고 지친 몸을 이끌고도 쉬지 못한 것이 예수 탄생의 의미를 후대에 전하기 위함이었다는 것을 잊어서는 안 된다. 그리스도의 오심은 밤에 눈이 쌓이듯 조용히, 사람들이 알지 못하게 온 것이지만 그분의 오심은 진정한 영광이고 평화이다. 우리가 첫 번째 크리스마스 날에 있었다면 우리는 어땠을까? 초대 받았을까?

생|각|하|기|

1. 그리스도를 믿는 당신은 크리스마스에 초대된 사람인지 생각해봅시다.
2. 원래의 크리스마스를 생각해 볼 때 현행 교회에서 맞이하고 있는 크리스마스의 분위기는 어떻게 다른지 서로 이야기해봅시다.
3. 크리스마스를 맞이하는 그리스도인의 올바른 자세는 무엇인지 생각해봅시다.